# 德国战败赔偿政策研究（1939—1949）

## 兼与日本赔偿政策的比较

田小惠◎著

**战败赔偿是一个经济问题 更是一个政治问题**

有学者甚至认为“在德国赔偿问题上的分歧是导致盟国在所有关于德国占领问题上无法达成永久性一致意见的主要原因”。

中央编译出版社
CCTP Central Compilation & Translation Press

北京外国语大学世界亚洲研究
信息中心资助

# 目　录

# 导 论

在2006年中国中央电视台制作的12集大型电视记录片《大国崛起》中，对德国有句评论：“这是一个奇妙的国家，他要么拷问世界，要么拷打世界；当他用思想来拷问世界时，它是伟大的；当他用战争来拷打世界时，便有了上个世纪两次世界大战”。的确，回首历史，从两次世界大战的发动，到成为冷战对峙的核心地带，应该可以说，德国是对整个20世纪国际关系影响最大的国家之一。而随着1989年柏林墙的倒塌，东西两德在历经40多年的分裂后重新实现了统一。然而，时至今日，东西方不同意识形态在两德长达近半个世纪的主导，造成两国在经济、政治、文化等方面的裂痕难以迅速弥合。如何深刻理解这一现实问题是促使笔者研究本课题的基本动因。德国的分裂是冷战的产物，而在1949年以两德正式成立作为标志性事件出现之前，东西占领区已经在经济政策上实现分立，美、英与苏联在赔偿问题上的分歧则是导致这一分立的重要原因。

战败赔偿是一个经济问题，更是一个政治问题。一战后的德国赔款问题是20、30年代国际关系中的重要内容，可以说，一战后战胜国对德国战败赔款的处理不当是导致二战爆发的因素之一。① 因此，在二战结束后，以美、英、苏为首的战胜国在德国战败处理问题，特别是战败赔偿问题上极为谨慎，三大国既力图避免历史错误的重犯，同时又将各自的利益要求深深根植于赔偿问题的斗争之中，战败赔偿问题遂成为与分区占领德国相并立的对德战败处理的主要内容之一。有学者甚至认为“在德国赔偿问题上的分歧是导致盟国在所有关于德国占领问题上无法达成

① 一战后与二战后德国战败赔偿问题在内容上有所不同，一战后的德国赔偿主要是战败赔款问题，而二战后的德国赔偿问题则主要是指以实物形式支付的赔偿。

永久性一致意见的主要原因。”①

## 一、国外研究状况

目前就笔者所见，关于战后德国战败赔偿问题的最早研究是由欧美（主要指西欧和美国）学者完成的。从时间上看，从战后初期40、50年代到90年代与此问题相关的研究专著（包括博士论文）一直层出不穷。②

① “Germany Partitioned, September 21, 1949 - October 7, 1949.” Discovering World History. Gale Research, 1997. Reproduced in History Resource Center. Farmington Hills, MI: Gale Group. http://galenet.galegroup.com/servlet/History/

② 50年代的主要著作有：Vladimir Alexandrov, *Soviet Dismantling of Equipment in Post-war Germany*, Slusser 1953; Michael Balfour and John Mair, *Four Power Controls in Germany and Austria* 1945 - 1946, Oxford University Press for Royal Institute of International Affairs, London 1956; Herbert Feis, *Churchill, Roosevelt, Stalin: the War They Waged and the Peace They Sought*, Princeton 1957; E F Penrose, *Economic Planning for the Peace*, Princeton New Jersey 1953; Robert Slusser, *Soviet Economic Policy in Post-war Germany*, New York 1953; J F Snell, *The Wartime Origins of East-West Dilemma over Germany*, New Orleans 1959; 60年代的主要著作有：Nicholas Balabkins, *Germany Under Direct Controls: Economic Aspects of Industrial Disarmament* 1945 - 1946, New Brunswick 1964; Herbert Feis, *Between War and Peace*, Princeton and Oxford 1960; John Gimbel, *The American Occupation of Germany*, Stanford 1968; Manuel Gottlieb, *The German Peace Settlement and the Berlin Crisis*, New York 1960; R D Hughes, *Soviet Foreign Policy and Germany 1945 to 1948*, Ph. D. thesis, Charemount 1964; 70年代的主要著作有：John Wheeler-Bennett and A. J. Nicholls, *the Semblance of Peace: the Political Settlement after the Second World War*, London 1972; Herbert Feis, *From Trust to Terror: the Onset of the Cold War 1945 - 1950*, New York 1970; Robert Geoffrey Webb, *Britain and the Future of Germany: British Planning for German Dismemberment and Reparations* 1942 - 1945, Ph. D thesis, State University at Buffalo 1979; Hans A Schmidt (ed.) *U S Occupation Policy in Germany after World War* Ⅱ, Lawrence 1978; Bruce Kuklick, *American Policy and the Division of Germany: the Clash with Russia over Reparations*, New York and London 1972; John H Backer, *Priming the German Economy: American Occupational Policies* 1945 - 1948, North Carolina 1971; 80和90年代的主要著作有：Philip Baggaley, *Reparations, Security and the Industrial Disarmament of Germany*, Ph. D. Dissertation, Yale University 1980; Alec Cairncross, *the Price of War, British Policy on Germany Reparations* 1941 - 1949, New York 1986; Carolyn Woods Eisenberg, *Drawing the Line: the American Decision to Divide Germany 1944 - 1949*, Cambridge 1996. etc.

就德国战败赔偿问题的专门研究从40年代后期就已开始，主要以当事人的回忆和记录为准，这可以算做是就赔偿问题的最早研究。这一时期的专著主要有：由对德赔偿政策经济顾问小组成员瑞茨福德和罗斯共同完成的著作《柏林赔偿任务》（B. U. Ratchford & W. D. Ross，*Berlin Reparations Assignment*，Chapel Hill 1947）以及在制订美国对德赔偿政策上起到重大作用的金斯伯格所著的《德国赔偿的未来》（David Ginsburg，*The Future of German Reparations*，Washington 1947）。这些当事人的回忆录虽然具有较强的主观色彩，但却为后来者的研究提供了宝贵的一手资料。

二战末期和战后初期，在这些参与缔造战后和平的政府官员的回忆录和著作中涉及到了这一时期的若干重大历史事件，他们都认为在德国赔偿问题上大国的政策和冲突是极其重要的。负责德国事务的英国内阁成员海德（Hynd）指出："正是在关于赔偿的原则和分配问题上持续不断的争吵成为阻止为德国和奥地利问题提供一个总的解决方案的主要因素"①；坎贝尔（John C. Campbell）认为赔偿问题是"具有决定性的事务"②；莫斯科会议期间任马歇尔的经济顾问的马嵩（E. S Mason）认为盟国在赔偿问题上存在"巨大的、超越其它的差异性"，只有这一问题的解决才可能为其它重要问题的解决提供杠杆和条件③；金斯伯格认为"赔偿将可能是莫斯科会议前的中心事务"④；波茨坦会议上任美国代表团顾问的莫斯里（Mosely）认为"赔偿问题早就被认为是盟国合作成败的关键"⑤；英国对德国问题的怀特文件指出"苏联与其它盟国之间的主要分歧在于德国的经济统一问题，……四大国在德国经济统一上无法达成一致，主要是与苏联在赔偿问题上的要求之间的冲突。"⑥

① New *Statesman and Nation*，Nov. 22，1947，p. 404.

② Campbell，*the United States in World Affairs*，1947 - 48，New York，1948，p. 70.

③ *International Organization*，vol. Ⅰ，1947，p. 438.

④ David Ginsburg，*The Future of German Reparations*，Washington，1947，p. 48

⑤ Mosely，*Face to Face with Russia*，Foreign Policy Association，Heading Series，no. 70，1948，p. 9.

⑥ *White Paper*，*Germany*，no. 2，Oct. 11，1948，Cmd. 7534，p. 9，转引自"the Reparations Problem Again"，Canadian Journal of Economic and Political Science，16（1950）。

除当事人的回忆录外，更严格意义上的学术性研究应该说是始于 70 年代，从研究内容和研究角度来看主要可归为以下两类：

第一类研究主要是从一国的角度进行的，即分别从美、英两国政府对德政策制订的角度入手。

研究美国方面的主要著作可见布鲁斯·库克里克的《美国的政策与分割德国：美苏在赔偿问题上的冲突》（Bruce Kuklick, *American Policy and the Division of Germany: the Clash with Russia over Reparations*, New York and London 1972）以及卡罗列恩·艾森伯格的专著《划定分界线：美国分割德国的决定 1944 - 1949》（Carolyn Woods Eisenberg, *Drawing the Line: the Amerian Decision to Divide Germany 1944 - 1949* , Cambridge 1996），后一本书虽然不是就战败赔偿问题的专著，但是作者也在书中用了大量篇幅来论述战败赔偿问题。

库克里克可以被认为是专门地、较系统地研究美苏在战败赔偿问题上冲突的第一人，在此之前的研究一方面是如前所述的当事人的回忆录，另一方面则是内容较为庞杂的论文①，因此他的研究具有重要意义。库克里克在书中主要考察和研究的是美国国务院多边主义外交思想②在对德政策中的运用。作者分析了从 1939 年到 1944 年国务院制订对德政策的过程

① 论文所涉及的范围较广，有关于分割和肢解德国的，如：William M Franklin, "Zonal Boundaries and Access to Berlin", *World Politics*, 16（1963 - 1964）; Frederick H. Gareau, "Morgenthau Plan for Industrial Disarmament in Germany", *Western Political Quarterly*, 14（1961）；有关于德国经济恢复的，如 Manuel Gottlieb, "The German Economic Potential," *Social Research*, 17（1950）；有关于租借法案的，如 Ceorge C. Herring, "Lend-Lease to Russia and the Origins of the Cold War, 1944 - 1945," *Journal of American History*, 56（1969）; The Abortive American Loan to Russia and the Origins of the Cold War, 1943 - 1946, *Jorunal of American History*, 56（1969）等。关于赔偿问题的论文 "The Reparations Problem Again," [*Canadian Journal of Economic and Political Science*, 16（1950）] 更多的是从一种回忆的角度来研究这一问题的。

② 所谓多边主义外交思想，作者界定为"即美国人所倡导的一种经济上要求贸易扩张，政治上要求'自由民主'的理念"，美国的目标是建立一种全球经济，要求所有国家降低关税、取消贸易壁垒，所有国家的市场都要对美国物资开放，美国能够在任何地方实现其商业利益。笔者认为，作者所言的多边思想实际上就是强调经济政策对外交的重要影响，认为经济是影响外交政策的根本因素。

中与其它政府机构（主要是财政部、陆军部以及和总统）之间的斗争，最终到1945年春确立起国务院对德政策的主导地位。

作者认为，“考察这一时期的美国对德政策，必须将其与赔偿问题联系起来，德国问题几乎完全是与赔偿问题相关联的”①。美国在赔偿问题上坚持强硬的、毫不妥协的立场：禁止苏联从德国西占区获得任何利益，力图在谈判时打消苏联的所有企图，还不切实际地希望苏联接受美国的赔偿方案，减少苏联对东占区的赔偿要求。作者认为，正是国务院所坚持的多边主义理念排除了美国在德国问题上的让步，而且多边主义又是决定雅尔塔会议后美国对赔偿问题的态度的重要因素，因此正是由于美国这种外交政策的出发点使得美苏之间的冲突不可避免。

在研究冷战问题上，库克里克代表了修正学派的观点。从行文中，不难看出作者对这一时期美国的对德政策持批评态度，认为它一方面导致了战后美苏的敌对和冲突，另一方面由于它基本没有考虑到战后初期的新的欧洲格局，因此作者认为这一外交政策也是不现实的。

研究英国方面的主要著作可见美国布法罗州立大学罗伯特·韦伯的博士论文《英国与德国的未来：英国在肢解与德国赔偿问题上的计划1942－1945》（Robert Geoffrey Webb，*Britain and the Future of Germany*：*British Planning for German Dismemberment and Reparations* 1942－1945，PhD thesis，State University at Buffalo 1979）以及卡恩克劳斯爵士的《战争的代价：英国对德赔偿政策1941－1949》（Alec Cairncross，*the Price of War*，*British Policy on Germany Reparations 1941－1949* ，New York 1986）。

韦伯关于英国对德肢解及赔偿政策的研究打破了长期以来在研究冷战起源问题上基本只以美苏两家作为研究对象的传统框架，具有一定开创性。作者在论文中也指出“尽管英国是三大盟国中实力最弱的国家，但是在塑造欧洲未来政治图景的过程中她所建议和寻求的政策是重要的”②。的确，二战后美国放弃了孤立主义传统而插手欧洲事务，这是由美国政治、经济实力膨胀及其全球战略所决定的，而欧洲事务，特别是

① Bruce Kuklick，*American Policy and the Division of Germany*：*the Clash with Russia over Reparations*，New York and London 1972，p. 2.

② （microfilm）Dissertation Abstracts International Vol. 40 No. 09，p. 5152－A.

德国问题，不论是从地缘政治还是外交传统来看，首先应该是英、法这样的欧洲大国所倍加关注的问题。

正是在这一基础上，韦伯在论文中主要从研究英国外交部对德计划的演变入手，考察了战时英国在肢解德国以及德国赔偿问题上的政策和态度，主要针对与苏联之间的矛盾，英国提出苏联不能同时要求德国非工业化与支付赔偿。作者认为战后导致欧洲分裂的直接原因正是由于战时盟国在对德和东欧问题上无法达成一致意见所导致的。

80 年代，古稀之年的卡恩克劳斯爵士继续这一问题的研究，所不同的是，一方面，他集中于英国对德战败赔偿政策这一个问题的专门研究；另一方面，他研究了包括英国内阁、外交部等更广泛的政策来源范围。卡恩克劳斯爵士本人就曾是负责准备英国对德政策计划的经济顾问小组的组长，作为制订德国赔偿政策的亲历人之一，他没有以回忆录的形式在事后立即记录下所经历的一切，而是在事隔几十年后以一个学者和当事人的双重身份来研究这一问题，这使他的研究著作颇具特色：史实条理清晰，作者的主观评论较少。他在其论著中就英国对德战败赔偿政策进行了系统的、深入的研究，探讨了从战时到 40 年代末英国政府在制订对德战败赔偿政策过程中的争论以及不同时期的政策发展和演变。

上述两部著作的相同之处在于，主要探讨的都是英苏之间的矛盾，而对于美英之间在这一问题上的分歧基本没有涉及。

第二类研究则主要是从多角度进行的。可见美国耶鲁大学的菲利普·白格雷的博士论文《赔偿、安全与德国的非工业化：波茨坦决议的起源》①，作者认为，美英苏三大盟国在 1944 至 1945 年间所采取的外交行动源自各自不同的对德经济政策（对德战败赔偿是其主要内容之一），而非源自东西方关系的恶化；同时，盟国间关于德国经济问题的争论有助于冷战格局的出现，但并非直接导致对峙这一结果本身。②

作者仍然以美国的角度进行研究为主，但同时更多地兼顾了三大国之间的争论。作者认为二战后期美英所关注的最重要的问题不是使苏联

① Philip Baggaley, *Reparations , Security and the Industrial Disarmament of Germany : Origins of the Potsdam Decisions* , PH. D Dissertation, Yale University 1980。

② （microfilm）Dissertation Abstracts International Vol. 41 No. 05, p. 2241 – A.

与西方大国分裂，而是在这一时期经济政策上产生的矛盾：即应该强调对德战败赔偿还是对德实行非工业化。作者认为1944年8月“摩根索计划”的提出对此产生了重要影响。摩根索要求德国“彻底非工业化”的思想虽然没有被完全接受，但是它却影响到美英苏三大国对德外交政策的走向，作者认为，在美国，它使得“非工业化比赔偿更重要”的观点占据上风；在英国，它使丘吉尔对此的想法产生了重要转变；在苏联，斯大林在此情况下则认为西方将会接受对战败国非工业化的决定。同样，美国在雅尔塔会议和1945年6月莫斯科赔偿会议上对苏联的建议的反应完全不同于英国对此的反应，其部分原因也归因于摩根索计划的影响。

作者指出德国战败赔偿问题是1945年美英苏三国在雅尔塔和波茨坦会议上争论最大的问题之一。苏联因遭受战争的严重破坏而希望获得大笔赔偿，同时也希望削弱德国再次发动战争的潜力，英美虽然同意这一基本原则，但是却担心苏联的计划会使德国依赖于西方的救援，导致美英的投资事实上成为支付给苏联的赔偿。而在赔偿原则的制订上，作者认为“分区赔偿”原则的确定预示了并且有助于德国日后的分裂，虽然该原则是由美国提出的，但究其根源还在于苏联。作者认为由于苏联在未经西方国家同意的情况下在东占区采取了大规模的拆迁，而美国以此作为苏联不愿加入共同的对德经济政策的标志，因此美国提出分区计划则成为一种必然，英苏最终也不得不接受美国的计划。显然作者的这一观点是无法令人信服的，美国提出分区赔偿的根本原因还在于担心由于苏联要求大量赔偿，从而使得多边主义的目标难以实现。

就笔者所见，苏联及东欧学者在这方面的研究主要包括两个方面。首先可散见于其外交人员的公开言论或回忆录中。主要有：莫洛托夫（Molotov）的《苏联外交政策》，上海国际出版社1946；麦斯基（Maisky）的《一个苏联大使的回忆录》（Memoirs of a Soviet Ambassador, London1967）；吉拉斯（Djilas）的《同斯大林的谈话》，司徒协译，世界知识出版社1989年版等；其次在苏联外交政策史的著作中也有零星论述，主要有：伊瓦辛（ИВАШИН，И）等编写的《国际关系与苏联外交政策研究提纲》，何理良译，解放社1949年；维辛斯基（А. Я. Вышинский）等撰写的《苏联外交简史》，雉堞译，人民出版社 1953 年版；葛罗米柯（Громыко，A. A.）的《永志不忘：葛罗米柯回忆录》，伊吾译，世界知识出版社 1989 年版等，这些论著均强调苏联获取赔偿是出于补偿战时巨大损失所必需的。

## 二、国内研究状况

就笔者有限的资料查询，关于德国战败赔偿问题的研究，国内目前尚无专著出版，相关的研究主要涉及以下几个方面：

首先，可散见于国际关系史和外交史的教材及相关著作中。国际关系方面的著作主要有：刘同舜、姚椿龄主编的《战后世界历史长编》，第一册，上海人民出版社 1977 年版、方连庆等主编的《战后国际关系史 1945－1995》，北京大学出版社 1999 年版、王绳祖主编的《国际关系史》，第七卷，世界知识出版社 1995 年版等，这些著作都涉及到了美英苏三大国的对德国战败处理政策。由于上述著作主要是作为通史教材出版的，因此论述的大多是一个宏观框架，而且在对德政策上主要探讨的是从战时分割德国，到战后对德实行占领政策的转变，并没有就赔偿问题做专门论述，因此该问题仍有待做进一步、专门化的、具体的研究。

在外交史的著作中，主要包括：杨生茂主编的《美国外交政策史 1775～1989》，人民出版社 1991 年版、资中筠主编的《战后美国外交史：从杜鲁门到里根》，世界知识出版社 1994 年版、陈乐民等编著的《战后英国外交史》，世界知识出版社 1994 年版、韩正文等编译的《苏联对外政策史》，下卷，中国人民大学出版社 1989 年版等。这些著作都分别从美英苏三国外交政策的角度宏观地论述了各大国不同时期的外交政策和战略，其中也涉及到战后初期三大国的总的外交方针。

其次，随着 1991 年两德的统一，以及针对 90 年代后期日本右翼势力的抬头，在此国际背景下，对德国问题的研究又掀起热潮，这一时期出现了许多围绕德国统一的历史以及对比德日两国对二战的不同态度为主题的研究成果。

在这些著作中，有的着重论述德国从战后被盟国占领状态到冷战时期的德国，直至两德重新统一的历史①。在萧汉森和黄正柏主编的《德国的分裂、统一与国际关系》一书中，作者从宏观的角度探讨了自近代德国统一运动以来，德国处于分裂状态和统一时期与世界，特别是与欧洲主要国家的相互影响，认为德国的外交政策和外交活动往往制约着、影响着或者受制于欧洲乃至世界的政治斗争和国际格局的发展变化。事实上，作者在这里所说的“受制于欧洲乃至世界的政治斗争和国际格局”主要是针对战后德国的情况而言的，可以说战后美苏两国是对两德影响最大的国家。

还有的著作从比较德日两国对二战反省态度的差异入手，分析其产生的根源②。彭玉龙在《谢罪与翻案：德国和日本对第二次世界大战侵略罪行反省的差异及其根源》一书中指出，盟国对德日法西斯罪行清算程度的不同是导致两者态度不同的原因之一。作者认为与对日相比，盟国对德较彻底地清算了纳粹的根源，作者专门论述了美国在战后初期对德政策的转变，从国家安全委员会1067号决议到1779号决议的转变，以及纽伦堡审判、德国宪法的制订等内容。上述著作都涉及美国对德政策，但主要是将其作为背景情况来交代的，而不是做专题研究。

而中国社会科学院东欧中亚研究所的副研究员张盛发的新著《斯大林与冷战》是一部依据新解密的档案文献探讨苏联与冷战起源的关系的著作。作者在这部著作中指出：“德国问题在苏联与西方盟国之间是一个具有极其重大意义的问题”，“在德国赔偿问题上，苏联与西方国家的分歧同样很大”，“波茨坦会议确定的分区占领原则，……使每个大国对德国的要求更加相互矛盾和不可协调”③。由于这部著作主要从宏观的角度考察斯大林体制在冷战起源中的作用，而不是就

① 世界知识出版社编写的《德国统一纵横》，世界知识出版社1992年版；晏小宝主编：《德国的统一》，上海远东出版社1992年版；萧汉森，黄正柏主编：《德国的分裂、统一与国际关系》，华东师范大学出版社1998年版；吴友法：《当代德国：命运多舛的世界新秀》，贵州人民出版社2000年版。

② 彭玉龙：《谢罪与翻案：德国和日本对第二次世界大战侵略罪行反省的差异及其根源》，北京解放军出版社2001年版。

③ 张盛发：《斯大林与冷战》，中国社会科学出版社2000年版，第170、172、173页。

其中的某一个子问题进行研究，因此在对德战败处理，以及对德赔偿政策方面作者着墨不多，而且作者主要是从苏联的角度来研究的，对美英两国的政策也涉及不多。

在学术论文方面，相关研究首先可见于探讨对德分割及占领政策的专题中。①

金重远在论文中主要论述了二战期间美英苏三大国在分割德国和德国赔偿问题上的立场和策略，并分析了三大国的得失，作者认为在分割德国问题上是美英提出方案，苏联发表意见，苏联在这一问题上只是“洗耳恭听”，并不时加以评论，苏联既避免了把分割德国的责任推到自己身上，又在分区占领德国中获得了应得利益，“一箭双雕”；而在德国赔偿问题上又是按苏联提出的原则解决的，因此作者认为苏联在对德战败处理问题上占据优势。

吴伟在论文中认为冷战时期东西欧两大国家集团的形成是一个复杂的历史过程，但四大国围绕处理战败国德国所进行的一系列活动最为重要，作者着重分析了苏联与西方盟国在制定和实施分区占领德国方案上的合作与斗争，并说明在这个过程中是怎样孕育了最终导致德国分裂及促成东西欧国家集团的种子。

吴友法在论文中分析了美英苏三大国对德国战败处理的政策，认为三国在二战尚未结束时主张分割德国，随着反法西斯战争的胜利，他们放弃了分割德国的计划，转而同意由四国占领德国，由于美苏冷战的爆发，使德国的分区占领格局最终演变成德国的分裂局面。

郭尚鑫在论文中主要探讨了战后初期美国对德政策的演变，认为二战晚期和战后初期美国由于国内因素和国际关系诸原因，对战后德国的处置经历了从分割到占领并演变为重建的过程，这与美国一贯注重实际利益的外交原则相吻合。

---

① 林勇军：《美国的对德政策和德国的分裂》，《世界历史》1983 年第 5 期；金重远：《第二次世界大战中的德国问题》，《复旦大学学报》1993 年第 1 期；吴伟：《苏联与西方盟国在划分德国占领区问题上的合作与斗争》，《东欧中亚研究》1994 年第 2 期；郭尚鑫：《论美国对战后德国的处置》，《江西师范大学学报》1995 年第 8 期；吴友法：《战后美苏‘冷战’与德国的分裂》，《武汉大学学报》1996 年第 6 期。

另一方面是学者们就德国战败赔偿问题所做的专题研究。①

杨德利就战后美英苏法四个占领国对德国的赔偿要求和德国履行战争赔偿义务的法律过程、赔偿的形式与数额等作了简要的介绍和分析，作者在这篇论文中并没就大国之间在赔偿问题上是如何进行斗争和妥协的进行分析。

汤季芳在论文中探讨了美国对德赔偿政策与德国的分裂之间的关系。该文认为德国赔偿问题是一个本可解决的问题，但在冷战背景下却成了一个难以解决的问题，并提出这样一个观点："德国的分裂是由占领期间美苏在一系列对德政策，主要是赔偿政策上的矛盾引起的。"② 该文主要分析了美国的对德赔偿政策及其与苏联的冲突、最终导致的结果等，但是作为二战末期和战后初期三巨头之一的英国也有其对德赔偿政策，英国的政策与美国的政策之间具有一致性，但也有其自己的考虑，作者主要考察了美国的赔偿政策，而对苏联和英国的政策考察较少。

笔者认为，作者所提出的"德国的分裂主要是由美苏在对德赔偿问题上的矛盾引起的"这一观点是值得商榷的。很明显作者误把一般矛盾作为主要矛盾了，赔偿问题是二战末期及战后初期三大国争论的主要问题之一，它有助于德国分裂局面的出现，并且只是若干矛盾之一（除了德国问题，盟国在东欧、波兰等一系列问题上都存在尖锐的矛盾），但它决不是造成战后德国分裂的主要原因。造成德国分裂的主要原因，或者说根本原因在于战后初期美苏冷战的大的时代环境，是美苏冷战首先在欧洲展开争夺的必然结果。实际上，吴友法在他的论文中所指出的"'冷战'使德国的分区占领格局演变成德国的分裂局面""德国的分裂……完全是美苏'冷战'的产物"③ 就直接驳斥了这一观点。

袁成毅从国际法的角度探讨了战败赔偿的内涵。他认为国际公法在规范现代国际关系中起着越来越重要的作用，然而，远远未达到绝对主

① 汤季芳：《美国的德国赔偿政策与德国的分裂》，《西欧研究》1985 年第 3 期；杨德利：《关于德国的战争赔偿问题》，《德国研究》1996 年第 1 期。

② 汤季芳：《美国的德国赔偿政策与德国的分裂》，《西欧研究》1985 年第 3 期，第 27 页。

③ 吴友法：《战后美苏'冷战'与德国的分裂》，《武汉大学学报》1996 年第 6 期，第 74 页。

导的程度，国家实力的较量仍然是重要因素。战败赔偿作为战争结束的后续工作，它所体现的主要是一种外交斗争，而其中战时因素也具有相当影响。①

综上所述，国内学者主要以研究美国的对德政策为主，而其中主要研究的是对德分割和占领政策，而在对德战败赔偿问题上的专门研究相对薄弱，因此该问题的研究还有待进一步专题化、系统化。笔者认为大国在战后对德政策的制订实际上主要受两个因素的制约，一是国内因素，即来自政府内部的不同声音，以及这些不同意见之间的斗争和妥协；二是外部因素，在冷战背景下，主要是来自美苏不同意识形态之间的较量，以及不同国家利益的影响。国内学者的研究较多关注的是外部因素，而对内部因素的研究相对较少。

国内学者就德国战败赔偿问题的研究主要存在以下不足：

1. 由于受多种条件的限制，无论就研究广度，还是研究深度而言，与国外相比，国内对德国战败赔偿问题的研究都是不足的。例如，就笔者所查的资料来看，国内目前还没有一部论述战后德国赔偿问题的专著，而国外在 40 年代后期就出现了关于这一问题的专著，虽然从严格的意义上来看，这些当事人的记录不能算是学术研究著作，但是至少从 70 年代开始英美学者对这一问题已经进行专门研究了，而国内的大部分学者只是就其中的某些问题写过一些相关的论文，还有待进一步系统化和理论化。

2. 国外的研究状况虽较国内而言，已经达到了一个较高的水平，但是由于受到意识形态的影响和外交档案机密的限制，在资料来源方面，至少在 90 年代以前，美英等西方学者引用苏联的材料较少，而对苏联政策的研究较少依据原始材料，主要通过驻苏大使、外长等重要外交人物的言论来进行研究的。

3. 欧美及国内学者分别侧重于从内、外角度进行研究，即欧美学者较多的是从国内政策制订的角度来研究的，讨论了其政府内部在决策过程中的斗争，而国内学者较多的则是从大国之间的斗争入手，而

① 袁成毅：《国际法视野中的战争赔偿及历史演变》，载《浙江社会科学》2007 年第 3 期。

将这两个角度有机地结合起来、融合于一体的研究较少。例如，美国政府内部在对德政策问题上的争论从战时就已经开始了，国务院与总统、陆军部、财政部之间的斗争不断，英国政府在对德赔偿问题上也有其政府内部的冲突以及政策的演变过程，这种内部的政策斗争影响着其正式外交政策的制订和推行，因此研究政府内争论有助于更深入地理解和阐释一国的外交政策。

## 三、本书写作思路及基本观点

二战末期和战后初期，美英苏对德国战败赔偿问题的处理是一个从政府内讨论，到大国合作，最终分道扬镳的过程。在这一过程中，赔偿问题是一个裹挟在战后大国对外战略、对德经济政策之中的一个重要方面。

本书的第一个出发点是梳理战后德国赔偿问题的发展历程，但在叙述过程的同时，力图抓住其中的几个要点进行较深入地分析。笔者认为，二战末期和战后初期美英苏三大国的德国赔偿政策主要经历了三个发展阶段：政府内讨论、雅尔塔决议和波茨坦决议、以及赔偿和工业水平计划的制订和修改。

本书试图解决的第二个问题是，力图从一个“立体”的层面来分析赔偿问题。众所周知，赔偿问题是战后大国斗争的焦点之一，然而仅仅停留在国与国之间关系的层面上是不够的，因此，本书的另一个重点就是利用现有材料研究美英苏三国的政府内讨论，分析其政策制订的过程，这有利于我们更深入地理解国与国之间政策冲突背后的国内因素。国家利益与意识形态是国际舞台上各国斗争的根本点，然而在这一大的框架下，政府内部不同政见、派别之间的制衡与争斗也左右着某一时期内的外交走向。“对内政策和对外政策是彼此紧密联系着的。”① 外交是内政的延伸，内政是决定外交走向的重要因素，这一对辨证关系是我们理解国际关系的根本。政府内的讨论事实上是关于德国赔偿政策的第一层博弈，主要分析国内不同力量之间的斗争与妥协而在雅尔塔会议、波茨坦

① 《列宁选集》第3卷，人民出版社1972年版，第168页。

会议上的外交斗争则是第二层博弈，正是建立在这种双层博弈的基础上，才使得各国之间能够达成一致的政策，即赔偿与工业水平计划的出台。

在本书的结构设置及写作方法上，主要依据时间顺序，将美英苏三大国在战后初期对德赔偿问题上的内外两个层面的斗争及演进有机地结合起来。在讨论美英苏政府内部争论的同时也考察三大国之间的斗争，分析内部斗争对其外交政策的影响的同时也研究大国斗争的利益因素，力图呈现给读者一个内容丰满、错落有致的篇章布局。

以下为本书的几个基本观点：

第一，美英苏在对德赔偿政策上的斗争与分裂实质上是两种经济制度的争夺与对抗。赔偿政策的背后是美苏所主张的不同的经济制度。美国所坚决反对的“以当前工业品作为赔偿来源”服务于其多边主义大范围扩张海外市场的理念，苏联要求高额赔偿、大范围拆迁以及当前工业品的赔偿则完全出于战后迅速重建社会主义经济的需要。市场经济主张通过占领市场来扩大贸易，而计划经济则讲求政府对经济的调控，这一经济制度上的要求是解释美苏在赔偿政策的制订及执行上的差异的根本。

第二，美英苏在对德赔偿政策上的分裂既是促成冷战的若干因素之一，同时也是由战后初期冷战格局逐渐形成的形势所决定的，两者相互影响，相辅相成。赔偿问题只是战后初期美苏之间争夺的若干矛盾之一，其它方面矛盾的激化必将影响到对德政策的制订和执行，这些矛盾的综合促使美国冷战政策的出台，而这一指导战略的提出反过来则又成为影响赔偿问题的关键。因此，在赔偿问题上美英苏之间所经历的从合作到对抗的变迁既是这一时期东西方关系的内容组成，同时也受到冷战气氛渐浓的大环境的深刻影响。

第三，与一战后的德国赔款问题相比较，二战后美英苏在对德赔偿问题上最大的成功之处在于，避免了德国利用赔偿问题中大国的外交斗争再次发动战争的可能。而另一个重要的后果则在于，美英和苏联所执行的完全不同的对德赔偿政策导致东占区（东德）成为主要的赔偿支付者，而西占区（西德）则在战后迅速摆脱了战败赔偿的责任，走上了经济复兴之路。

第四，与战后日本战败赔偿问题的比较，可以看出四大国对德国赔偿政策的制定及执行是成功的，这种战争罪责的罚金有利于德国对战争的发动有一个正确的态度和认识，而与此不同的是，正是由于日本在战后逃避了大批战争赔偿，并将赔偿作为发展经济的投资，使得日本政府长期以来一直缺乏一种正确的对于战争的悔罪态度。

在写作方法上，本书以史论结合为主，兼有横向及纵向的比较分析，主要从现实主义国际关系理论的角度分析几大国在制定德国战败赔偿政策上的斗争与合作。

本书是在笔者博士论文的基础上扩展而成的，在写作过程笔者中利用了大量官方文件及档案材料，主要包括：美国国务院：《美国外交政策文件集》（*Foreign Relations of the United States*）；《德国文件 1945 - 1985》（*Documents on Germany*）；《世界事务中的美国》（*The United States in World Affairs*）；英国皇家国际事务协会：《德国占领文件 1945 - 1954》（*Documents on Germany under Occupation*）；《占领德国：说明材料及文件》（*Germany under Occupation：Illustrative Materials and Documents*）；《四国对德国和奥地利的占领》；《外交部与克里姆林：关于英苏关系的英国文件 1941 - 1945》（*The Foreign Office and the Kremlin：British Documents on Anglo-Soviet Relations*，1941 - 45），英国海外政策文件集（*Documents on British Policy Overseas*）；苏联版《德黑兰、雅尔塔、波茨坦会议文件集》，生活读书新知三联书店 1978 年版；沈志华主编：《苏联历史档案选编》第 16、17、18、21 卷，社会科学文献出版社 2002 年版；此外还从美国威尔逊研究中心的网站（http：//cwihp. si. edu）上下载了部分苏联解密档案。

本书的目的是填补国内在战后德国战败赔偿问题研究上的空白。长期以来，国内学者关注较多的是关于日本的战败赔偿问题，而对于战后德国赔偿问题问津者不多。而本书试图通过在占有大量史料的基础上来分析德国赔偿政策制定过程种大国间复杂的外交斗争，从而揭示德国赔偿问题与冷战之间的关系，在此基础上，本书还将视野扩展到现代，通过对比德日在对战争罪责的认错态度和赔偿政策的执行等方面的巨大差异，以期能够更深刻地认识当代国际关系中的一些热点问题。此外，笔者还希望能够籍本书作为对二战胜利的缅怀和纪念。

# 第一章　德国战败赔偿的法律基础及历史回顾

解决战败赔偿的法律依据是国际法，同时处理战败赔偿问题的丰富实践也在不断推动国际法在相关方面的发展与完善，这是一个辨证的、互动的过程。二战后的德国赔偿问题所能够吸取的最直接、最深刻的历史教训就是来自一战后德国赔偿问题的经验，但是这些经验只停留在经济技术层面，而无法改变国际关系中国家利益最大化的诉求，因此当意识形态成为国家利益中的最高指挥棒时，这种技术层面的经验之谈只能起到减小摩擦的作用，却无力阻止东西方之间根本性的冲突。

## 一、战败赔偿的法律基础

外交与战争是处理国际关系的两种主要途径。外交主张以和平方式解决争端，而战争则被认为是解决国际争端的暴力方式。在世界历史上，战争是作为一种普遍的、广泛的形式存在的，在近代民族国家产生以前就已经存在了。根据近代以来形成的国际法概念，战争主要是指两个或两个以上的敌对国家，以武力推行国家政策而引起的冲突和由此引起的法律状态①。一般情况下，战争是指人类进入阶级社会以来，为了解决阶级与阶级之间、民族与民族之间、国家与国家之间、不同的国家集团之间的矛盾所采取的一种暴力斗争形式。而且战争本身并不是目的，它只不过是政治的延续，是战争的发起者为了达到其所追求的目的而采取的

① 盛红生、杨泽伟、秦小轩：《武力的边界——21 世纪前期武装冲突中的国际法问题研究》，时事出版社 2003 年版，第 4 页。

一种比较极端的手段①。尽管近代以来国与国之间的战争一直持续不断，但直至第一次世界大战爆发之前，这些战争所具有的共同特点都在于它们仅是局部范围内的暴力冲突。而20世纪以来，第一次和第二次世界大战的爆发使得战争突破了地域限制，并造成世界范围内巨大的物质和精神财产的损失，对世界政治经济格局产生了深远影响。

战胜国应该向战败国索取赔偿，其最直接的思想渊源来自于一种天经地义的、约定俗成的人的本性要求，正如所谓“杀人偿命、欠债还钱”的心理，因此战败赔偿是一个古已有之的事实。在中国，早在春秋战国时期，诸侯之间在征战后就有失败一方向胜利一方支付“赔偿”的现象。在2000多年的封建社会，周边少数民族政权往往也以战争形式来侵扰中原王朝，战后达成具有战争赔偿条款的协议。例如南宋时期的“绍兴和议”中，规定南宋除向金称臣、割地外，还有向金“岁贡银25万两，绢25万匹”的赔偿规定。有学者认为，这种赔偿已接近近代意义上的战争赔偿了②。在欧洲，除了一般意义上战败方向胜利方所作的实物或现金赔偿外，有时势力较弱的一方在尚未失败的情况下，为了不至于进一步引火烧身，便主动做出赔偿。在1475年的英法战争中，英格兰国王爱德华四世为了反对法国干涉其国内的王位之争，便出兵法国。双方虽未曾交战，但法国为了避免战争，还是以英军撤军作为前提，向英国做出巨额赔款。但从时间上来看，上述这些战争赔偿的事实是在近代民族国家兴起以前出现的，其内涵不同于近代国际法原则确立后国与国之间战后所进行的战败赔偿。

法律的制定是一个从普遍的历史事实中总结经验、规定法律条文、再在历史实践中获得不断完善的过程。而法律的出现，其目的就是为了确保一种良好的社会行为规范，最大限度地保证社会的正义与公正，以物质补偿的方式体现出人类的这种本源性的寻求平衡的心理要求。法律正是把人的这种共有的、自发的要求进一步制度化、规范化、理性化。因此我们今天所看到的法律关于赔偿的种种规定是对人性的自然要求的

① 袁成毅：《国际法视野中的战争赔偿及历史演变》，载《浙江社会科学》2007年第3期，第147页。

② 同上。

肯定，它力图确保的是一种人与人之间、国与国之间的公正与和谐。

从法律角度考察战败赔偿问题，主要包括三个层面的含义：其一是按照其所属范围来划分，战败赔偿是隶属于国际公法中的战争法，是战争法所规定的关于缔结和平条约的基本内容之一。战争赔偿是国际法里关于“战争法”（或称“武装冲突法”）中的一个法律概念，它的内涵是战败国由于战争原因，根据和约规定付给战胜国的一定数量的实物或现款（如外汇、黄金或白银）等，它是国家承担国际法义务的一种具体表现形式。其二是按照“赔偿”一词的定义来划分，“赔偿”（reparations）一词的基本含义是指对损失进行的物质和精神补偿，由于这种补偿通常只能以货币形式表现，因此常常被认为赔偿就是赔款。事实上赔款只是支付赔偿的最通常的表现形式之一，此外还包括诸如实物赔偿、劳役赔偿等。从法律的角度看，和平时期的赔偿通常被称为损害赔偿（compensation for damage），而因战争所要求的赔偿则称为战争赔偿，它是指由于违反战争法而引起的损失补偿。其三，从内容和对象上看，战败赔偿是一个宽泛的概念，它包括政府间赔偿、政府对个人的赔偿等内容。如果换一个角度看，战败赔偿还应包括赔偿政策的制订，政策的实施等内容，笔者所探讨的范畴仅局限在政府间的战争赔偿，并且主要研究的是二战末期和战后初期大国如何制定并执行赔偿政策的。

国际公法的产生是以1618至1648年“三十年战争”结束后，各国通过谈判所达成的《威斯特伐利亚和约》作为标志的，该条约标志着近代意义上国家主权观念的确立，并在真正意义上产生了近代的国际关系。正是在此背景下，国际法才逐渐产生。在欧洲“三十年战争”中出现的最具影响力的国际法著作，就是荷兰法学家格劳秀斯发表于1625年的《战争与和平法》，该著作首次把国际法作为一个独立的法律体系进行研究。此后，有关国际法的论著大量问世，到18世纪末，“国际法”的概念逐渐被普遍接受。而在国际法形成的过程中，解决战争及其相关问题一直是国际法所包含的一项重要内容。

毫无疑问，正是由于世界性战争的出现，战争才开始成为国际公法的研究对象。而此前，在法律上并不认为战争是违法的，也没有一系列具体的、用以限制战争的国际法条文。“在传统的国际法中，战争构成了解决国际冲突的一种极端形式，但它是一种合法的形式，它仅仅关系到交战国而已。”① 一战之后，“国际法在战争问题上……从一个在法律上漠不关心的制度过渡到一个经国际联盟盟约、凯洛格公约和联合国宪章确定下来的概念。”② 一般认为，关于战争法的研究主要经历了三个重要阶段。

第一个阶段是由国际联盟所规定的部分禁止战争原则。《国际联盟盟约》第 12 条规定：联盟会员国约定倘联盟会员间发生争端，势将决裂者，应将此事提交仲裁，或法律裁判，或交行政院审查，并约定无论如何非俟仲裁员之裁决或法律判决，或行政院报告三个月以后不得从事于战争。③

第二个阶段进一步提出了全面禁止战争的原则。1928 年缔结的《凯洛格–白里安公约》（或称《非战公约》），在《国际联盟盟约》部分禁止战争的基础上又进一步采取完全禁止战争的态度，“规定缔约各方……郑重声明它们斥责用战争来解决国际纠纷，并在它们的相互关系上，废弃战争作为实行国家政策的工具”④。如果从道义的角度来审视《非战公约》，其重大缺陷之一在于没有规定战争的正义性与非正义性。任何战争的形式都是相似的，然而任何战争的实质决非相同，该公约把不同性质的战争放在同一个法律平台上，因此就缺乏对发动战争行为的有效制止和对受害国的保护。如果单从国际法的角度来看，该公约则被视为一个里程碑式的事件，因为它第一次提出了全面禁止战争的原则。

第三个阶段则在全面禁止战争的规定中融入了道义的判断。《联合国宪章》第 2 条规定：各会员国在其国际关系上不得使用威胁或武力，或以与联合国宗旨不符之任何其它方法，侵害任何会员国或国家之领土完整或政治独立。⑤ 至此，法律对于战争的制止才具有了形式上与道义上的

---

① ［法］夏尔 ·卢梭，张凝等译：《武装冲突法》中国对外翻译出版公司 1987 年版，第 14 页。

② 同上，第 xxxi 页。

③ 外交学院国际法教研室：《国际公法参考文献选辑》，世界知识出版社 1958 年版，第 420 页。

④ 唐贤兴：《近现代国际关系史》，复旦大学出版社 2010 年版，第 252 页。

⑤ 外交学院国际法教研室：《国际公法参考文献选辑》，世界知识出版社 1958 年版，第 425 页。

双重内涵，标志着战争法①的完善和发展。

战争与战争赔偿都是国际法规范中的重要内容。与其它形式的赔偿相比，战争赔偿则是一种特殊的法律补偿方式。按照法律的一般规定都有原告与被告、控方与被控方，双方都享有法律权利，但是在战争赔偿问题上，战败国作为被告方常常不享有或放弃其所享有的法律权利。因此，在战争赔偿问题上通常是绝对有利于战胜国的，而且由于战争的胜负完全是国家实力较量的结果，因此在国际法学界有观点认为“战争无法”，即否认法律对战争的约束作用。有学者指出：“赔偿有时不作为法律概念来掌握，由于有关战争责任是根据战争的结局和政治关系而决定的，结果赔偿可以说是作为一种权力问题来处理。”② 国际政治现实主义学说的鼻祖汉斯·摩根索（Hans Morgenthau）则更尖锐地指出：“国际政治的铁的法则是，法律义务必须让位于国家利益。”③

近代意义上的战争赔偿属于国际公法的范畴。由于国际法是区别于国内法的普遍规则，因此，在国际法被接受的过程中，一直存在着对国际法地位的争论，出现了“二元主义” 和 “一元主义”之争。“二元主义”认为国际法和国内法是两个分离的、相互独立的法律体系，其所调整的对象和问题极不相同。而“一元主义”则认为，国内法和国际法只是属于同一法律体系的不同层次而已；而且国际法的大部分规范是不完全的，需要国内法规范加以补充。因此，国际法秩序是作为包括一切国内法律秩序在内的一种普遍性法律秩序。国际法的秩序决定各国法律秩序的属地、属人和属时效力范围，从而使许多国家的共存成为可能④。

由于对国际法地位的不同理解，近代以来各国对于国际法的认同与

---

① 经过一战和二战，战争被认为是一种违法行为，鉴于此国际法学界倾向于把战争法改称为“武装冲突法”，可见［法］夏尔·卢梭，张凝等译：《武装冲突法》，中国对外翻译出版公司 1987 年版。然而在我国国际法学界仍称之为战争法，可见北京大学王铁崖教授的相关著作。

② ［日］寺泽一、山本草二主编，朱奇武等译：《国际法基础》，中国人民大学出版社 1983 年版，第 468 页。

③ Hans Morgenthau, *In Defense of National Interest*, New York 1951, p. 144.

④ ［美］汉斯·凯尔森著，王铁崖译：《国际法原理》，华夏出版社 1989 年版，第 335 页。

接受也产生了差异。但针对解决战争问题而言，不论是从“二元主义”的角度来解读，还是从“一元主义”的角度来解读，国际法的规则对国家的部分责任行为还是起到了一定的约束作用。当然，问题的另一面是，由于国家力量有强有弱，国际法哪怕是形式上的理性，也往往容易变异为强国对弱国的理直气壮的勒索和支配①。

因此，战争体现了法律规定与国家利益的结合，这一点已基本成为共识。战争的开始、进行、结束，战争中的中立、对待战俘、战犯审判等问题在法律上均有明确规定，例如战争法规定战争的结束以缔结停战协定和和平条约为标志，这作为一种法律规定在一战、二战结束后都得到遵守，然而在具体媾和过程中，战胜国之间的外交斗争与合作则鲜明地体现出了国家利益在国际政治中的实质内容。因此，不能否认法律在战争中的作用，特别是在战后处理过程中，它作为一种法律程序而被遵守，在实际操作过程中则是国家利益之间的冲突与较量。

战争赔偿的索取是战争法从人道主义的角度出发所要求的明确规定，正是由于各国以法律上的这一规定为准绳，以遵守这一法律原则为基础，才可能出现战后大国之间进行和谈的局面，从这种意义上讲，战争法为大国之间围绕战败处理的种种外交活动提供了法律前提。

而战败赔偿的性质和内容有其历史演变的过程。近代意义上战争赔偿的法源主要是国际习惯和国际条约②。从 18 世纪以来，民族国家间的战争频繁，战争赔偿问题成为当时国际法所要解决的重要议题之一，差不多在所有结束战争的和约中，都会有关于赔偿的条款，并有了一个约定俗成的规则：只要是战败国就应该向战胜国交付一笔战争赔款。在当时的条件下，战争赔款本身不存在对战争的正义性与非正义性的区分，完全成为胜利方对失败方的罚金，而这种罚金数量的多少也往往没有参照，完全凭胜利方的主观意志随意决定。

即使到了 19 世纪，上述情形也没有发生大的变化，发展较早的资本主义国家与后起的资本主义国家在世界各地争夺殖民地的战争以及这些

---

① 袁成毅：《国际法视野中的战争赔偿及历史演变》，载《浙江社会科学》2007 年第 3 期，第 148 页。

② 高智华、于泓主编：《国际法学》，工商出版社 2002 年版，第 455 页。

国家同被压迫民族之间的战争不断加剧，战争结束后的赔偿条款差不多都有变成任意性罚金的趋势。从18世纪末现代民族国家出现到1871年的普法战争，索求战败赔偿主要是一种以高额罚金来惩罚战败国的方式。在1871年《法兰克福条约》中，法国对德国的战争赔款被确定为50亿法郎，此外法国还得承担德国占领军的一切费用。因此，有学者指出："自18世纪末以来，随着战争失去了它的私人性质，战争变成了一种国家与国家之间的关系。在所有的和平条约中，几乎总是有这样一个条款，根据这个条款，战败国应该向战胜国交付一笔战争赔款，这一条款不是以进行非正义引起责任的观念为根据的，它完完全全是对失败的罚金。"①

法德间关于战争赔偿问题的规定在当时颇具代表性：第一，赔款数量的确定本身具有很大的随意性；第二，胜利方为了保证拿到战败方的赔款，以驻军作为压力，而且要对方承担驻军费（在后来的中日甲午战争后，日本也效法了这一做法）；第三，战争赔偿对失败方产生了两个重要影响：一方面是巨额赔款使国内经济力量严重受损，另一方面是增强了两个民族间的仇恨心理，形成了长期的民族隔阂。

法国在普法战争失败后所支付的50亿法郎的赔款实质上是一种"对失败的高额罚金"；而一战后在法胜德败乾坤扭转的情况下，法国获取巨额赔款的希望却无法实现。一方面是由于赔偿原则的转变，另一方面则是由于德国利用大国间的利益之争摆脱了赔偿的沉重枷锁。正如夏尔·卢梭的总结："从1919年到1932年，德国曾经交付了230亿金马克，其中95亿给了法国。至于法国，它从1919年1月1日到1933年6月25日却对受损失者支付了850亿法郎的战争损失赔偿。这样一来，法国在半个世纪之内就两次残酷地遭受了由于对这一项国际习惯不同解释而造成的损失。1871年强加于法国的50亿法郎的赔款，是真正的惩罚性赔款，因为这笔赔款大大超过了对德意志帝国的战争费用的补偿。1919年，获胜的协约国不但没有强加任何惩罚性赔款，而且甚至不要求战争费用的赔偿。法国遭受了1870年后应支付的巨额赔款的损失五十年之后，又将担

① ［法］夏尔·卢梭，张凝等译：《武装冲突法》，中国对外翻译出版公司1987年版，第152页。

负这类开支费用的沉重负担。”①

因此，正是由于普法战争中所表现的对于战争赔偿的过分要求，国际法学界在学理上开始了新的反思，关于战争赔偿问题开始逐步考虑到了以下一些原则：如把赔款限定在战争费用总额之内；考虑战败国的实际支付能力等等。但这也仅仅是在法理上的认识而已，在实践中却很难付诸实施。在1894年的中日甲午战争后的赔偿以及八国联军战败清政府后所订的《辛丑条约》中所规定的巨额赔款，对失败方的处罚远远超过了普法战争的程度。

20世纪之初，出现了取消赔款制度的倾向。例如日俄战争后的《朴次茅斯条约》等，均没有关于战争赔偿的规定。但这也并不预示着公理将取代强权，同样也不意味着战争赔偿问题将会变得不合时宜，这仅仅体现出国际法学家们美好的愿望。就日俄战争而言，在战争结束时，日方最初是希望能够从俄方索取12亿日元的战争赔偿的，但在具体谈判的过程中，一方面是因此为这一要求遭到俄方的拒绝，另一方面则是因为美国对日本的劝阻。此外，由于此次战争还涉及到多个中立国家，美国曾向这些国家发出过照会，要求各国约定，关于在缔结和约或其他方面为交战国所作的任何效劳，各国相约不为自己索取任何形式的报酬，对此，英、德、意、法等国均表示接受②。可见，是多种因素促成了日俄战争后日本未向俄国索取战争赔偿这一事实。

第一次世界大战揭开了人类战争史上新篇章，战争伤亡惨重，据统计，这场战争至少使860万军人阵亡，因重伤或疾病至死1000多万人，另有2122万多人受伤③。就损失而言，战争耗费了约3380亿美元④。战争的残酷性以及战争巨大的损失向战争赔偿问题的解决提出了新的挑战，

---

① ［法］夏尔·卢梭，张凝等译：《武装冲突法》，中国对外翻译出版公司1987年版，第154页。

② ［美］马士、宓亨利著，姚曾廙泽：《远东国际关系史》，上海书店出版社1998年版，第491页。

③ ［美］汉森·鲍德温著，陈月娥译：《第一次世界大战史纲》，军事科学出版社1991年版，第211页。

④ 吴友法、黄正柏：《德国资本主义发展史》，武汉大学出版社2000年版，第272页。

使得战败赔偿的内涵在一战前后发生了根本性的变化。从18世纪末到20世纪初的战争中，要求赔偿的目的并不是对战争责任的追究以及对违反战争法行为的惩罚，而是对战争所需费用的全部偿还。“战费补偿是在战胜国占领战败国领土等继续战斗的方法均已用尽的状态下终结战争时，战败国对战胜国实行战费退还或军费偿还的典型形式。”① 一战后关于战败赔偿的规定则具有了双重特性，它一方面是指对战争这种违反战争法或非法行为的惩罚②，一战是两大帝国主义阵营间所进行的一场非正义战争，从惩罚德国战争发动者的角度来看，从法理上讲是具有进步意义的，同时这也丰富了国际法中关于战败赔偿的内容，并成为以后关于战败赔偿的重要法源。另一方面是指由战败国赔偿一切因战争而导致的战胜国的损失。协约国把其在战争中所欠美国的债务以及他们相互之间产生的约200亿美元的债务都希望转嫁在德国赔偿上，甚至协约国各成员国连恢复自身经济的各项计划也想依赖德国的赔偿。这种巨大的期望值，必然会加重战胜方对战败方的处罚力度，进而导致赔偿问题的复杂化。

另外，具体从《凡尔赛和约》中关于战争赔偿的规定来看，也具有一些不同于以往的鲜明的特点：第一，对德国赔偿责任的追究是以德国及其盟国的开战责任为依据的，这与以往只追究失败的责任不同，即排除了根据强权法则把战争赔款强加于战败国的传统原则，也就是说“胜者为王败者寇”的感性原则被更为理性的原则所取代了。第二，它把赔偿范围明确限定在由侵略国家直接造成的物质损失之内。和约第231条中明确指出了赔偿的法律根据，认为赔偿的范围应该仅限定以下所列举的10项赔偿项目：（1）由于陆上、海上、空中的攻击和军事行动等战争行为，致使平民及其负责赡养者的伤害和死亡所受之损害；（2）由于残暴、侵害或虐待行为，而使所有被害之平民及其负责赡养者所受之损害；

① ［日］寺泽一、山本草二主编，朱奇武等译：《国际法基础》，中国人民大学出版社1983年版，第469页。

② 这里说“违反战争法或非法行为”，是因为1928年《非战公约》的签定才标志着在国际法中视战争为非法行为，而在此之前战争只被认为是对战争法的违反。见［法］夏尔·卢梭，张凝等译：《武装冲突法》中国对外翻译出版公司1987年版。

(3) 对于卫生上或对于荣誉上所有被害之平民及其负责赡养者所受之损害；(4) 战俘因被虐待所受之损害；(5) 由于战争被害，不论废残、受伤、患病、或残废之军人及其负责赡养者的抚恤金；(6) 协约国政府对战俘及其家属或被抚养者之救助费用；(7) 协约国政府对被动员或随军服务者家属及其抚养者的供给金；(8) 被强迫劳动而无公正报酬而使平民所受之损害；(9) 协约国或其人民之一切财产因被夺、被劫、被砸坏所受之损害，以及作为敌对行为或军事行动的直接结果而遭受的损害；(10) 对平民征收与罚款或其它类似之勒索形式所受之损害①。这十项具体的战争赔偿条款，如果仅仅从惩罚德国发起战争的法理层面上来看，的确是有了比以往较为理性的规定，它比较充分地考虑到了加害国对被害方的国家和人民所施之侵害，而不仅仅限于对违反一般战争法规的处罚。这些原则在解决第二次世界大战后的战争赔偿问题中也得到了延续。从上述内容可以看出，其中对于战争违法行为的惩罚主要也是通过损失赔偿的途径来实现的。国际法的学者们普遍认为与此前的战争相比，《凡尔赛和约》所规定的赔偿范围表明一战后的战败赔偿已不再是单一的强权法则指导下的战胜国对战败国的掠夺，因此也不具有随意性罚金的性质，而体现出了“一种新的方法”，即标志着通过支付赔偿来补偿战争损失的原则的确立。同时也鉴于战争费用数额巨大，基本上排除了战争费用的偿还。而且关于赔偿范围也有了更具体的规定，它规定德国应对交战期间由于德国及其盟国的陆海空进攻，而给协约国普通人民所造成的一切损害承担赔偿义务。上述赔偿原则的转变表明人们对于战争赔偿的认识逐步深入。

与一战后的德国赔款问题相比，二战后的赔偿问题则更为复杂。一方面，它体现了人类对正义和理性的新考量，而它的解决所花的时间更长。一战后围绕战争赔偿问题，有关国家前后交涉了 13 年，而二战后的赔偿问题花了半个多世纪的时间，仍有许多难题悬而未决。

另一方面，二战后的赔偿问题在法律原则上又增加了新的具有进步意义的内容。首先规定对战争责任的追究是以发动侵略战争为依据的，

---

① [日] 寺泽一、山本草二主编，朱奇武等译：《国际法基础》，中国人民大学出版社 1983 年版，第 470 页。

其内涵是指发动侵略战争本身是违法的，从国际犯罪这一法理来看，即使军事行动本身是按战争法规合法进行的，其发动侵略战争或非法战争一方，就应当对一切战争损害（不论合法与违法）负法律责任①。其次规定不仅仅以遭受的损失为依据，而且根据各国在实现共同的胜利过程中所肩负的重担和所承担的份额来分配赔偿。这项原则是在雅尔塔会议上确定的。该原则丰富了战败赔偿的法律依据，不仅规定了赔偿数量的问题，而且更进一步规定了赔偿的分配原则，即赔偿首先应该给予那些担负了战争主要重担的国家、遭受了最严重损失的国家和组织各国取得胜利的国家。

从实践层面来看，二战后战败赔偿政策的内容也得到了进一步发展。赔偿的意义已超出经济和军事范围，并具有道义和政治的责任，出现了“战争赔偿”（或战败赔偿）和“受害赔偿”的区分。两者的区别主要表现为以下几点：

第一，从赔偿的原因看，战争赔偿主要是发动侵略的战败国侵略别国时所给这些国家造成的损失的赔偿。也就是说，战胜国在战争中遭受的巨大损失是由于战败国侵略战争的直接结果。比如，战胜国由于交战而造成的伤亡及财产损失，对于这些损失的赔偿必须由战败国来承担。受害赔偿是因发动侵略的战败国在战争中违反战争法规和人道原则，对交战国人民和财产所犯下多种严重罪行而必须承担的赔偿，所赔偿的损失并非双方交战时的直接结果，而是侵略者丧心病狂、故意行为，如，屠杀平民、伤病号、战俘等。第二，从赔偿的形式看，根据二战期间的国际协定，战争赔偿是战败国以实物对战胜国进行赔偿。根据二战后的国际惯例，受害赔偿的形式主要是用货币进行支付。第三，从战争赔偿的主体看，基本上是双方国家。受害赔偿的主体除了国家外，还有私人和团体，也就是说，“受害赔偿”不仅是国际公法问题，而且也是属于国际私法所研究的问题。第四，战后国际法的一个新发展就是把战争赔偿同受害赔偿区别开来，许多国家在战后相当长时间里反复着这一国际实践，向战败国要求侵略者罪行

① ［日］寺泽一、山本草二主编，朱奇武等译：《国际法基础》，中国人民大学出版社1983年版，第470、471页。

赔偿的“受害赔偿”惯例就因此而形成①。

就战争赔偿而言，根据《雅尔塔协议》、《开罗宣言》、《波茨坦公告》等一系列国际法律文件，发动侵略的战败国应对战胜国实行赔偿，主要是用实物支付。二战以后，两德先后向战胜国部分地履行了战争赔偿的义务。就受害赔偿而言，1953 年初西方盟国与西德签订了《伦敦债务协定》，允许西德延期清偿债务，但同时规定，西德必须从 1953 年起支付 600 亿马克作为纳粹德国造成“人员财产损失”的赔偿。据西德称：它履行了这一条款，向有关国家支付了赔偿。《伦敦债务协定》把战争赔偿与受害赔偿明确区别开来是对战后国际法的一大贡献，有利于加强国际人道主义精神。

而对于二战期间纳粹对犹太人犯下的罪行的赔偿不是以战争赔偿为由进行的，而是以犹太人受纳粹迫害为由要求赔款的“受害赔偿”。经过长期艰难谈判，1952 年 9 月签订了《卢森堡协定》，犹太人获得了 34 亿多马克的赔偿，并规定应在 12 年内全部分期缴付。东德于 1988 年第一次承认犹太人有要求赔偿的道义上的权利，并同意向二战期间遭屠杀的犹太人幸存者赔偿 620 万西德马克。波兰虽然于 1953 年宣布放弃继续获得战争赔偿要求，但并没有放弃公民的“受害赔偿”要求。波兰自 1987 年以来一直在为二战期间被强迫送到纳粹德国做苦工的 100 多万波兰人索取赔偿。法国依据 1953 年的《伦敦债务协定》，一直未向西德提出战争赔偿要求，但西德对受纳粹迫害的法国人履行了 3 亿马克的受害赔偿义务。

综上所述，从国际法的角度来看，就战败赔偿问题的规定经历了一个从随意性到规范化的转变，经历了从恶意罚金到理性化赔偿的演进，这符合历史进步的潮流，也是战争法不断发展和完善的表现。然而，国际公法在多大程度上能够制约或引导国与国之间的关系？在处理国际关系中的实际内容到底是国家实力还是国际法？亦或两者兼而有之，是否有其一居于主导？从上述历史发展的脉络中，应该说国际公法在规范现

① 童增：《国际法上的战争赔偿与受害赔偿》。http：//www. china918. net/91808/newxp/ReadNews. asp？NewsID = 625&BigClassName = 战后对日索赔史 &SmallClassName = 童增：打开民间对日索赔之路 &SpecialID = 0 登陆于 2010 年 5 月 25 日。

代国际关系中起着越来越重要的作用，然而，远远未达到绝对主导的程度，国家实力的较量仍然是重要因素。战败赔偿作为战争结束的后续工作，它所体现的主要是一种外交斗争，而其中战时因素也具有相当影响。在分析美英苏三大国二战后对德战败赔偿政策上，可以看到法律的规范作用，而在更大范围内和更深层次上是国家实力强弱的必然结果。在这一意义上，它符合国际关系理论中的现实主义学派所提出的原则。

另一方面，从战争赔偿的发展史中，可以清晰地看到这样一条线索：它从简单的战胜方对失败方的随意处罚和勒索，发展为战败方对战胜方的军费补偿，使得战争赔偿本身有了一个可以参照的标准，这是一个进步；从不问青红皂白地只追究失败方的责任，发展到了考虑战争的性质，并要求负有发动侵略战争责任的一方加以赔偿；从赔偿的主体和被赔偿的对象来说，它从单一的国家对国家的赔偿，发展到了国家对受害者个人的受害补偿以及侵略方其他法人团体对受害者作出相应补偿的趋势。所有这些，昭示的是人类理性的进步和对个体生命的尊重。

## 二、一战后德国赔款问题的历史回顾及经验教训

### 1. 一战后德国赔款问题的“怪圈”

第一次世界大战结束后的巴黎和会是帝国主义重新瓜分世界的大会，德国是战胜国掠夺的主要对象，而德国赔款问题是资本主义战胜国之间长期争吵的核心，并对整个 20 年代的经济政治关系产生了重大影响。“获取赔偿的努力在缔造和平的重要时期支配着欧洲的政治，并且在很大程度上决定着欧洲的权力结构。”① 其结果在经济上导致了 20 年代国际金融市场的混乱，在政治上为纳粹德国的上台提供了机会和条件。德国赔款问题开始于一战后的巴黎和会，直到希特勒上台，贯穿于 20 世纪 20 年代及 30 年代初期，涉及英、法、美、德等国，各大国出于各自的国家利益，围绕这一问题，进行了长期、激烈而复杂的较量，使得这一时期的国际关系扑朔迷离、纷繁紧张。

---

① Marc Trachtenberg, *Reparation in World Politics : France and European Economic Diplomacy , 1916 – 1923* , New York 1980, p. vii.

《凡尔赛和约》并没有规定德国的赔款总数，只要求德国在1921年5月1日前向协约国支付200亿金马克，并决定成立“赔款委员会”来解决德国的赔款总额及分配问题，而对于赔款总额、赔偿方式和期限、各战胜国应得赔款数的比例等细节均未作安排，这主要是由于英、法、美之间在赔款问题上存在严重分歧。

在德国赔款问题上，英法美之间互相争斗，各有不同的利益诉求。首先，从赔款范围上来看，英法坚持让德国支付广义的赔款，即赔付协约国进行战争所支付的一切费用。英国经济学家凯恩斯对此表示严厉的批评，指出：“我认为向德国索取一般的战争费用的举动，乃是我们的政治家应该对之负责的最严重的政治蠢行之一。”① 而美国则主张狭义的赔款，即赔偿由德国军队直接造成的损失。

其次，在赔款总数上，法国主张严重削弱德国，一方面是出于与德国之间的历史宿仇，同时在战争中损失严重，另一方面则由于债台高筑：战时法国欠美国160亿法郎，欠英国130亿法郎，因此法国主张德国应该支付6000至8000亿金马克的最大限度的赔款，以使德国经济一蹶不振，既可以稳固自己在欧洲的霸权地位，同时又可以用赔款来偿还战债；而英国提出的约折合400亿金马克的赔偿总数则是出于保证欧洲均势，避免过分削弱德国而使法国一国独大的考虑。对英国而言，保持德国的强大有利于保证欧洲均势，防止法国独霸欧洲大陆，这符合英国传统的外交方针。正如英国外交部的艾尔·克劳所指出的：“制止从（欧洲霸权）地位出发滥用政治支配权的唯一途径，在于利用实力相当的对手，或若干国家组成的防卫联盟的反对力量。以这种力量组合形式建立起来的平衡在技术上称为‘均势’。英国安全政策的目的始终是维持这种均势，这几乎成为历史常识。英国维持均势的方法是把自己置于天平的这一边或那一边，但总是放在与当时最强大的国家或集团的政治独裁相对抗的那一边。”② 同时英国还主张将赔款与战债联系起来。当时欧洲各国欠美国的

---

① 王绳祖：《国际关系史资料选编17世纪中叶—1945年》，法律出版社1988年版，第545页。

② GP古斥、哈罗德坦珀利编：《有关战争起源的英国文件，1898-1904，第二卷：1904-1906年对协约国的考验》，英国皇家文书局1928年版，第403页。

战债高达103亿多美元，其中英国所欠最多，约为43亿美元①。美国则认为以为要求德国增加赔款无异于杀鸡取卵，因此只提出了250亿美元的赔款总额。但美国反对将战债与赔款联系起来，以避免英法等国赖债，另一方面也反对被过分削弱的德国经济，以保证其欧洲市场的稳定。

第三，在赔款的分配问题上，英法各不相让。英国的方案是：法国50%、英国30%，其他国家20%；法国则坚持：法国58%、英国25%；美国提出了一个折中方案：法国56%、英国28%。此外，英法美三国还就是否将赔款总数写进《凡尔赛和约》争吵不休。法国主张不写明赔款总额，以期可以获取更多的赔款；英国政府出于竞选的需要也支持法国的这一主张；而美国则认为赔偿总额从一开始就应该确定下来。正是由于英法美三国就上述问题没有达成一致，因此《凡尔赛和约》对于德国战败赔偿的细节没有做任何具体的规定，只将具体问题留待赔偿委员会随后去解决。

由于法国在赔款委员会中的有利地位②，使其在德国赔款问题上取得了最初的主导权。赔偿委员会于1920年7月和1921年1月召开了斯巴会议和巴黎会议。斯巴会议规定了各国所得赔款的比例：法国占52%、英国占22%、意大利占10%，其余归比利时、日本、希腊、罗马尼亚、南斯拉夫等国，同时也为美国保留了获得赔偿的权力。在巴黎会议上则规定了德国的赔款总数为2260亿金马克，分42年付清，以德国的全部财产，尤其是关税作为德国缴付赔偿的保证。此方案遭到德国的反对。此后，虽然赔款总数一降再降，在1921年3月的伦敦会议上赔款总数又降至1320亿金马克，66年付清，从1921年5月1日起每年必须支付20亿金马克，第一次偿付的10亿金马克必须在5月31日前付清，德国以海关税收、出口品征税25%为担保③。但这仍然远远超出了德国的偿付能力。

---

① ［美］德怀特H杜蒙德，宋岳亭译：《现代美国：1896－1946》，商务印书馆1984年版，第338页。

② 凡尔赛和约所规定组成的赔偿委员会委员由英、法、意、比四国各出一名代表组成，法国代表任主席，有权在表决各为两票的情况下作出最后裁决。由于美国国会拒绝批准和约，因此美国只派一名半官方代表参加，在委员会中不享有席位。

③ ［美］C.E.布莱克，E.C.赫尔姆赖克，山东大学外文系英语翻译组译：《二十世纪欧洲史》，人民出版社1984年版，第293－294页。

巨额的赔款要求导致德国国内政局以及社会的动荡。在德国国内实际上出现了这种情况，一方面在统治阶级内部分化为主张支付赔款与反对赔款的两派意见，另一方面统治阶级又通过增加税收项目将赔款转嫁到人民的头上，激起了广大人民对于赔款的愤怒情绪。内外矛盾的激化，迫使德国政府再度更迭并要求无限期拖延赔款。最终引发了1923年1月11日法比联合出兵占领鲁尔的事件。

鲁尔区是德国重工业的心脏地带，该地区的煤产量占德国总产量的88%，生铁产量占总产量的70%，钢产量占总产量的40%。法国占领鲁尔就使得鲁尔的煤和洛林的铁矿石连成一体，有利于法国的重工业独霸欧洲。另外，占领鲁尔是间接向英国施加压力，以“放弃鲁尔”来促使英国支持法国的方案，因为根据《凡尔赛和约》英国获得了几乎比法国多四倍的领土①。因此，法国出兵鲁尔的目的很明确，就是“为法国在欧洲的军事和经济领导权建立物质基础。”②

法国出兵鲁尔，为英国打击法国提供了机会，同时也为德国消极抵抗赔款找到了借口。德国外交部于1923年1月12日照会法比两国政府，指责占领鲁尔是“最严重的侵犯德国主权的行为”，并表示“只要针对这一德国经济中心的暴力侵犯所造成的非法局面继续下去，只要它的实际后果未消除，德国就不向造成这一局面的国家缴纳赔款。”③鲁尔事件使得德国赔款问题更趋复杂化；而法国不但没有获得赔款，反而还需自行支付10亿法郎的占领费用；同时法国还遭到了国际舆论的谴责，瑞士、瑞典、荷兰等国纷纷举行抗议活动，使法国在道义上处于不利地位。而更严重的后果在于，这一事件进一步摧毁了德国的经济，使通货膨胀日益加剧，失业人数大增，国内政局动荡；这种外来的过度的压力反而增强了德国国内的民族主义情绪，无形中为极端民族主义的纳粹势力的发展提供了客观条件。正是在这一时期，希特勒发动了“啤

---

① 杜德：《世界政治1918－1936》，伦敦1936年版，第59页。

②《斯大林全集》第6卷，第249页，转引自肖德芳：《德国赔款问题与20年代欧洲政治格局的演变》，载《历史教学问题》2000年第4期，第33页。

③ 朱光庭：《外国历史大事集（现代部分）第一分册》，重庆出版社1987年版，第392－393页。

酒馆暴动”。

此外，德国经济的崩溃与政治的混乱将导致革命的危机，这完全有悖于英美的利益。因此英美积极通过外交和经济手段向法国施加压力。英国发表照会，指出如果法国不结束占领，英国在赔款问题上将不再支持法国。10月5日，英国外交大臣寇松发表声明指出，“协约国在鲁尔的胜利，如真的胜利的话，……将导致德国内部分裂。德国分裂不但是政治上的极大问题，经济上也要受到极大影响，换句话说，就是债务人本身将不复存在了。”① 美国在此之前就警告法国出兵鲁尔是十分危险的，而在法比占领鲁尔后美国即伙同英国在金融市场上大量抛售法郎，加速法郎的贬值，这就致使陷于外交孤立和经济恶化双重困境的法国普恩加莱政府不得已接受了美国的休斯计划：即由包括美国专家在内的国际专家来讨论解决德国赔款问题②。鲁尔事件后，法国在欧洲的霸权地位遭到严重削弱，法国对鲁尔的“坚定行动是一个法国政府在与德国打交道时最后一次不顾英国的反对，按照自己的意愿行事。自此以后，法国只有在英国的支持下才能行动。”③ 相应地，法国在德国赔款问题上的主导时期也宣告结束。

而在美国政府内部打破一战后孤立主义的严重倾向也并非一件易事。当时美国政府内部的意见主要分为三派，一派属于极端的孤立主义者，坚决反对美国卷入欧洲事务，在经济上主张高关税的贸易保护主义政策；另一派是以总统威尔逊为代表的国际主义派，反对孤立主义，主张美国走向世界；第三派则居于两者之间，以国务卿休斯（Charles Evans Hughes）为代表，尽管他也主张贸易保护主义，但是认为欧洲贸易对于美国来说也是重要的。正是他在1922年12月美国历史协会的一次演说中建议由金融专家组成委员会来解决德国赔款问题，但是他并没有将矛头直接指向孤立主义者，而是委婉地要求：“毫无疑问，出色的美国人将愿

① 英国致法比通牒全文，见1923年8月19日北平《晨报》，转引自冯春龙、隋雪梅：《论一战后的德国赔款问题》，载《青岛大学师范学院学报》1998年9月第22页。

② 让·巴蒂斯特·迪罗塞尔：《外交史：1919－1978》，上海译文出版社1982年版，第77页。

③ 威廉·夏伊勒：《第三共和国的崩溃》（上），海南出版公司1990年版，第176，177页。

意服务于这一委员会。”①

1923 年 11 月赔款委员会成立了一个由美国芝加哥银行经理道威斯任主席的专家委员会。1924 年 4 月 9 日，该委员会向赔款委员会提出了关于德国赔款问题建议书，即“道威斯计划”。“道威斯计划”的提出标志着美国在对德赔款问题上主导地位的确立。与法国的赔偿计划相比，该计划有两人特点：第一，不规定德国赔款的总额以及支付年限，只规定该计划生效的第一年度（1924 －1925）赔偿 10 亿金马克，以后逐年增加，到第五年度（1928 －1929）为 25 亿金马克，以后每年缴付的赔偿数应以 25 亿金马克为基数，视德国实际情况而定；第二，向德国提供贷款以平衡预算和稳定通货，美英向德国提供 8 亿金马克的贷款。道威斯计划的提出实现了美国在欧洲的政治、经济双重目的，在政治上通过稳定德国，使其能够抗衡法国、牵制苏联，在经济上，美国资本流入德国，既有助于德国偿付战败赔款，又有利于控制德国的经济。

“道威斯计划”最重要的影响在于，它通过外国资本的注入使德国迅速恢复了经济实力。仅从 1924 至 1929 年，德国所获得的美英等国的贷款就多达 200 多亿金马克，其中美资占 70%②，而同期按照“道威斯计划”，德国所支付的赔款仅为 110 亿金马克。这样，德国应该支付的赔款实际上是由美英支付的，德国反而可以利用赢余的贷款来为其军国主义的发展打下经济基础。到 1927 年德国的工业生产就已超过了一战前的水平，1929 年其工业产量又超过英、法，在资本主义国家中列居第二，仅次于美国。再加上同一时期内《洛迦诺公约》的签定、德国加入国联以及改善对苏关系等等一系列重大的外交举措，使德国在短短不到十年的时间内就从一个瘫痪的病人摇身一变俨然成为一个健壮的青年，从一个道义上遭受谴责的战争发动者重新成为世界政治舞台上的一员。正是

① “Dawes Plan Formulated, September, 1922 – September, 1924.” Discovering U. S. History. Gale Research, 1997. Reproduced in History Resource Center. Farmington Hills, MI: Gale Group. http://galenet.galegroup.com/servlet/History/

② 吴于廑、齐世荣主编：《世界史：现代史编》上卷，高等教育出版社 1994 年版，第 166 页。另有说法认为 1924 －1929 年间，德国从美英两国获得贷款共达 326 亿金马克，其中长期贷款为 108 亿，短期贷款 150 亿，其它投资 68 亿，其中美国的对德投资占 70%。

"道威斯计划"给德国经济的复兴及时输送了血液。也有学者指出，"道威斯计划"是要通过赔偿问题的解决，在政治上达到一箭三雕的效果：一是迅速稳定极为混乱的德国局势，巩固魏玛共和国的资产阶级民主制度；二是为英美资本（特别是美国资本）大规模打进德国，控制德国经济创造条件；三是恢复和加强德国经济实力，使之能与法国在欧洲抗衡，削弱法国在欧洲的霸权地位，并牵制苏俄①。

"道威斯计划"的实施还标志着协约国放弃了对德国蓄意不履行赔款义务的惩罚，变削弱德国的政策为通过贷款方式复兴德国的政策。该计划最大的缺陷是，它没有规定赔款的总额和期限，使得德国能够趁机拖延赔款。1928 年德国以经济困难为由，要求修改"道威斯计划"。1929 年 6 月由美国金融家欧文·杨格为主席组成的包括美、英、法、意、日、比在内的委员会重新审议"道威斯计划"并制定了"杨格计划"。该计划虽然规定了德国赔款的总额为 1139 亿金马克以及偿付期限为 59 年，但却大大放松了对德国的军事监督：协约国军队撤出莱因兰。随后，在 1929－1933 年世界范围内资本主义经济危机的阴影的笼罩下，美国被迫抽回投放到德国的短期贷款，而德国经济由于与美国经济联系密切，所遭受的打击仅次于美国：工业生产从 1929 年底到 1932 年 8 月下降了 40.6%，工业危机引发货币信用危机，1931 年 7 月德国四大银行之一的达姆斯达特国家银行宣布破产，此后德累斯顿等银行也迅速破产。以此为由，德国更是难以支付赔款了。然而关键在于德国经济的恶性衰退将直接影响到美国的投资安全以及欧洲政治经济的稳定。因此 1931 年 6 月美国总统胡佛提出的"延债宣言"充分表明美国对自已在欧洲经济利益的重视与保护。它同时也使德国在赔偿问题上获得了更为有利的地位。但"延期"期满后，德国经济状况仍继续恶化。据统计，1932 年初，德国有 43.8% 的工人失业，此外还有 22.6% 的工人处于半失业状态。②

德国赔款问题再度成为"难题"。1932 年 6 月至 7 月协约国在瑞士洛

① 肖德芳：《德国赔款问题与 20 年代欧洲政治格局的演变》，载《历史教学问题》2000 年第 4 期，第 34 页。

② H·斯图尔特·休斯：《欧洲现代史：1914－1980》，商务印书馆 1984 年版，第 261 页。

桑召开会议解决德国赔偿问题，并签订了《洛桑协定》，规定德国交付30亿金马克的赔款为免除赔偿义务的补偿，并允许德国缓付3年。而德国则利用美国和欧洲各国之间的矛盾，宣称《凡尔赛和约》第231条关于战争罪行的条款已经取消，将战争赔款从国家预算中划去。这样一战后的德国赔款问题最终不了了之。①

简而言之，一战后的德国赔款问题可以分为以下几个阶段：第一，德国在短期内履行了赔款义务，紧接着要求延期偿付；第二，一个协约国拒绝减少赔款，法比军队占领鲁尔；第三，德国积极抵抗赔款政策以及德国货币体系的迅速崩溃；第四，新币进入德国，以及主要由美国贷款所资助的一个大幅度削减德国赔款的计 划；第五，一段人为的经济繁荣时期，所注入的贷款超过了德国赔款的数额；第六，1930年的经济危机使德国经济最终崩溃，所有支付赔款活动的结束。②

---

① 由于德国支付一战后的赔偿前后时间长，情况复杂，对于德国实际支付的总数各种说法相差较大，一说230亿金法朗，参见［法］夏·卢梭：《武装冲突论》，中国对外翻译出版社1987年版，第153页。一般常见的说法是在1924年之前德国支付赔偿数为250~260亿金马克，从1924年到1932年，即从道威斯计划的实施到洛桑会议德国支付110亿金马克，参见郝志成：《第一次世界大战后德国的实际赔款有多少》，载《历史教学》，1994年第3期。德国于2010年10月3日支付了最后一笔一战战争赔款。德国政府今年预算中已为此划出近7000万欧元。德国《图片报》认为，对于德国来说“一战终于结束，至少在财务方面。”1929年10月世界经济危机爆发后，德国赔款事实上已终止。1932年协约国召开洛桑会议，要求德国在1933年一年内移交30亿金马克的赔款，剩下的未付赔款可以予以免除，但是第二年希特勒就在德国上台了。纳粹一向不承认《凡尔赛和约》的合法性，因此在上台后也拒绝继续支付赔款。到此时为止德国实际支付的赔款数量只是协约国要求数量（1320亿金马克）的1/8左右。二战结束后，联邦德国和民主德国都没有恢复一战赔款义务，但是1953年有关德国债务的国际会议规定德国当局有责任兑现魏玛德国时期为了支付一战赔款而在美国、法国等国发行的债券。同时规定其余的债务问题将在两个德国统一后予以解决。事实上西德从1980年起继续赔偿一战债务（对魏玛时期的赔款公债进行赎买），在两德统一前偿付了约140亿西德马克。德国统一后从1995年起继续偿还，2010年10月3日，德国政府赎回了最后一笔6995万欧元的债券，但是仍然剩下5600万欧元的利息（1945－1952年这段时间积累起来的）没有支付。

② John H Backer, *Priming the German Economy: American Occupational Policies 1945－1948*, North Carolina 1971, p. 62.

综上所述，一战后德国赔款问题可谓陷入了一个“怪圈”：无论是法国所主张的削弱德国、使其支付巨额赔款的方针，还是美英所要求的以贷款方式激活德国偿付赔款能力的政策，都无法使德国以积极的态度履行赔款协定。其症结在于以美、英、法为主的资本主义国家之间的利益之争使得德国能够从中渔利。一战后德国赔款问题的“怪圈”还表现在，经济技术问题与外交斗争的相互交织。从经济学的角度来看，巨额赔款的支付所引发的转帐问题本身就是当时的经济贸易理论所难以解决的问题，另一方面其中又夹杂着复杂的历史恩怨与既得利益的争夺。这两种矛盾的相互影响与纠缠只可能对问题的解决产生更大的消极作用。

但是，德国赔款问题难以解决的根本原因还在于大国之间的利益之争。欧美大国均认为应该对德国的战争罪行进行惩罚，但是其根本的目的是为了实现各自的经济和政治利益。美国通过掌握德国赔款问题上的主导权在一战后实现了对欧洲经济和政治事务的渗透。美国依靠战争年代的资本输出，到1919年由战前持有30亿美元外债的债务国变成了战后的债权国，协约国欠美国的债务就达100多亿美元。正如威尔逊所指出的，“金融领导地位将属于我们，工业首要地位将属于我们，贸易优势将属于我们，世界其它国家期待我们给予领导和指引。”①英国在德国赔款的部分问题上追随美国主要实现了其政治利益，既牵制了法国，又保持了自己在欧洲的大国地位。而法国念念不忘历史仇恨，没有考虑到美英的利益要求。

在战后美、英、法之间的联合也主要是出于利益的需要。例如，英法之间在欧洲的外交目标是相抵触的，因此在赔偿总数的规定上两者是完全对立的，但由于英法均是美国的债务国：英国欠美国8.5亿英镑，法国欠美国160亿法郎②。而且由于美国在一战后执行高关税的贸易保护政策，因而英法通过向美国出口物资的方式来支付战债的方式是行不通的，所以只能通过德国的赔款来支付本国的战债。正是这一利益的一致性促使英法都主张将战债问题与赔款联系起来。

① 吴于廑、齐世荣主编：《世界史：现代史编》上卷，高等教育出版社1994年版，第102页。

② 同上，第130、134页。

尽管凯恩斯从纯经济学的角度指出，欧洲的经济系统是以德国为中心的，欧洲大陆的繁荣取决于德国企业的繁荣；德国被看成“欧洲的工厂”，因此，恢复德国经济，发展包括德国在内的邻国贸易以增加对英国的购买力，“比收入一批赔款紧要得多。”① 道威斯委员会的报告也指出，该报告只从技术的角度，而不从政治角度研究德国赔款问题②。但是，纯粹的经济学在现实中是不存在的，因此必须要考虑到政治因素对经济的制约作用，德国赔款这个经济问题之所以最终未能成功地解决，就在于它成为美欧资本主义强国之间政治、外交斗争的工具，这就大大增加了解决该问题的复杂性，并给德国提供了喘息和回旋的空间。

**2. 一战后德国赔款问题的经验及教训**

一战后解决德国赔款问题的失败，其最重要的后果是为德国在短短20多年后再次发动世界大战提供了条件。也正是由于这一原因，二战后在对德赔偿问题上美英苏三国十分谨慎，避免重蹈覆辙。

一战后的德国赔款给予二战后对德赔偿的经验主要表现在技术层面：

第一，反对完全赔偿的原则。一战后美、英、法等国在德国赔偿问题上的出发点之一就是要求德国赔偿全部战争损失，正是在这一共识的基础上法国才提出天文数字般的赔款总数，美英所要求的数目虽然大大低于法国，但是也远远超出了德国所能支付的数额。据英国经济学家凯恩斯估算，德国所能够支付的赔款不超过10亿英镑（折合约为30.3亿金马克），因此他建议将赔款限制在20至30亿英镑（约在60至100亿金马克之间）③。事实上，德国所支付的赔款总数就在100亿金马克上下，而赔偿委员会所规定的最低赔款总数也达到1320亿金马克。按照完全赔偿原则所提出的赔款数额远非德国的经济实力所能够承受的，使德国经济陷入过度通货膨胀的状态，这也是导致一战后德国采取消极抵

① John Maynard Keynes (Lord), *The Economic Consequence of the Peace*, London 1919, p. 98.

② “Dawes Plan Formulated, September, 1922 - September, 1924.” Discovering U. S. History. Gale Research, 1997. Reproduced in History Resource Center. Farmington Hills, MI: Gale Group. http://galenet.galegroup.com/servlet/History/

③ C H Hessian, *John Maynard Keynes*, London 1984, pp. 131 - 132.

抗政策的因素之一。因此二战后在对德战败赔偿问题上美英苏放弃了完全赔偿原则，主张部分赔偿，同时也必须考虑到战败国支付赔偿的能力。

第二，以实物而不应以现金支付赔偿。以实物形式支付赔偿（包括拆迁工厂、当前生产的工业品以及以战犯作为劳动力等）是二战后美英苏三大国在对德战败赔偿问题上达成的共识之一。根据凯恩斯的分析，以实物支付赔偿可以避免战败国通过促进出口、积累外汇用于支付赔款而在国内征收高额税，最终导致国内经济崩溃、政治不稳定的状态，同时在经济上也消除了难以解决的转账问题（即把德国马克兑换成英镑、美元、法郎等汇兑问题）①。二战后，美英苏在这一原则上不存在分歧。

第三，反对给德国提供经济援助，防止德国利用贷款来直接支付赔款。一战后美国给德国的贷款最终成为德国支付赔款的来源。通过道威斯计划和杨格计划，美国给德国的贷款超过 30 亿美元，而同期协约国偿还给美国的战债只有 26 亿美元。而且从道威斯计划开始执行时起，德国对美国资本的依赖使得德国经济基础并不稳固，最终成为爆发 1929－1933 年大危机的因素之一。二战后的对德赔偿问题上美英吸取了一战的教训。美国坚决拒绝给德国提供贷款。在雅尔塔会议上，当美英之间就赔偿的总数和分配问题展开争论时，罗斯福指出："美国曾贷给德国一百多亿美元，不过这一次不会重犯过去的错误了。合众国不打算使用德国的劳动力，也不要德国的机床。"苏联副外长麦斯基指出：一战后"美、英、法向德国大量贷款，从而就怂恿了德国人不履行自己的赔偿义务。"②英国经济学家凯恩斯也指出，"就德国而言，我愿意从一开始就向所有部门灌输一个信条：在任何情况下或条款中，都不能由我们来供应或支付任何东西。"③

---

① John Maynard Keynes, *Collected Writings*, Vol. xxii, *Activities* 1939－45: *Internal War Finance*, London 1978, p. 23.

② ［苏］萨纳柯耶夫、崔布列夫斯基编，北京外国语学院译：《德黑兰、雅尔塔、波茨坦会议文件集》，生活读书新知三联书店 1978 年版，第 160、161 页。

③ Keynes to Playfair, 14 February 1944, in PRO T247/87, in Alec Cairncross, *the Price of War*, *British Policy on Germany Reparations* 1941－1949, New York 1986, p. 13.

二战后与一战后的情况相比还存在若干差异。首先，二战后不存在将赔款与战债挂钩的问题。一战后这个问题是纠缠德国赔款的主要因素之一。二战后由于取消了战债，并且通过租借法案来解决战时的借贷问题，所以使得二战后德国赔偿问题相对简单。其次，国际环境差异大。苏联作为与美英西方国家意识形态完全不同的国家，却是在二战中损失最大，所应获得的赔偿最多的国家，因此在对德赔偿问题上的主要斗争是在美英与苏联之间展开的，而一战后在解决德国赔款问题时的主要斗争是在资本主义国家内部。

上述经验和教训主要停留在经济技术层面，这些经验的吸取使得赔偿问题作为一个纯粹的经济问题变的简单了，但是并不能冲淡外交斗争中对国家利益最大化的追求。即使在上述的几点经验中，一旦搀入各自的利益追逐，一致的基础就不存在了。例如美英苏在实物赔偿原则上不存在分歧，但是在采取实物赔偿的哪种途径上却存在根本性的差异，主要表现在苏联要求以当前工业品作为赔偿来源，而对此美英坚决反对。再如，反对给德国提供贷款的原则，二战后马歇尔计划的出台，事实上是隐蔽地给德国贷款的行为，不仅违反了这一经验，而且美国的视线甚至扩大到整个西欧。

因此，作为一个政治和外交问题，一战所能提供的经验性的东西很少。另一方面，还在于二战后意识形态的斗争迅速上升成为国家利益中的最重要因素，更确切地说，应该是以意识形态为主导的大国之间国家利益之争。这也就成为二战后德国赔偿问题值得研究的原因之一。同时，不论是一战后还是二战后美国都执行了同一条原则，即从削弱德国到复兴德国的政策转变，证明一个繁荣的德国对于美国而言是其一贯的利益要求。

一战后德国赔款问题的解决同样印证了这样一条规律：大到对一个国家的惩罚，小到对一个人的惩罚，必须掌握适度的原则。试想希望一个犯了罪的人能够改过自新，从重处罚，判他死刑就等于剥夺了他重新做人的机会；过度量刑所带来的过分压力会导致人产生逆反心理。对一个国家也同样，一战后对德国的巨额赔款要求无异于宣判了德国的“死刑”，使德国人看不到复兴的希望。在二战时期“摩根索计划”遭致反对的原因之一还在于它为当时尚未结束的对德战斗起到了反作用。“成千上万的德国士兵下了决心，在战斗中倒下总比慢慢饿死要好，因为摩根索计划给他们安排的似乎就是这种下场”①。由此证明，过分的压力只会使事物的发展走向完全相反的结果，一战后德国在赔款问题上的消极抵抗以及纳粹德国的上台都是鲜明的例子。

① ［美］威廉 哈代 麦克尼尔，叶佐译：《美国、英国和俄国：它们的合作和冲突 1941－1946》下册，上海译文出版社 1978 年版，第 754－755 页。

# 第二章　奠定基调：雅尔塔会议前关于德国赔偿问题的政府内讨论

一个国家对外政策的确立往往是政府内不同主张相互碰撞的结果，同时政策制定还必须具有前瞻性，保持相当的提前量，只有这样才能最大限度地保证一项政策是在经过深思熟虑、衡量多方面利益因素的基础上出台的，这有利于防止政策制定上的随意性，而且在面对突发性事件时也不至于因拿不出适当的对策而造成外交失误，因此这种外交政策上的“预警”具有重要意义。从这个角度来看，尽管德国战败赔偿是一个关于战后处理的问题，但是美英苏三大国早在雅尔塔会议前就已经对此进行了较充分的政府内讨论，并奠定了日后大国磋商中三国不同的政策基调。

在此，为了从一个理论层面更好地理解关于德国战败赔偿问题从政府内讨论过渡到国际会议的进程，可以借助安德鲁·莫劳夫奇克“自由政府间主义”所构建的理性主义三重组合结构来进行分析。莫劳夫奇克在解释欧洲一体化问题时所提出的三重组合结构实质上是三个阶段：即国家偏好形成阶段，国家间博弈阶段和选择国际制度的阶段①。从范围上来看，这一框架实际上是一个国际国内双层博弈的结构，即首先是一国国内各利益集团（包括政府各部门）之间的相互博弈，得出在某一问题上的国家偏好；然后该国政府持此偏好，代表该国与其他国家政府进行政府间的博弈，博弈结果是相互间不对称依赖程度的体现；最后，双方达成协议并履行承诺。在德国赔偿问题上，三大国的政府内讨论就是第

---

① 安德鲁·莫劳夫奇克：《欧洲的抉择——社会目标和政府权力：从墨西拿到马斯特里赫特》，社会科学文献出版社 2008 年版，第 11 页。

一层博弈，而之后在雅尔塔、波茨坦等会议上的利益之争则是第二层博弈，最终达成的关于赔偿问题的协议则是第三层博弈。当然，与欧洲一体化进程不同的是，最终双方并没有一个让渡主权的超国家机制的建立。

## 一、美国：多边主义主导下的争论

二战爆发后不久，美国政府内部已经开始了针对战后对德政策的争论，而且它零星地贯穿于战时整个时期，形成以国务院所坚持的多边主义原则为中心，主要涉及与总统、陆军部、财政部以及包括国务院内部不同部门间的争论的局面。应该说，雅尔塔会议前，美国政府内在战后对德政策问题上处于讨论、不确定的阶段，其特点在于战败赔偿问题是裹挟在美国对德政策的制订过程中的，而且依据当时的客观环境，对德政治、军事政策是更为紧迫的问题，而与此相比，经济问题的重要性并非居于首位。

### 1. 多边主义原则与对德政治经济问题的讨论

早在美国参战前，国务院就已经开始了对战后世界的构想。国务院认为美国在一战后以拒绝加入国际联盟的方式回退到战前的孤立主义是错误的，这种外交上的孤立主义以及在贸易政策上所实施的高关税政策助长了三十年代欧洲的政治动荡和经济萧条①。

国务院制订战后计划主要有三个支柱：一是建立联合国，二是在经济上实行多边主义政策，三是防止战败国重新崛起。国务院认为三十年代法西斯主义上台的主要原因之一在于经济困境，通过降低关税、取消特惠贸易以及确保货币自由兑换，政府才能够有效地促进其在世界范围内贸易的扩展，这将有助于保证经济的繁荣、政治的稳定和世界的和平。国务卿赫尔（ Cordell Hull）是这一观念的坚持者。他指出："对我而言，不受阻碍的贸易是与和平相一致的；高关税、贸易壁垒和不公平竞争是与战争相联系的。尽管还有许多其它因素与此相关，但是如果我们能够

---

① Philip Andrew Baggaley, *Reparations*, *Security*, *and the Industrial Disarmament of Germany*: *Origins of the Potsdam Decisions*, PHD Dissertation of Yale Univ. 1981, p. 80.

建立起更自由的贸易流动关系，那么一个国家就不会极度地嫉妒另一个国家，所有国家的生活水平将会提高，这样就会消除因经济上的不满而滋生战争，我们将能够保证长期的和平。"①他甚至提出战后应建立一个国际委员会，负责监督并要求各国拆除所有限制国际生产及贸易的壁垒。促进自由贸易在世界的扩展，这很明显是从美国自身利益出发的。拓展国外市场被认为是美国经济从战时到和平状态转型的缓冲方式，而且从更广阔的视角来看，资本主义赖以存在和获得繁荣的重要因素之一就在于拥有广阔的市场②。

简而言之，所谓多边主义的外交理念，即美国人所倡导的一种经济上要求贸易扩张，政治上主张"自由民主"的理念。美国的目标是建立一种全球经济，要求所有国家降低关税、取消贸易壁垒，所有国家的市场都要对美国物资开放，美国能够在任何地方实现其商业利益，而成功的商贸政策将会带来政治上的"和平与民主"（所谓政治上的和平、自由与民主，其中有一层重要含义在于反对政府对经济事务的干预）。因此商业手段在本质上是为政治服务的，美国寻求不断扩大的对外贸易是为了满足其政治"民主"的要求。在第二次世界大战中，美国先是保持中立，但后来美国放弃了中立政策卷入战争，其直接原因是由于日本在太平洋地区对美军的挑衅行为，但从经济层面来看，欧洲的纳粹德国所坚持的经济政策、政治原则将意味着美国出口的削减和政府对国家事务控制的加强。这不符合美国多边主义的利益要求。

美国多边主义的外交理念有其历史渊源。一战后"威尔逊主义"的提出被认为确立了美国新的外交思想，即一种全球化的、世界主义的外交理想，被认为是多边主义的开端③。二战期间 1941 年 8 月 14 日签署的《大西洋宪章》中的第 4 条再次体现出了这一思想："力使一切国家，不

---

① Cordell Hull, *The Memoirs of Cordell Hull*, vol. I, New York 1948, p. 81.

② 许多修正学派的学者都强调二战期间出口市场是美国政策的决定性因素之一。具体可见 Sven Ulric Palme, "*Politics and Economic Theory in Allied Planning for Peace, 1944 – 1945*", Scandinavian Economic History Review, vol. 7 (1959), pp. 67 – 78;

③ Bruce Kuklick, *American Policy and the Division of Germany: the Clash with Russia over Reparations*, New York and London 1972, p. 3.

论大小，胜败，对于为了它们的经济繁荣所必需的世界贸易及原料的取得俱享受平等待遇。”然而对英国而言，美国的这一主张将会损害到英国与其殖民地及自治领之间的帝国特惠制，因此在丘吉尔的要求下，《大西洋宪章》又增加了“在尊重他们现有义务的同时”的限定。① 美英之间缔结的《租借总协定》的第 7 条也规定：在“国际贸易方面消除各种形式的歧视性待遇，降低关税和减少其它贸易壁垒。”②

太平洋战争爆发后，国务院认为战争的结束将为多边主义的实现提供一次重要的机会。从多边主义的角度出发，首先在经济上需要一个统一的、工业强大的德国，以保证欧洲能够成为美国稳定的贸易伙伴和市场。同时还有其政治上的考虑，领土委员会主席伊萨·博曼指出，“如果我们坚持分割德国，”美国将会失去她对苏联的唯一防御，“未来防范苏联的唯一有效的途径是建立一个强大的中欧单元。”安全委员会主席诺曼·戴维斯也指出，有一天美国人可能会“跪在地上请求德国帮助我们抵抗苏联”。③

从广义上来看，多边主义不仅仅是一种经济思想，它也是一种政治理念。美国在二战后期所主张的建立联合国的设想，也可视之为多边主义经济思想在政治上的反映。多边主义在战后为美国介入欧洲等地区的事务提供了理论依据，最鲜明的表现之一就是多边主义是战后美国制订对德政策的直接理论指导。

（1）国务院、总统、陆军部：统一、肢解及共同占领

二战后期，在对德政策上罗斯福与国务院之间的意见相左虽然没有完全公开化，但表现的极为明显。其主要分歧在于战后分割德国亦或保持德国统一的问题。

在德国问题上，国务院的基本原则有四点：首先，主张在战后建立

---

① 方连庆、杨淮生、王玖芳编：《现代国际关系史资料选辑》下册，北京大学出版社 1987 年版，第 243 页。

② ［美］威廉·哈代·麦克尼尔，叶佐译：《美国、英国和俄国：它们的合作和冲突 1941－1946》下册，上海译文出版社 1978 年版，第 691 页。

③ 国务院文件（SDF），Lot60D－224，Box 24，政治委员会（编年），nos. 1－20，第 7、8 页，1942 年 4 月。可见 Bruce Kuklick, *American Policy and the Division of Germany: the Clash with Russia over Reparations*, New York and London 1972, pp. 22－23.

一个统一的德国，反对分割德国。由于分割德国将会给整个中欧带来经济灾难和政治混乱，这势必会影响美国的经济利益，不符合多边主义的经济要求；同时，还要求德国放弃海外市场，成为一个进口食品和原料，出口工业物资的工业加工国。其次，国务院主张德国非军事化，将拆卸德国用于战时工业生产的军事防御工业。第三，在战败赔偿方面，反对任何要求美国资助德国经济的赔偿计划，认为赔偿的目的是为了惩罚德国，但同时也要求德国保持生产赔偿的工业能力。第四，在意识形态上，反苏反共。

国务院所坚持的对德政策的基本原则与总统罗斯福、陆军部、财政部之间既有共识，亦存在分歧。其中关于德国非军事化的内容是政府内各部门所一致同意的。铲除德国战争根源是各部门所追求的共同目标，但如何使德国成为一个既不会再次威胁欧洲安全的国家，同时又能够成为符合美国经济、政治利益的国家，简而言之，通过何种途径把对德战败处理与美国的利益结合成一个有机体，这是部门间矛盾和争论的实质。然而，从具体内容来看，国务院与各部门之间的争论又不尽相同。通过与各部门的斗争，国务院在妥协的过程中不断修改其最初的计划，这样使美国政府内部在对德政策上能够最大限度地达成协调一致，这有利于使美国在与英苏两国的外交磋商中能够有一个一致性的对德政策。

罗斯福主张强制性分割德国，反对保持德国统一。1943 年 3 月当英国外交大臣艾登到华盛顿时，罗斯福就陈述了他反对保持德国统一的立场。艾登在回忆录中指出，在与斯大林的会谈中，斯大林主张非强制性分割德国，而罗斯福则更进一步要求强制性肢解德国。斯大林认为只有德国也有这一要求时，才能够执行肢解计划，但罗斯福补充到，即使德国没有这一要求，盟国也必须强制分割德国。由此可见罗斯福分割德国的决心比斯大林更坚决。罗斯福甚至认为肢解政策是对德国问题“唯一的、安全的、令人满意的解决方法。”① 9 月 1 日，在写给国务卿赫尔的信中罗斯福也表达了肢解德国的主张，而赫尔回复：“强制性分割不论对德国而言，还是对我们而言，都会少一些灾难。但是，如果德国被确保

---

① Anthony Eden, *The Memoirs of Anthony Eden*: *The Reckoning*, Boston 1965, p. 432.

在世界政治、经济中占有一席之地的话，那么，美国人所具有的建设性的民族精神将充分有助于消灭德国的军国主义。”① 赫尔的回答委婉地表达出国务院要求复兴德国的意见。10月，在莫斯科外长会议的一次筹备会议上，罗斯福在小范围内宣布他建议将德国肢解为三部分或更多部分。面对国务院反对肢解德国的争论，罗斯福指出，“我们倾向于夸大这些影响了。”由于在德国旅行、学习过，他比国务院的人更了解德国，他“坚持肢解德国。”② 而在具体的肢解方案上，财政部则主张将德国分为南北两部分。

罗斯福的意见遭到国务院内部官员的反对③。反对派认为，德国的经济、政治、文化高度整合，只有通过内部力量才可能实现肢解，但是这将会激发民族主义者的复仇情绪。而最重要的影响还在于肢解所带来的经济后果，如果允许被分裂的各部分结成关税同盟或实行经济合作的话，那么这将成为重新实现统一的强大的动力来源④。罗斯福所坚持的对德政策，实际上是希望通过肢解德国这一方式直接地、永久地消灭德国发动战争的潜力。

在10月的莫斯科外长会议上，赫尔所提出的美国对德战败处理计划在谈及肢解问题时，虽然没有明确表示坚持一个德国的立场，但其文件内在的矛盾性却体现出国务院与总统之间的意见分歧。该计划的第一段指出，德国战败后的政治统一或分裂，这一问题的某些关键阶段仍将继续研究讨论；第二段却表达了一种完全不同的观点，盟国将通过主持选举来建立“一个德国中央政府，占领当局将逐渐把其权力交给该机构。”⑤ 国务院反对强制性分割德国，主张自发性分割德国，即通过德国

---

① Bruce Kuklick, *American Policy and the Division of Germany: the Clash with Russia over Reparations*, New York and London 1972, p. 26.

② U. S. Department of States, *Foreign Relations of the United States* (*FRUS*): 1943, Ⅰ, p. 542.

③ 除副国务卿韦尔斯（Sumner Welles）外，大多数国务院官员都反对肢解政策。

④ Harley Notter, *Postwar Foreign Policy Preparation*: 1939 - 1945, Washington 1949, Interdivisional Country Committee report “Germany: Partition,” 8/17/43, p. 558.

⑤ Ibid, p. 723.

内部自发的分裂主义的势力来达到分割德国的目的。这一方面是为了避免日后德国要求统一时将复仇情绪针对美国，另一方面则表现出在对德问题上国务院与总统意见的折衷，从罗斯福要求强制性肢解德国的主张的回撤。

11 月 19 日，罗斯福在参谋长联席会议上讨论美英共同进军欧洲的问题时，公开指出战后盟国将德国分割为 3 部分或 5 部分。而罗斯福并没有通知国务院关于在这次会议所做的决定。在德黑兰会议上罗斯福又提出另一个分割德国的计划，即将德国分为 5 个部分和 2 个国际共管区，这一计划遭到英国的反对，三巨头最终同意关于德国肢解政策由欧洲咨询委员会讨论。同样，关于这一计划罗斯福也没有通知国务院。这从一个侧面反映出总统与国务院之间在对德政策上的分歧。

国务院在争取对德政策领导权的过程中还遭到陆军部的反对。陆军部主张，战后的对德政策不能妨碍军队的独立地位，要求军队不受任何政治限制，并且拥有自治权。对于陆军部的强硬要求，国务院为了确保自己“一个德国”的计划能够实现，提出共同占领德国的计划，共同占领政策与肢解德国政策的不同之处在于，共同占领既能够满足陆军部的要求，“在其中就没有因一国军队统治的‘国家因素’了”①。但是为了保证分区占领政策不会导致德国的分裂，国务院又提出应由一个强有力的中央统治机构来统领所有占领区。它一方面将能够使占领区的军事政权扮演“执行机构”的角色，另一方面通过这一机构进行最大限度的指导将使得分区问题不会成为国务院所担心的分割德国的前奏，并能够保证盟国将统一地对待德国，避免肢解德国。

国务院之所以重视陆军部的意见，主要是出于两个原因，其一是由于工作安全委员会的设立。工作安全委员会的成员来自各个部门，其职能是给各部门送交欧洲咨询委员会的文件提供一个可供讨论的空间。工作安全委员会内的陆军部代表最初持强硬态度，认为只有军队才应该在占领区内制订计划，军队能够解决任何政策问题。尽管这种毫不让步的态度持续的时间并不长，但它反映出陆军部认为国务院不应该参与占领

---

① U. S. Department of States, *Foreign Relations of the United States* (*FRUS*): 1944, Ⅰ, pp. 249 - 250.

计划的初衷。因此为了使国务院的计划能够顺利通过工作安全委员会，就必须考虑陆军部的意见。其二，如果军队与政府之间意见不一，不仅会在美国政府内部产生争论，而且最重要的后果是将可能会导致陆军部与英苏等大国的单独外交行动。国务院设想，如果军队抵制政府的政策，并且在行动上与其它大国不合作的话，那么军队将可能导致大国之间的误解与紧张局势，将严重妨碍国务院政策的推行。

1944 年 4 月，参谋长联席会议发布了 551 号文件，指出占领应该有助于战略目标的实现、消灭法西斯、维持法律和秩序以及使人民尽快"恢复正常生活状态，在这种情况下，将不会影响军队的行动。"① 这一指令实质上是国务院和陆军部意见的综合，双方达成了妥协，即一方面要求军队保持德国经济，使德国仍是一个强大的工业国，另一方面也将保证军队在占领区所享有的权力。

从本质上看，国务院所坚持的多边主义目标与陆军部要求在占领区内拥有相对独立的权力之间的斗争不是根本性的，因此双方容易达成一致。而与此相比，意见分歧更大的是国务院与财政部之间的对德政策。

（2）国务院与财政部：在赔偿来源上的分歧

国务院与财政部争论的实质是赔偿问题。国务院认为德国必须支付战败赔偿，因为德国的赔偿物资将帮助欧洲其它地区的重建，同时盟国可以利用赔偿作为恢复日益恶化的经济的一种手段，而且这将减少重建时其它国家对美国的贷款的需求。在关于赔偿问题报告的初稿中，国务院指出，三大国控制一个统一的德国以及减轻战争破坏是要求德国支付赔偿的两个前提，在此基础上制订了两个子计划：第一个计划要求在 10 年内提供最大数额 300 亿美元的赔偿，赔偿的支付采取从少到多的方式；另一个计划则提出总额为 210 亿美元的赔偿，采取先多后少的方式，这将有助于资助盟国的战后重建活动。

这两个子计划的差异不仅仅在于赔偿数额以及数量分配上，而在于对德国经济发展所造成的结果的不同。由于支付赔偿将有助于发展德国的出口，因此采取先少后多的方式将可能使德国工业在支付赔偿的刺激

---

① Bruce Kuklick, *American Policy and the Division of Germany: the Clash with Russia over Reparations*, New York and London 1972, p. 38.

下逐年递增，从而导致德国的快速复兴，这不利于保证战后世界的和平。第二个计划则符合多边主义的观点，从长期来看，先多后少的赔偿数额只可能暂时扩大德国市场、复兴德国的工业，使德国工业复兴保持在一个不至于威胁到战胜国的限度内，从而可以保证美国的长期利益不受损害，另一方面盟国可以将德国的赔偿适时地用于战后重建。

通过上述分析，不难看出，国务院所反对的并不是以当前工业品作为赔偿来源，国务院同时附加了一个前提，即先多后少的数量分配原则。惟其如此，才可能实现兼顾多边主义与战后安全的双重目标。国务院反对通过大范围拆迁的方式获取赔偿，认为这将导致德国经济的崩溃，从而使德国无法参与美国所构想的多边主义的世界体系。

国务院反对大范围拆迁德国工厂的主要原因还在于，德国的经济与欧洲其它国家之间是一种相互依存的关系。19 世纪末 20 世纪初以来德国的工业发展水平就跃居欧洲和世界领先地位，成为发达的资本主义国家之一，她是巴尔干国家的农产品、法国的铁矿石及其它原材料的主要生产和加工国，因此，如果德国这样一个以对原材料的深加工为主的国家，其工业生产的技术和水平被大大削弱了，那么就意味着欧洲其它以提供原材料为主的国家失去了一个重要的出口市场。正如凯恩斯所指出的"德国是欧洲其它地区经济的主要支撑点，欧洲的繁荣依赖于德国的繁荣。"①

在此基础上，国务院提出了"清算"政策，即要求从总体上、有计划地清除战时德国所建立起来的自给自足的经济体制，使德国恢复到一个依赖于国外市场和原料的国家，这样同时还能够为欧洲战后的重建提供所需的生产；但是为了防止军国主义的复兴，对于军事生产所必须的战略性原料应该进行监视和控制②。从更深的层面来看，与上述她所认为的多边主义的理念是协调一致的。

---

① John Maynard Keynes, *The Economic Consequence of the Peace*, London 1919, p. 16.

② Interdivisional Country Committee report on the control of "German War Potential", 12/17/43, in State Department records, Lot 60D - 224, Box 117, "Germany: General Objective of United States Economic Policy with Respect to Germany". FRUS, 1943, p. 1273.

此外，其中还包含了意识形态的动因。国务院认为，如果无法保证德国处于一种“可以忍受的生活标准”，那么德国将不可能遵守盟国所提出的和平条款，德国将可能通过在战胜国之间周旋而从中获利，在此情况下，“苏联就可能利用德国共产主义的力量……来服务于苏联自己的利益要求”①。正是在此前提下，国务院认为在战后初期关于赔偿的支付以及对德国政治和经济控制方面应该避免过分严厉。因此，国务院反对拆卸和搬迁大量的德国工业资产，因为这种“恶性方式”将会导致用于赔偿的物资的数量的减少，并会对欧洲的政治、经济、社会的稳定有“破坏性”的影响②。国务院主张将那些用于战争并且能够用于战后德国复兴及欧洲重建的工厂进行转型，只摧毁那些无法用于和平生产的军事工业。在 1943 年 10 月莫斯科三国外长会议上美国的赔偿计划就反映出国务院的上述要求。认为赔偿的目的是为了加速经济复兴，同时建立起联合国主导下的世界经济，该计划还指出赔偿将成为强化战后经济与政治秩序的途径。

但是财政部反对以当前工业品作为赔偿来源，认为这些赔偿将“大大缩减世界范围内盟国工业出口的市场”③，从而阻碍美国贸易的扩张。此外，欧洲国家若通过赔偿获得免费物资，则她们对于其它资源的要求将缩小。因此，德国在世界市场上将获得有利地位，许多国家将不得不依赖于德国，这势必会减少美英商品和物资的出口机会。

综上所述，战后国务院以多边主义为指导的对德政策是从美国自身经济利益出发的，并包含了浓厚的反苏的政治用意。而且国务院所倡导的多边主义外交思想经过与其它部门的磨合，也包含了妥协的内容。所谓共同占领政策实质上是国务院最初所强调的保证一个强大的中欧单元

---

① Inter-divisional Country Committee Report “The Political Reorganization of Germany”, 9/23/44, in Harley Notter, *Postwar Foreign Policy Preparations*, 1939 - 1945, Washington 1949, pp. 558 - 59.

② Inter-divisional Country Committee Report: “Germany: Economic Problems: Post - War Economic Control of Germany,” 9/23/43, in State Department Rcords, “Germany-Political and Economic Problems”. FRUS, 1943, p. 1109.

③ Bruce Kuklick, *American Policy and the Division of Germany: the Clash with Russia over Reparations*, New York and London 1972, p. 65 - 66.

的政策与肢解政策之间的折衷。此外，国务院的对德政策的考虑并非与美国后来所推行的对德政策完全一致。如：它最初并不排除以当前工业品作为赔偿来源，然而后来美国却坚决反对苏联从当前工业品中获取赔偿，这一转变表明意识形态因素在美国外交政策中重要性的加强。

**2. 德国战败赔偿计划的演进及内部争论**

赫尔指出，第二次世界大战的爆发“揭示出当时所有力图保证和平的方式的破产，国务院从过去得出的经验是，必须建立起一种灵活的、实用的结构来保证世界的和平。”① 但是美国政府内部在关于如何避免20、30年代所犯的错误，在二战后保证世界和平方面的意见和构想并不一致。

毕竟，将德国经济融入美国所主张的多边主义的世界经济中，这只是一个长期目标，而在战后初期，德国仍处于盟军占领的情况下，首先需要考虑的最紧迫的问题之一就是赔偿问题的解决。国务院最初并没有考虑到赔偿问题的复杂性，对此持乐观态度。对美国而言，赔偿问题的复杂性恰恰在于，这是直接关系到英国和苏联这两个欧洲大国的利益的问题，却不是一个直接关系到美国利益的问题，美国所要做的是如何在平衡英苏之间利益冲突的同时实现美国的长期战略。

(1) 国务院的赔偿提案及其引发的争论

国务院内部在讨论德国赔偿问题时也存在冲突和矛盾。在国务院内部，关于赔偿问题最早的正式文件是由国务卿赫尔在1943年10月莫斯科三国外长会议上提出的提案，而当时赫尔本人关于德国赔偿问题的意见只是停留在“赔款数额不应过大，赔偿不应该被认为是一种惩罚性的方式等”内容上②。该计划由福勒（William Fowler）负责起草，他主要依据对外关系委员会的研究报告来起草的该计划。

对外关系委员会是一个专门研究国际关系和外交政策的非官方性组织。它的前身是1919年5月在巴黎成立的国际事务学会。此后，该学会

---

① Cordell Hull, *The Memoirs of Cordell Hull*, vol. II, New York 1948, p. 1625.

② Philip Andrew Baggaley, *Reparations*, *Security*, *and the Industrial Disarmament of Germany*: *Origins of the Potsdam Decisions*, PHD Dissertation of Yale Univ. 1981, p. 94.

在英国和美国分别设立分会，英国分会就是后来的“皇家国际事务学会”，美国分会正式成立于1921年8月，全称为对外关系委员会联合会，该委员会于1922年9月出版了第一期会刊《外交》季刊。由于对外关系委员会的成员主要包括一批美国政要、财阀等，因此一战以来它对美国外交政策的制订起到重要作用和影响，被认为“近半个世纪以来……为美国外交政策的基本观念做出了重大贡献”①。

1939年9月二战爆发后两周，对外关系委员会便开始着手研究战争的进程以及战后的和平问题，以此向总统提出建议。12月6日，在洛克菲勒基金会的资助下建立了“战争与和平研究项目”。在该项目中关于战时与战后对德政策的研究是其主要内容之一，并对一战后的德国赔款问题进行了研究。1943年3月18日的E－B63号备忘录则主要研究了二战后的德国赔偿问题，认为德国应该对遭受战争破坏的国家提供赔偿，同时提出赔偿计划不应妨碍将德国纳入西方资本主义阵营这一总方针。该备忘录还指出，德国生产的产品应该首先用于出口而不是用于支付赔偿，提出所谓“优先结帐”原则，即认为首先必须保证德国能够有足够的出口来支付进口物资，其次才是赔偿问题的解决。总之，对外关系委员会作为最早就德国赔偿问题进行研究的组织，其所建议的政策基调是要求德国加入西方资本主义体系，同时抵制苏联关于赔偿的要求②。

在上述对外关系委员会E－B63号备忘录的基础上，福勒又具体提出应以实物和服务的形式支付赔偿，支付赔偿的期限应该限制在“欧洲重建的第一阶段”，应该按照战时和占领期间非军事财产的损失来分配赔偿③。在莫斯科三国外长会议上，福勒草拟的赔偿计划与艾登依据麦尔金计划所提出的草案如出一辙，这一方面是由于美英在德国赔偿问题上的利益有一致之处，另一方面则是由于凯恩斯作为英国赔偿计划的主要起草者，积极向美国施加了影响，最终导致外长会议上美英之间的协调一

① 《纽约时报》1966年5月5日。

② ［美］劳伦斯·H·肖普、威廉·明特，怡立等译：《帝国智囊团：对外关系委员会和美国外交政策》，上海译文出版社1981年版，第172－174页。

③ U. S. Department of States, *Foreign Relations of the United States* (*FRUS*): 1943, I, p. 740.

致，而苏联却指出不应该置遭到德国破坏的国家的重建要求于不顾，而一味考虑保证德国人的生活水平①。

莫斯科三国外长会议后，国务院成立了“关于赔偿、归还和财产权的部门间委员会”（Interdivisional Committee on Reparation，Restitution and Property Right），11 月 30 日，在该委员会召开的第一次会议上即提出了针对莫斯科三国外长会议上美国提案的异议，认为应该尽可能地避免将德国支付赔偿的问题与其发展经济的主要目标联系起来，而且关于减少赔偿是否会成为欧洲复兴的积极因素这一点也存在质疑。

在委员会内部，关于德国赔偿问题主要存在两种意见。一种观点认为赔偿问题不应该作为国务院对德政策的长期目标的组成部分之一，并且要求德国处于盟国占领的时期内全部以实物形式支付赔偿，并将其全部用于战后的重建，反对长时期的以货币形式支付赔偿，认为“支付赔偿的时间越短，则实现其政治目标的可能性就越大，……而当德国新政府成立后就几乎成为不可能的了”，同样，以货币形式支付赔偿必然要求发展德国的出口以换取足够的外汇，但问题在于，战后初期除美国外其它国家是否具有足够的购买力，此外因出口需要而带动机器制造等工业的迅速发展将是危险的②。

另一种观点则认为应该要求德国在长时间内运送货物作为赔偿，并且主要以货币形式支付所运送的物资。尽管持这种观点的官员支持国务院的长期目标，但是他们认为赔偿应该满足索取国的需求。他们在批评前一种观点时指出，在短时期内支付赔偿的要求是不可取的，因为在 4 至 5 年的时间内将无法获得重建所需的赔偿额，而且由于德国本身也遭受了战争的破坏，因此也难以在战后初期提供大量的赔偿。同时，还认为将赔偿的时间期限规定得较长将可以根据情况缩短，而如果规定的较短则难以延长，而且要求德国在短时间内支付赔偿将可能导致德国逃避赔偿责任或延期支付。此外，还反对前一种观点所主张的要求全部以实

---

① Sir Llewellyn Woodward, *British Foreign Policy in the Second World War* , vol. V, London 1962, p. 78.

② State Department Records, National Archives Record Group 59, Lot 60K - 224, Box 50, “Reparations M1 - M46”.

物形式支付赔偿。他们指出赔偿的索取国所面临的往往是紧迫的经济需求，如补充货币储备等，因此提供物资并不能缓解这一问题。另外，以货币支付赔偿更符合美国所要求的实现多边主义的目标，由于德国需要扩大出口，因此英美等国则可以销售本国的产品。

简而言之，上述两种主张的实质内容在于，前者要求在短时间内主要以实物形式支付，后者主张以货币形式为主在长时间内支付赔偿。而且这两种不同观点的坚持者还分别提出了在其所主张的计划下德国所能够支付的赔偿数额：前者认为可获得370亿美元的赔偿，后者认为是140亿美元的赔偿①。然而，这两种计划的提出基本上均未考虑到德国的支付赔偿的能力，对于德国赔偿问题的前景所持的态度完全是乐观的。与此相比，英国政府在同一时期所建议的德国支付赔偿的数额却不超过40亿美元。

在国务院内部，以上述两种观点为主的斗争持续到1944年3月。正如其委员会内部成员所指出的，“几乎在每次会议上都有针锋相对的意见冲突和争论，或者潜藏着危机爆发的可能。而这些分歧则反映出不同的处理原则，必须在更高的层次上才可能解决这些矛盾②。”

关于德国赔偿问题的两种主张的斗争，最终是两者的融合。在委员会提交的最终报告中指出，尽管获得的赔偿数额较少，但是“应该在‘积极重建’（active reconstruction）时期要求德国支付最大限度的赔偿”，运送实物应该在德国投降后立刻开始，并且主要以直接运送的形式将赔偿物资送至要求赔偿的国家。这体现出了第一种观点的要求。报告还提出支付赔偿的时限为10至12年，并且认为如果德国在战后3、4年时间内能够扩大其外贸市场获取足够的外汇，那么赔偿的支付也应该包括货币形式在内。这体现出了后一种观点的要求。此外，委员会的报告还肯定了以拆迁工业设备和劳务形式支付赔偿的可行性。然而，国务院对德

① 几个月后，该计划又经过修改，赔偿数额改为21亿美元，最终定为30亿美元。见 Bruce Kuklick, *American Policy and the Division of Germany*: *the Clash with Russia over Reparations*, New York and London 1972, pp. 45 - 46.

② Philip Andrew Baggaley, *Reparations*, *Security*, *and the Industrial Disarmament of Germany*: *Origins of the Potsdam Decisions*, PHD Dissertation of Yale Univ. 1981, p. 100.

国赔偿问题的考虑，其核心思想是经济优先，而不是赔偿优先，支付赔偿必须在“满足德国人最低生活水平的进口、投资及其修理遭到破坏的设施，满足盟国占领支出、为生产赔偿物资所必须的进口等等”后，才能用来支付赔偿①。这一原则事实上就是后来美国在波茨坦会议上所提出的“第一偿付原则”（first charge principle）。国务院的赔偿计划此后在此基础上基本没有变化。

由于国务院所坚持的对德赔偿政策是在多边主义的框架内进行的，因此复兴德国的经济，在赔偿问题上就反映为对德国赔偿数额的限制。但是国务院在考虑德国问题的同时，还必须考虑到执行这样一种限制德国赔偿的政策对于美国制订对欧洲其它国家的政策的影响，而其中最主要的是制订对法国外交政策的影响。当国务院完成对战后德国政策的草拟时，有官员又提出了战后复兴法国的重要性。他们指出，战后重建费用的主要来源来自包括赔偿在内的外部资源，对法国而言，虽然不应该鼓励法国过分地依赖于德国的赔偿，但是她应该“吸收和很好地利用大量”煤、机器设备和其它物资，特别是在战后初期的几年内。国务院的目标是建立一个“强大、独立、民主而友好的法国”②，而法国在战后的复兴需要大量德国赔偿的输入，国务院所坚持的限制德国赔偿，则可能使得其对法政策难以实现。受这一因素的限制，国务院在制订对德赔偿计划时，既避免了完全符合美国经济目标的要求取消赔偿的主张，同时也避免了完全按照赔偿索取国要求高额赔偿的主张，而是取了一个折衷的赔偿方案。

（2）对外经济行政部、罗斯福与陆军部：意见不一

1944年6月，国务院向对外经济政策执行委员会（Executive Committee on Economic Foreign Policy）递交了以上述内容为主的两份报告，题目分别为《德国：美国对德经济政策总目标》（Germany：General Objectives of United States Economic Policy with Respect to Germany）和《关于赔偿、归还和财产权的部门间委员会的报告》，以求在该委员会内部对此进行进

① Philip Andrew Baggaley, *Reparations*, *Security*, *and the Industrial Disarmament of Germany*: *Origins of the Potsdam Decisions*, PHD Dissertation of Yale Univ. 1981, p. 102.

② Ibid., p. 104.

一步讨论。对外经济政策执行委员会成立于1944年4月，是一个部门间委员会，成员包括来自国务院、财政部、对外经济行政部（Foreign Economic Administration）等各主要政府行政部门的代表，因此该委员会就成为各部门之间在经济政策制定上各抒己见的场所，其中对德经济政策的制定是讨论的主要内容之一。

在该委员会内部，针对国务院所提出的赔偿计划的讨论中，对外经济行政部的意见虽然与国务院的主张有相一致之处，但却又比国务院的主张更为严厉。对外经济行政部成立于1943年，其职能主要是配合诸如租借法案等对外经济活动的施行。对外经济行政部认为，国务院所提出的将部分德国国民收入、部分设备作为赔偿是远远不够的，而应该“在保证德国人健康的最低生活水平，并且保证德国人与其它被解放地区的普遍生活水平相当的条件下，将所有其它方面的生产都用于支付赔偿。”① 这一主张被称为“剩余”赔偿（residual）政策，该政策提交给对外经济政策执行委员会后，遭到其它部门的反对和质疑。国务院认为这一政策无法激励德国人积极生产而用于赔偿。还有代表认为将德国人的生活水平降至与波兰等国相同的标准，这将会减少盟国所能获取赔偿的数量，而且由于德国在欧洲曾是一个发达的资本主义国家，突然降低其生活水平，这将不利于欧洲的政治稳定，将损害到美国对德的长期目标的实现。经过在对外经济政策委员会内部的讨论与斗争，在委员会的最终决议中指出，除保证德国最低生活水平外，其余的生产均用于支付赔偿，但是该决议没有明确指出所谓“最低生活水平”的标准是什么②。

对外经济行政部认为应该尽可能缩短支付赔偿的时间，它认为5年将是最理想的，但是由于外交压力的制约可以延长到10年，同时必须规定一个最大限度的时限，为了避免德国逃避和拖延赔偿，关于赔偿的时限应该保密③。它还指出，赔偿的来源应限制为由现有设备生产的产品。

---

① Philip Andrew Baggaley, *Reparations*, *Security*, *and the Industrial Disarmament of Germany*: *Origins of the Potsdam Decisions*, PHD Dissertation of Yale Univ. 1981, p. 130.

② U. S. Department of States, *Foreign Relations of the United States*（*FRUS*）: 1944, I, p. 291.

③ Ibid. pp. 290 – 291.

这一点遭到其它代表的反对，他们认为如果只需要美国作少量投资，德国的某些重要的机器设备就可以恢复生产的话，那么在这种情况下美国不应该坐视不管。经过讨论，委员会的最终决议指出，“只要不是大规模、广泛地重建德国的工厂及设备，那么就应该最大限度地要求所有的机器设备都用于生产赔偿。”①

各部门的代表经过在对外经济政策执行委员会内的讨论，由国务院所提交的上述两份报告基本得到认可，其主旨内容没有作重要改动，在后一份关于赔偿问题的报告中又增加了某些要点，如上述两点，以及认为赔偿必须被严格限制在用于重建的范围内，而不是用于使德国非军事化的惩罚性的目的。委员会的最终报告所体现出的基本精神与国务院的计划是一致的，即认为保持德国在欧洲的经济地位是第一位的，而要求德国支付赔偿则是第二位的。

在对德索赔问题上，国务院的计划与罗斯福的主张存在巨大分歧。与国务院相比，罗斯福并不十分热衷于建立国际性的政治、经济，他对战后世界格局的构想是建立一个由美英苏中“四大警察”共同主导的世界，国际组织虽然存在，但是真正的权力将主要掌握在四大国手中②。简而言之，罗斯福主张在战后采取大国合作的原则，这是指导罗斯福外交思想的核心。

而在“四大警察”的设想中，罗斯福更强调美苏之间合作的重要性。他指出，“必须以一种使苏联人相信，美国人的确愿意与其合作的方式来安排对德占领问题”，“战后的基本目标是美苏合作，只有这样才可能使维持战后和平成为可能，而德国正是证实这一合作的试验场。”③

在德国赔偿问题上，莫斯科三国外长会议前，罗斯福指出只能要求德国以人力和设备支付赔偿，而不应该苛求德国以货币形式支付赔偿。但是以实物支付赔偿究竟是从军事工业中获取，还是包括所有工业，罗

① U. S. Department of States, *Foreign Relations of the United States* (*FRUS*): 1944, I, p. 292.

② Robert Dallek, *Franklin D. Roosevelt and American Foreign Policy*, 1932 - 1945, New York 1979, p. 536.

③ Robert Murphy, *Diplomat among Warriors*, New York 1964, p. 227.

斯福没有澄清这一点。① 罗斯福反对德国以货币和当前工业品支付赔偿，主要是为了避免重犯一战后美国在德国赔款问题上的错误。而且美国公众对于德国按照协定支付的信誉持怀疑态度。在 1944 年的一份对美国人的抽样调查中，被问到这样一个问题，“如果德国被迫使放弃 1930 年以来所获得的土地，如果希特勒及其他纳粹领导人被惩罚，那么美国是否应当要求德国支付所有的战争损失？” 48% 的人回答是肯定的，43% 的人回答是否定的，只有 29% 的人认为德国能够在 25 年时间内支付赔偿，而 57% 的人不相信德国人会履行承诺②。

同时，国内经济利益集团则反对索取赔偿。1943 年 11 月，美国全国制造商协会提出，“除了要求诸如战时掠夺所造成的非军事损失的赔偿外，对于战争所造成的其它损失则不应该要求前敌国作任何赔偿。” 该协会认为这是一种抛开道德因素的、纯经济角度的考虑，而从长期的观点来看，赔偿的索取与支付不符合一种有序的国际关系的要求③。事实上，以全国制造商协会为代表的美国经济利益集团反对赔偿的真正原因在于，由于战争刺激美国经济并使之繁荣，战后和平的到来，资本家首先担心的问题就是生产过剩的问题，在此情况下，作为国外市场之一的欧洲市场就显得极其重要，而不论德国以货币或实物支付赔偿，都会成为冲击美国产品出口的一支有力的竞争力量。这一结果将是经济利益集团所不能允许的。

罗斯福的对德赔偿政策反映出上述公众及经济利益集团的要求，以移交工业设备和劳务的方式支付赔偿，比以货币或当前工业品支付赔偿更大程度上地保护了资本家和企业主的利益。在这一点上，罗斯福与国务院的主张相去甚远。

在战后对德战败处理问题上，陆军部主要负责执行占领任务。陆军部长史汀生（Harry Stimson）一方面认同国务卿赫尔的多边主义思想，认

① U. S. Department of States, *Foreign Relations of the United States*（*FRUS*）: 1943, I, p. 542.

② National Opinion Research Center, *Germany and the Postwar World*, n. p. 1945, pp. 43 – 44.

③ New York Times, 12/4/43.

为欧洲各国之间存在一种相互依存的经济关系，而德国是欧洲工业的心脏；另一方面他也倾向于罗斯福的观点，认为国际性政治组织的建立并不是维护战后世界和平的决定性因素，而只有大国之间的合作才能够保证战后世界的和平①。而且在美苏关系问题上，史汀生认为美国不应该反对苏联在自己边界附近建立势力范围②。在对德赔偿政策上，史汀生既不主张大量赔偿的要求也不支持削弱德国工业力量的措施。他认为大量的赔偿搬迁只会增加美国执行对德军事占领任务的复杂性，同时他认为，“从美国的观点来看，赔偿问题不应该被认为是对德占领的主要目标之一。”③ 而且当1944年8月摩根索计划出台后，史汀生是对该计划批评最强烈的人之一。在陆军部内部，军队内务部（Army Civil Affairs Division）的意见却与史汀生相左。军队内务部成立于1943年，主要目的是为了配合二战后期的占领工作。该部门主任约翰·赫尔金（John Hilldring），主管规划事务的大卫·马科斯（David Marcus）以及总统的女婿约翰·伯提格（John Boettiger）都主张对德采取严厉的政策④。

陆军部虽然在战后对德政策上也有自己的意见和主张，但由于陆军部的主要职责在于执行政策，而并非制定政策，因此在美国政府内对德政策的制定问题上，陆军部的意见并不占据主导。

综上所述，雅尔塔会议前，美国政府就对德政策的讨论具有广泛性的特点，并在此基础上奠定了美国对德经济政策的基调，其一是多边主义的指导，其二是强调保持德国经济的重要性，赔偿问题则位居其次。具体涉及到赔偿问题，从中不难看到一个颇令人费解的现象：国务院内部的讨论尽管纷繁复杂，但在赔偿来源问题上并不排斥以当前工业品作为赔偿来源，但是在雅尔塔会议后在与苏联谈论赔偿政策时，这一点却成为美国坚决反对的对象。由此证明美国所抵制的并不是当前工业品作

---

① Henry L Stimson and McGeorge Bundy, *On Active Service in Peace and War*, New York, 1947, pp. 567－568.

② Ibid., p. 606.

③ Philip Andrew Baggaley, *Reparations, Security, and the Industrial Disarmament of Germany: Origins of the Potsdam Decisions*, PHD Dissertation of Yale Univ. 1981, p. 118.

④ John Snell, *Wartime Origins of the East-West Dilemma over Germany*, New Orleans 1959, p. 26.

为赔偿来源这一政策本身，而是关注将这一政策用于哪个占领区，东占区经济的复兴自然不符和美国的利益。

## 二、英国：关注经济安全

英国与德国同为欧洲大国，英德之间的矛盾是一个逐步衰落的大国与一个迅速崛起的大国之间的利益之争，因此主要是出于一种地缘政治的考虑。二战正酣之时，英国内阁、贸易部、财政部、麦尔金委员会就战后对德政策展开了不同层面的讨论。而贯穿其中的是对经济安全的格外重视。强调经济安全的本质是保证其英美所倡导的资本主义经济体系能够在战后正常运转，这包括两层含义：首先是要求消灭德国军国主义的威胁，其次是在此基础上建立起与美英一致的资本主义体系。但是在这两者之间存在一定的矛盾，是一个“度”的问题，即在多大限度上消除德国的战争潜力，才可能使其既不会倒向苏联，也不会过分依赖西方的救援，具有经济自我发展的能力。赔偿问题与经济安全息息相关。赔偿问题的提出使得在考虑惩罚德国的战争罪行的同时又多了一层限制：不能过分削弱德国、必须保留一定的工业基础。因此拆迁以及非工业化的原则要求就不可能是彻底的，而是有所保留的。

### 1. 内阁关于战后肢解德国、对苏政策及其经济安全的考虑

英国内阁最早开始的讨论并非针对赔偿问题。当时政府内的主导观点认为，确定德国政治边界是制定经济政策的前提，因此英国内阁就对德战后处理的讨论所围绕的中心是肢解德国、对苏政策以及经济安全问题，关于赔偿问题的考虑则蕴涵于其中。

随着战争形势的转变，从1943年起英国内阁开始把注意力转移到对德战败处理问题上来。这主要表现在两个方面。首先在内阁报告中多次提及这一问题。仅1943年一年，艾登向战时内阁递交的三个报告中均涉及该问题：3月8日的题为“德国的未来”的报告，6月5日的题为“停战与相关问题”的报告，9月27日题为“德国”的报告。

其次，表现在机构设置或机构职能转变上。1943年8月在艾德礼领导下成立了内阁委员会，主要职能是为缔结停战条款、确定投降方式以

及占领区内的军政府等问题提供专门的咨询。此后，停战协定与国内事务委员会（the Armistice Terms and Civil Affairs Committee）接替了该委员会来讨论对意大利的安排，1944 年艾德礼领导下的“停战与战后委员会”（the Armistice and Post-War Committee）又取代了停战协定与国内事务委员会。同时，参谋长联席会议委员会（Chiefs of Staff Committee）还下设了一个名为结束敌对后筹划委员会（Post-Hostilities Planning Sub-Committee）的分委会。

但是在上述内阁委员会的讨论中，赔偿问题并不是重点，当时最迫切的是对德军事占领问题以及对德处理的原则问题。正如 1943 年 6 月艾登在内阁会议上所指出的，现在制定出对德战后处理的原则既不迫切，也不实际。但是如果把这个复杂的问题留到最后来解决又是危险的，既然美国和苏联都已经考虑这一问题了，那么英国也应该积极行动起来；但是鉴于目前的形势，他提出考虑的主要问题应该是对德占领问题①。1943 年 12 月 12 日参谋长联席会议委员会提交了一份题为“对德国军事占领”的报告，主张全部实行军事占领，在战争结束前每个盟国的占领区应该划定，并且不能以签订停战协定时的军队情况为依据。丘吉尔则认为美英苏三国就这一问题的共同协商更为重要。

在对德战败处理的原则问题上，要求德国非军事化与非集权化方面意见基本一致，最主要的分歧在于是否肢解德国。在 1943 年 9 月一次内阁会议上，艾登指出，制定政策最重要的出发点应该是允许经过改造后的德国重新融入到欧洲经济生活中来。在战后对德采取的所有行动中，肢解德国将是最激烈的举措，为了防止被分割的部分重新统一，需要长时间的政治控制；而与此相比，非集权化与控制德国的经济潜力则不够严厉②。正是由于肢解政策所具有的严厉性，使得这一问题成为盟国在战时讨论得最多的问题之一，从 1943 年 10 月的莫斯科三国外长会议上即开始讨论。当时艾登对此的态度是“认为依靠德国内部的分裂主义者的力

① Alec Cairncross, *the Price of War, British Policy on Germany Reparations* 1941 – 1949, New York 1986, p. 36.

② Ibid., p. 39.

量比盟国强制分割德国更为可取”①。

从1944年初到1945年初英国政府内的主流观点是支持肢解德国的。甚至连麦尔金报告的起草人凯恩斯也认为应该分割德国20年②。艾德礼和克兰伯尼（Cranborne）支持肢解德国。贝文指出他主张德国南部的邦与奥地利合并。但是在肢解问题上的争论主要来自外交部和参谋长联席会议。参谋长联席会议支持肢解德国，其原因是为了防止统一的德国与苏联的联合。一旦统一的德国与苏联联合起来，这将是对英国安全的最大威胁。如果德国被肢解了，其西北和南部将可能纳入西方集团③。外交部反对肢解德国，认为把德国视为抵御苏联的屏障是不现实的，而且由于苏联是一个军事强国，再复兴德国只会增加德国日后侵略的危险。外交部更强调联合国的作用，认为战后应该以联合国作为维系各国关系的纽带，来保证英苏关系。参谋长联席会议则认为由于与苏联之间的分歧，联合国无法起到使各国之间协调一致的作用，如果保持一个强大的德国，那么英国将要面对的不仅是一个强大的苏联，还将包括苏联控制下的德国。

是否肢解德国是直接影响到赔偿问题的重要方面。它是确定赔偿原则及其方式的主要前提。一个被肢解的德国与一个统一的德国在支付战败赔偿时所需要考虑的情况将是完全不同的。麦尔金报告即是最明显的例子，在制定对德赔偿的具体计划方面，它是极其具体和完备的，但是正是由于对德国未来政治前景的错误判断，使得它被认为是“不现实的”。因此，赔偿问题虽然是一个经济问题，但是必须考虑到它是一个受到政治现实严格限制的经济问题。

上述外交部与参谋长联席会议之争，充分表明英国对德政策的制定与对苏政策息息相关。是否肢解德国的最终目标是为了有效地对抗苏联，保证英国自身的安全。但是在军事上与苏联合作打败德国的任务尚未完

---

① Alec Cairncross, *the Price of War*, *British Policy on Germany Reparations* 1941－1949, New York 1986, p. 38.

② John Maynard Keynes, *Collected Writings*, Vol. xxvi. *Activities 1940－6: Shaping the Post-war World Bretton Woods and Reparations*, London 1980, p. 382.

③ Graham Ross (ed.), *The Foreign Office and the Kremlin: British Documents on Anglo-Soviet Relations 1941－1945*, Cambridge University 1984, p. 101.

成，因此，在外交政策的制定中，内部讨论所考虑的问题与外在的宣传不可能一致，内部讨论所要求的是一种现实的战略，是实质，而外在宣传更多的则是一种策略，是表象。

1944年11月6日的《泰晤士报》公开发布了一封表明英苏合作与友好的公告，该公告指出，“苏联，像英国一样，在欧洲没有任何进攻性的、扩张性的计划。他所希望的只是她西部边界的安全……在波兰，苏联的政策很明显地是要建立一个代表波兰不同意见的联合政府。”① 而艾登的话则可以作为对这份公告的实质内容的诠释，他指出，“如果我们把苏联作为敌人来讨论和研究的行动被传出去，那么将会使苏联对于我们的合作是否具有诚意表示怀疑。”②

在政府内部的讨论中，所表现出来的才是对苏政策的真实意图。一封递交给外交部的信件指出，“苏联在某一地区占据主导地位就意味着完全排除其它国家，包括现在的盟友。”③ 艾登则更明确地指出，“苏联可能会打破所有的规则……与他所宣传的与‘资本主义’、‘帝国主义’有联系的一切公开对抗，并利用他的巨大的权力来影响、支持欧洲极左运动，当然也包括德国在内。”④

参谋长联席会议下设的联合情报分委会（Joint Intelligence Sub-Committee）所提交的一份题为“从苏联安全的角度来分析他的战略利益及意图”的报告详细地研究了苏联的外交政策，指出，“苏联在其领土内保持军事和经济资源以便于她能够抵御所有欧洲大国的联合进攻。除了他在深度防御以及分散的主要经济目标方面的优势外，除了在波罗的海和卡

---

① “Russia, Britain and Europe”, *The Times*, 6 Nov. 1944.

② Minutes of meeting between the Foreign Secretary and the Chief of Staff, 4 Oct. 1944 in Graham Ross (ed.), *The Foreign Office and the Kremlin: British Documents on Anglo-Soviet Relations 1941 – 1945*, Cambridge University 1984, p. 173.

③ Preston to Foreign Office, 5 Dec. 1944, in Graham Ross (ed.), *The Foreign Office and the Kremlin: British Documents on Anglo-Soviet Relations 1941 – 1945*, Cambridge University 1984, p. 189.

④ “Soviet Policy in Europe”, Memorandum by the Secretary of State for Foreign Affairs, 9 Aug. 1944, in Graham Ross (ed.), *The Foreign Office and the Kremlin: British Documents on Anglo-Soviet Relations 1941 – 1945*, Cambridge University 1984, p. 168.

尔巴阡山之间的西部边界外，苏联能够抵抗任何对其安全的威胁，因此他将会把力量主要放在那一带。他将通过利用相邻的缓冲国并将其纳入到自己的利益圈内，来修建一条保护带以确保防止崩溃。这将包括芬兰、波兰、捷克、匈牙利、罗马尼亚、保加利亚，以及较次要的南斯拉夫。确保德国的弱小，并且把他视为西方大国与苏联合作的诚意的‘酸性试纸’，以此来保持德国的虚弱，这将是苏联战后政策的主旨。任何与德国调和的姿态都被认为是一种威胁，苏联将努力使德国倒向他那一边。如果他对美、英政策的怀疑度加深了，那么他将对基于世界安全考虑的合作抱以不信任的态度，而以其所需要的方式行事。苏联将会把她的军事前沿向前推进到欧洲边界的国家，在希腊、中东、印度挑起事端，并且利用他对其他共产主义国家的影响来激起他们对反苏政策的敌对。但是，像苏联这种扩张边界的进攻性政策不可能为他恢复经济带来长久的和平，而且也使他无法着手从事国内的计划。”① 这份报告只送交到外交部，却没有到达内阁，主要是为了避免在内阁引起对此的批评而使得进一步的研究难以继续。因为在内阁，以艾登为代表的一派倾向于与苏联的合作。

上述分析表明，二战后期英国政府对苏政策有双重考虑，一方面是从现实利益出发主张英苏合作与友好的正面宣传，另一方面则是从安全角度出发对苏联外交政策的实质性研究。这两方面从内容上看似乎相互矛盾，但其本质却是相互补充的，前一方面是形式，后一方面则是内容，这充分体现出这一时期英国在对苏政策上虽然在外在表象上仍以合作与友好为主，但实际上却已经对苏联外交政策有了更深入的考虑。

如果说上述关于是否肢解德国以及对苏政策的考虑是对战后德国的政治问题的安排，那么英国政府讨论的另一个重点就是战后德国的经济问题。

在这一问题上政府内部同样存在争论，其实质是对战后德国经济安全的关注。争论主要分为两派：一派主张应该充分考虑到德国经济恢复所面

---

① “Russia's strategic interests and intentions from the point of view of her security”, Report by the Joint Intelligence Sub-Committee, 18 Dec. 1944, Graham Ross (ed.), *The Foreign Office and the Kremlin: British Documents on Anglo-Soviet Relations 1941 - 1945*, Cambridge University 1984, p. 193.

临的困难，同时尽力使德国经济、商业和工业复兴。在第十次部长委员会上外交部下设的一个分委会主席楚德贝克（J. M. Troutbeck）提交了一份题为“德国人口转移”的报告。该报告认为德国割让给波兰的领土将会导致超过1000万德国人口的滞留，“这种强加给德国的人口迁移所带来的沉重负担将可能会使德国产生难以解决的问题，可能导致德国完全崩溃。”① 这份报告的出发点实际上是主张迅速恢复德国经济。还有观点指出恢复德国工业的目的是为了获取赔偿，使德国能够为欧洲作出贡献。

另一派则反对迅速恢复德国经济。艾德礼在一份题为“对德政策”的备忘录中指出，为了根除德国军国主义以及全部纳粹系统，他更倾向于接受使德国保持一种低效率的、混乱的局面，并且认为应该使德国回到俾斯麦时代。艾登则认为德国的混乱并不符合英国的利益。

除上述争论外，专门负责战后事宜的“停战与战后委员会”② 也针对德国经济安全与赔偿问题展开讨论，并且就其它部门所提交的报告进行研究。在委员会内主要存在两种看法，一种观点认为保证经济安全的措施不需要再强调德国解除武装这一条款，只要联合国能够长期保证德国解除武装即可。另一种观点则认为工业潜力对于发动现代战争非常重要，因此仍须大大削弱德国工业。这两种观点实际上占据了两个极端，代表了主张对德温和与对德严厉的两种观念。

1944 年 10 月经济与工业计划部（Economic and Industrial Planning Staff）向停战与战后委员会提交了涉及经济安全、赔偿、以及防止德国复兴、限制德国工业的报告。报告列举了若干关于削弱德国经济的措施。例如报告认为应该破坏或搬迁工厂；超出军事占领的时间后，对德国工厂的控制在数量上应该减少。然而，该报告所提出的原则中最重要的是对于德国工业的划分。

针对该报告，停战与战后委员会认为其所提出的经济安全与战败赔偿的目标之间存在冲突，即前者要求限制德国的工业生产水平，而后者

---

① Alec Cairncross, *the Price of War*, *British Policy on Germany Reparations* 1941 – 1949, New York 1986, p. 42.

② 1944 年成立的由艾德礼领导的该委员会在职能上继续了 1943 年的停战协定与内务委员会负责战后事宜的决策。

却要求德国具备相当的工业生产能力以支付赔偿。怎样在两者之间保持平衡。该报告没有采取委员会已有观点中的任何一个，而是主张将德国的工业分为“非经济”型和“和平”型，对于前者以及在战时大肆扩张的工业必须严惩，而应该鼓励后者的发展。报告还考虑到了由于赔偿使德国劳动力输出，将会带来双重后果：德国劳动力的不足以及劳动力输入国的普遍失业。

委员会认同了该报告所提出的德国应支付大量赔偿的主张，同时还要求德国在战后一段时间内解除武装，不允许生产武器；即使给德国或联合国造成巨大的经济负担也必须采取这些措施，以消除和控制德国的战争潜力，该报告认为不应把德国人的生活水平作为首要考虑的问题，重要的是英国的商业利益不应该被忽视。委员会建议应该禁止四类生产：民用飞机、造船、合成石油、固氮、人造橡胶。限制四类生产：工程、钢铁、轻金属和化学制品。

综上所述，1944 年 8 月停战与战后委员会在第 13 次会议上讨论了上述报告后，遂向内阁提出了下述三个问题：第一，在联合国将可能规定的消除德国军事武装的条款之外，是否还需要增加对德国工业生产能力的限制？如果增加这样的条款，应该在多大程度上限制德国的工业生产水平？第二，在占领结束后，这些限制条款是否还将继续执行并且被写入对德和约？第三，不足 10 年的占领期限是否足以限制和惩罚德国①？

经过讨论，内阁认为除了战后联合国可能规定的要求德国解除军事武装的条款外，还必须附加包括拆迁工厂而不仅仅是对其工业活动的限制；认为第一阶段占领德国的时间最少为 10 年。然而，在内阁内部对此仍然存在不同的意见。正如艾登所指出的，“我认为，内阁大臣们既未就德国未来的经济政策作出决定，同时他们现在也不希望考虑一个详细的计划。”② 艾登继续解释到，美国施加压力要求英国内阁就赔偿、贸易等

---

① Alec Cairncross, *the Price of War*, *British Policy on Germany Reparations* 1941－1949, New York 1986, p. 52.

② “Comments on EIPS Report on Issues affecting the Economic Obligations to be imposed on Germany”, Memorandum by the Secretary of State for Foreign Affairs, APW (44) 72, 29 Aug. 1944, Ibid., p. 55.

问题进行具有突破性的讨论。这表明对美国而言，赔偿与贸易问题将直接关系到战后其自身的经济利益。

上述报告对英国日后赔偿政策的制定有重要影响，1945 年 4 月经济与工业计划部在听取了停战与战后委员会及内阁的意见后，即在上述报告的基础上又提交了一份报告，指出对德国工业的任何限制措施都无法有效地防止德国发展 V1 或 V2 型导弹，也无法防止德国研制生物武器，甚至会适得其反，使得盟国无法从德国的当前生产中获得赔偿，甚至在战后 5 至 10 年内还需要给德国提供援助。这份报告是 1945 年英国代表前往莫斯科赔偿会议时所携带的指导性文件之一。

### 2. 德国赔偿政策：麦尔金报告的提出及其影响

英国政府内就德国战败赔偿问题的最早讨论并不是在内阁展开的，而是由一战后积极从事于德国赔款问题的经济学家凯恩斯首先提出的，并且将其主要作为一个经济问题，从纯技术的角度来研究的，同时促使其上升到一种国家政策研究的高度。麦尔金委员会所提交的报告虽然受到当时战争环境的客观限制，但没有考虑到德国在战后将被肢解或被分区占领的可能性，因此，麦尔金报告从理论变为现实的基础是脆弱的，其设想也是理想化的，一旦战后德国的形势与其所预期的不一致，那么该报告将失去存在的理论前提，但是麦尔金报告的主旨是保证战后欧洲和英国的经济安全，由此它体现出了英国对经济安全的最早关注。

#### （1）财政部与贸易部之间的早期讨论

1940 年末，当英国尚在奋力抵抗纳粹德国的进攻时，此时德国人不断提出战争结束后将建立的“国际新秩序”，以此作为推进其战争初期胜利的有效的政治宣传手段。在此情况下，为了与纳粹德国进行对抗，出于战争的需要，凯恩斯主持撰写了一份反纳粹德国的宣传草案。

该草案在涉及战后对德处理问题上的内容主要有两点：首先要求避免重犯一战后《凡尔赛和约》中所犯的错误，即“由于过于关注对政治前沿和安全的预防措施，而忽视了对欧洲经济重建的重视”①，认为对德

---

① John Maynard Keynes, Collected Writings, Vol. xxv., *Activities* 1940 - 1944: *Shaping the Post-War World: the Clearing Union*, London 1980, p. 11.

国的战争罪行的惩罚只应该限制在政治和军事的范围内，而不应该在经济上过分地削弱德国，主张德国的经济重建。该草案认为二战后德国的重建不但是必须的，而且与其它国家相比，德国还应该被给予更多的重建的机会。“如果假设，一个破裂的、被摧毁的德国处于欧洲中部，而她的邻国仍能够保持一种有秩序的、繁荣的或安全的生活，这种假设是毫无根据和毫无意义的。”① 其次，该草案虽然没有明确地提及赔偿问题，但是却暗指到，如果再对德国进行征税的话，那么可以设想，德国经济复兴的需求将会限制德国交纳赔偿。言外之意，该宣传草案不主张对德国进行征税，但没有表明德国经济复兴与对德战败赔偿两者之间孰重孰轻。

然而，该草案毕竟不是直接作用于战后对德政策这一目的的，而是出于一种战时对抗德国的宣传需要，因此其中没有明确表明英国在赔偿问题上的政策和立场，但是从中明显地表露出在对德问题上所坚持的经济安全第一位的原则。这一思想在日后英国政府内部的讨论中也占据重要地位。该宣传草案经政府修改通过后，于 1941 年呈交给丘吉尔以及罗斯福的特使霍浦金斯。

在英国内阁，外交大臣艾登最早指出了德国经济问题的重要性，他指出，“我们与德国之间的和平将在于防止德国错误行为的重犯，…但使德国经济崩溃并不是我们的目的，我这样说，不是出于对德国的好感，而是因为在欧洲中部一个饥饿的、破产的德国将会毒害我们这些邻国。这不是感情用事，而是常识。”② 英国政府内部就德国赔偿问题的讨论直至 1941 年末才正式展开。讨论主要是在贸易部和财政部之间进行的。1941 年 12 月 5 日，财政部一份题为“需要从敌人那里获得补偿”的备忘录反映出了讨论的主要问题和结果。

该备忘录主要提出了赔偿的方式、时间、限度和数目。指出赔偿不应以现金来支付，而应以实物形式支付，“我们不应该象上次战争后所理解的那样要求赔偿”。在时间上，认为支付赔偿的时间应多于 5 年，这样

---

① John Maynard Keynes, Collected Writings, Vol. xxv., *Activities* 1940 - 1944: *Shaping the Post-War World*: *the Clearing Union*, London 1980, p. 15.

② James P Warburg, *Germany* : *Key to Peace* , London 1954, p. 13.

可以给德国的出口提供足够的恢复的时间。但是德国为了支付赔偿而努力扩大出口必须有限度；因为，如果德国过分地发展出口用于赔偿将可能会取代美英工业产品的生产和输出，这样将会使德国在欧洲市场上获得一份巨大的利益。备忘录认为大量的赔偿不符合英国的利益，应该严格遵守所要求补偿只能限制在“被占领国所掠夺”的范围内。备忘录还认为其它国家将坚持要求赔偿，尤其是苏联的要求将难以预测。

该备忘录是英国政府内明确讨论德国赔偿问题的第一份文件。但遗憾的是，它被束之高阁而不受重视。1942 年 8 月戴尔顿（Hugh Dalton）任贸易部长，又起草了一份题为“赔偿”的备忘录。

贸易部的备忘录首先对财政部的计划进行批评。第一，认为财政部所提出的“除非在遭到极其严重破坏的情况下，否则不应该规定巨额的赔偿数目”的观点是“荒谬的”；第二，认为无论是它所提出的在赔偿问题上所应采取的方式，还是所得出的结论都令人感到“不喜欢”，认为财政部的计划没有为讨论赔偿问题提供一个良好的基础，而政府官员不应该继续在此错误路线上前进①。第三，该备忘录总结到，要求赔偿是出于道德、经济和政治三方面的考虑。从道德上讲，要求严惩德国是毫无限制、毫无异议的。但是，该备忘录认为财政部的计划完全没有考虑到政治方面的因素，只是考虑到苏联会要求大量赔偿，而英国也同样需要德国的赔偿来补偿战争损失，而这些在财政部的计划中均没有体现。另外，该备忘录反对将一战后的德国赔款问题与二战后的德国赔偿联系起来，认为财政部在经济方面的考虑完全以一战后德国赔偿的情况作为经验是不可靠的，需要重新检验。

在反对财政部计划的基础上，贸易部备忘录提出了一个“倒置的赔偿计划”的设想，即在政策制订过程中，英国应该先把自己放在为“胜利的希特勒”提供建议的专家的位置上，从德国的角度制订出一个用来处理“战败的英国”的计划；然后将该计划的主、客体完全倒置过来，同时再附加上盟国所要求的条款等内容。

贸易部与财政部赔偿计划的出发点是完全不同的。财政部主要从经

---

① Alec Cairncross, *the Price of War*, *British Policy on Germany Reparations* 1941 – 1949, New York 1986, pp. 18 – 19.

济安全的角度来分析赔偿问题，主张限制赔偿，反对巨额赔偿原则；而贸易部更多的则是出于政治方面的考虑，其主旨是要求"以眼还眼，以牙还牙"，而没有过多的考虑战后经济安全的需要；此外，贸易部还暗指英国应该像苏联一样提出高额的赔偿要求。其争论的结果，从财政部赔偿计划尘封多年而无人问津的事实，就可以看出贸易部在这场论争中赢得了胜利。

贸易部的赔偿计划在结尾处提出建议，认为应该组成一个委员会来专门研究对德赔偿问题，委员会的成员由来自财政部、外交部、贸易部、财政部维持生计总部（Paymaster General's Office）以及内阁秘书处经济署（Economic Section of the Cabinet Secretariat）的人员组成。委员会的任务是向财政大臣、外长、财政部维持生计总监以及贸易部长提交报告。事实上，这就是后来的麦尔金委员会的雏形。

（2）麦尔金报告及其影响

1942 年 11 月，由外交部法律顾问麦尔金（William Malkin）爵士领导，组成了一个政府各部门间的委员会，称"麦尔金"委员会。该委员会成员的来源在贸易部赔偿计划的基础上稍加改动，由来自海军部的委员代替了财政部维持生计总部的委员。具体来看，麦尔金委员会的成员包括：凯恩斯（J M Keynes）、罗宾斯（Lionel Robbins）和米德（James Meade）；财政部代表：普雷法额（E W Playfair）；贸易部代表：列斯卿（Percivale Liesching）；外交部代表：翟伯（Gladwny Jebb）和罗纳德（Nigel Ronald）；海军部代表：柏莱斯（Rear-Admiral R M Bellairs）。

此外其他政府官员有时也参加讨论，或递交报告。如，1942 年 9 月 1 日，内阁秘书处经济部的弗莱明（Marcus Fleming）呈交给经济部主任罗宾斯一封题为"彻底削弱德国经济及赔偿"的短信，指出在未来 15 至 20 年的时间里，德国的影响力将是巨大的，除苏联外，德国在欧洲的大国地位将没有其他大国能够与之相匹敌。这深刻地体现出了英国人对于战后德国复兴的忧虑与恐慌。

在对德政策上，弗莱明反对过分削弱德国经济，认为这是毫无意义的：一方面他指出，德国在军事上的严重削弱将导致苏联实际地位的强大，这既不能保证欧洲的安全，而且还必须防止德国与苏联的联合；另一方面，一旦结束武装占领，德国就将重新武装起来。他假设到，德国在接受历史教训、不重蹈军国主义覆辙的条件下，将会倒向西方或苏联，因此，他认为英国的政策必须保证在德国恢复了其在欧洲的地位后，她能够很自然地倾向于与西方合作，并且不会影响英国工业家们的实际利益。究其根本，弗莱明在对德政策上所坚持的原则是反对削弱德国，除了铲除其军国主义根源外，在政治、经济、军事上都必须保证德国日后不会怀有复仇心理，这样，她将与英美站在一起对抗苏联。

正是由于这种在对德政策上的出发点，直接导致弗莱明反对把赔偿作为一种惩罚德国的手段，以免激起德国的仇恨。在赔偿问题上，弗莱明的观点主要有以下三点：第一，主张德国只明确偿付战争期间所掠夺的物品。第二，主张将赔偿与救济联系起来。他指出赔偿计划不应该是孤立的，德国应参与一个国际性的救援与复兴计划，在最初的 10 年内德国可能只是一个纯粹的接受援助的对象，但此后她将完全成为一个捐助者。第三，主张通过经济手段获取赔偿。反对以转帐作为德国支付赔偿的机制，要求控制德国的财政、金融及税收系统，具体包括控制德意志帝国银行、研究德国的财政赤字和社会保险等，同时要求保持如配给制、投资许可证制等战时的经济措施。弗莱明不反对以实物形式支付赔偿，但也主张通过工资和价格杠杆来实现这一目标。

弗莱明提交给麦尔金委员会的这封短信首先体现出较浓厚的反苏意识形态色彩。他所构想的将赔偿与救济结合起来，实现德国的复兴以及他所主张的德国通过经济手段支付赔偿都服务于对抗苏联的政治目的。但同时他的计划也表现出理想主义的一面①。他所提出的第一条建议在实际操作上是极其困难的。德国侵略所造成的损失不可能简单地用“偿还”二字就能够解决，那么该如何偿还精神损失和生命的代价？而且他基本没有考虑美苏两国会有怎样的外交反应。

因此，弗莱明的这封短信没有达到说服麦尔金委员会的目的。1942 年 11 月 23 日，作为麦尔金委员会成员之一的罗宾斯起草了一份关于对德赔偿的备忘录。与弗莱明的那封短信相比较，这份备忘录更多地从英国现实的经济利益考虑。罗宾斯认为取消赔偿最符合英国的利益。由于德

① 卡恩克劳斯爵士在他的著作中认为弗莱明的的计划是“更为激进的”，实际上所表达的就是其理想主义的一面。

国为了支付赔偿将可能采取降低出口价格的方式，这将会加大英国出口的压力，而在战后初期英国经济同时还将面临财政赤字的困难。但是如果其他国家坚持赔偿，那么其政策必须保证对英国对外贸易的消极影响是最小的。

此外，罗宾斯还在备忘录中提出了“专断原则”，即赔偿的索取国只能要求“修复或归还实质性的破坏”。他指出这一原则的使用是为了限制对赔偿的要求，只要满足了主要部分的赔偿要求，那么对于次要部分的要求就会减弱甚至消失了。只有这样才可能对英国的利益损害最小。在赔偿的时间和方式上，他强调速度和以实物赔偿的重要性，反对“父债子还”，认为应该把赔偿限制在当前一代人的范围内，还提出运送原材料和劳动力两种实物赔偿的具体途径。

罗宾斯的备忘录是财政部备忘录的重现和发展。两者首先在出发点上是一致的：注重维护英国的经济利益和经济安全。在此基础上，两者都反对巨额赔偿，要求赔偿的时间限制，主张实物形式的赔偿。两者之间的差异在于，在赔偿的范围上，罗宾斯的规定更为宽泛，主张“修复或归还实质性的破坏”，而财政部主张只赔偿“劫掠物”；而且比财政部的建议更进一步，罗宾斯在备忘录中还讨论了削弱德国经济的问题，并且提出通过一个国际性实体来控制德国的设想以及建议在经济上要求德国采取“更自由”的经济以维护世界和平①。此外，他认为应该保持军事考虑和经济考虑之间的平衡，如果两者不彼此依赖的话，任何一种单纯的设想都是不现实的。

上述弗莱明和罗宾斯所提出的关于德国赔偿问题的备忘录，是麦尔金委员会外部及其内部关于这一问题的讨论中，颇具代表性的观点。在委员会内部，罗宾斯的观点是重要的，获得了其他委员的支持。在 1942 年 12 月 1 日，米德给贸易部长戴尔顿的记录中就表达出这种支持，他认为关于德国的贸易条款将密切影响英国的贸易，如果德国被要求支付巨额赔偿，而英国将只能获得其中的一小部分，那么只可能对英国产生不

---

① 关于实行自由经济这一点，在弗莱明给罗宾斯的信中也提到了，他指出这样有助于德国经济的非军事化。这一条在后来麦尔金报告中也得以体现。

利的影响①。

综合来自麦尔金委员会内外的讨论，由凯恩斯负责起草了一份长篇报告，即称“麦尔金报告”。这份报告是二战期间英国就德国战后处理问题的一份重要文件，其中关于德国赔偿问题是主要内容之一，而且这份报告也是关于德国赔偿问题的一次全面、详细的阐述。

报告首先阐明了对德战败处理的总原则和前提。

第一，坚持德国问题的特殊性。主张将德国问题与其它战败国问题分开讨论，所提出的建议只针对德国，而不具有普遍性，不能同时适用于其他国家。

第二，坚持所提建议的研究性。力图只在技术层面上提供解决赔偿问题的最适合的方式，并以此作为缔结战后和平的组成部分，而不准备将其上升为一种政策性建议。

第三，坚持在战后初期 10 至 20 年的时间内，将必须按照联合国的命令行事。

第四，坚持解决德国战败处理问题的时间性。考虑到公众意见和情绪，认为应该尽可能缩短所持续的时间。

第五，假设德国在战后仍是一个统一的国家，而不考虑德国被肢解的可能性。

第六，假设德国战后非工业化原则已经成为盟国的共识。

第七，为了确保经济安全，认为不能通过制定全面压制德国经济的措施来实现，而应该通过对德国实行有效的控制来实现，同时进行这一控制的时间不宜过长。

以上述原则和前提为基础，委员会起草了对德的一系列具体建议。贯穿在这些建议中的核心思想主要是上述原则的第七条，即委员会反对以经济手段和措施来惩罚德国，主张应该通过一个超国家机构的外部行政指令来统一德国的经济发展，而这一外部控制机构的设立将必须在联合国的框架内行事。例如，下述的具体内容都是围绕这一中心思想展开

---

① “Economic Disarmament and Reparations”, in PRO T230/121 in Alec Cairncross, in *the Price of War*, *British Policy on Germany Reparations* 1941 - 1949, New York 1986, pp. 20, 22.

的：禁止德国保留任何军事武装，而且现存的用于制造业的工厂都应该被摧毁或拆迁，但是应该允许德国保留用于机器生产的基本工业，这样德国日后的经济恢复和生产才能够继续。同时还应该允许德国使用石油和非铁金属，例如锰和镍等，但是应该限制其存储时间，认为不能超过6个月，并要求将所有与其生产、消费、进口、存储等相关的数据资料提供给该控制机构。

报告中所提出的要求德国采取自由贸易的建议更进一步地、充分地表达了经济学家反对以经济手段来惩罚德国的思想。委员会在报告中明确指出反对苛刻的财政控制政策。

虽然麦尔金报告没有考虑到战后分区占领德国的事实，但它却专门研究了德国边界可能的变更对经济安全可能造成的影响。1942 年 12 月 8 日米德要求汤因比（Arnold Toynbee）负责研究如果德国丧失萨尔（Saar）、上西里西亚（Upper Silesia）、东普鲁士（East Prussia）和奥地利（Austria）四个地区后对其发动战争的潜力的影响，最终这项研究由布朗（A. J Brown）教授完成。

赔偿问题是麦尔金报告中的一项重要内容。所提出的建议主要是从经济以及财政金融方面来考虑的。

首先指出赔偿对于德国及欧洲防务的影响。

报告认为由于德国的工业用于支付赔偿，而且德国已被禁止保留军事工业及其设施，那么战后德国在防务上将没有预算，在此情况下，维持德国防御的经济费用必须由战胜国（在欧洲主要是英国）来提供，这将是一笔巨大的经济开支。因此报告认为德国在支付完赔偿以后，应该继续融入维护欧洲防务的任务之中，因此战胜国（特别提到英国）前期为德国防务安全所支付的经济费用才是有价值的。

其次，关于赔偿数额及划分的问题。

报告遵循了这样一条思路：先制定一个“可要求赔偿”的原则，以该原则为指导，其后得出一个赔偿的总数，最后按照一个比例在战胜国中进行划分。关于“可要求赔偿”的原则，报告是在排除了一系列可能性的基础上得出答案的：它认为以各战胜国所支付的战争费用来计算所应获得的赔偿数额是缺乏公正性的，并且认为应当排除个人损失（包括丧失生命）；同样，报告认为也不能以德国军事进攻所造成的直接财产损失来衡量赔偿，因为将很难严格区分什么是由德国直接的军事进攻所导致的财产损失，什么是由被进攻的国家在扩大防御的过程中所导致的财产损失，由于在两者之间划不出一条明确的分界线，所以两者将可能混为一谈，从而毫无原则。基于对上述两种情况的否定，报告所得出的赔偿原则实际上是指非个人的、非军事财产的损失，而且报告还主张必须规定一条可操作性极强、易于划分的原则，例如像英国所曾经要求的"以敌人放火所造成的损失"为标准①。

赔偿原则确定之后的另一个主要问题就是赔偿的分配以及支付途径，报告强调将以联合国作为解决矛盾和争端的机制，无论是在赔偿数目的确定上，还是在讨价还价时所依据的基础上，都以"各成员国在联合国内所占份额和地位为支持。"② 尽管此时关于建立联合国的事宜尚未在三巨头之间进行具体磋商，但是它在事实上已经成为英国政府内政策讨论中的一项既定前提了。

报告列举了7种支付赔偿的形式：

1. 一次性搬运金融或资本财产；
2. 一次性搬运原材料或制造业生产原料，脱销材料；
3. 从当年产出中每年以实物形式运送；
4. 组织德国劳动力在盟国国内完成劳动生产任务；
5. 因特殊任务而提供的非组织性的劳动力服务；
6. 在德国境内占领军必需品的供应；
7. 由德国贸易出超量所提供的每年以现金形式支付的赔偿。该项被委员会否决。

前三条规定都要求以实物形式赔偿，但是委员会认识到以此形式长时间地支付赔偿对欧洲各国的影响将是不利的，同时也不利于德国战后的经济复兴，因此报告提出实物赔偿的时限为5年；对于第4、5条所规定的德国劳动力在国外服务所要求的时限为3年。报告还详细地列举了

---

① Alec Cairncross, *the Price of War*, *British Policy on Germany Reparations* 1941 - 1949, New York 1986, p. 28.

② John Maynard Keynes, Collected Writings, Vol. xxv Ⅰ., *Activities* 1940 - 1946: *Shaping the Post-War World*: *Bretton Woods and Reparations*, London 1980, p. 352.

以实物形式支付赔偿所包括的具体内容（如机器及工厂设备、超过正常需求的原材料、牲畜、钢铁、木材、砖、水泥等）以及以劳动力形式支付赔偿的人数（规定每年人数递减：战后第一年最多为300万，第二年最多为200万，第三年最多为100万），并且要求该国政府必须支付维持德国劳动力的基本生活的费用。

报告反对确定一个具体的赔偿数字，认为这是“毫无意义且不明智的”，同时报告认为德国具有“高效的工业组织”，如果战后条件适合的话，德国将具有迅速恢复的能力，在此基础上，报告估计德国在战后5年时间内总的生产能力是“以1938年的价格计算的话，为40亿美元；以战后价格平均水平计算为60亿美元。”①

报告指出要求德国赔偿必须在准确判断德国的偿付能力的基础上才能够实现，但是由于目前战争尚未结束，因此尚难以评估德国的支付能力，所以报告建议成立一个盟国间的重建委员会，来决定关于德国赔偿的具体事宜。

麦尔金报告于1943年8月31日在英国政府内部发布。尽管该报告是在10月莫斯科三国外长会议上三大国首次讨论战后对德的处理事宜之前，提交给英国政府的，但是它并未受到重视，而且美英苏三国在这次会议上就已经提出肢解德国的设想，由于麦尔金报告所假定前提之一是德国仍是一个统一的国家，而这与三大国政府的考虑相去甚远。

在英国政府内部，9月29日，由艾登主持的包括艾德礼、戴尔顿和麦尔金等人在内的会议上，麦尔金报告遭到了来自多方的批评。批评首先针对报告的前提，安德森指出报告没有考虑肢解德国及德国非工业化问题，这一假设的设定很显然“没有充分顾及内阁在对德政治问题上的主张”②。战争经济部长（Minister of Economic Warfare）车韦尔（Cherwell）和塞尔伯内（Selborne）坚决主张应该由英国接管德国的出口市场。认为应该在是否肢解德国的政策决定之后再考虑对麦尔金报告的进一步

① John Maynard Keynes, Collected Writings, Vol. xxvⅠ., *Activities* 1940 - 1946: *Shaping the Post-War World*: *Bretton Woods and Reparations*, London 1980, p. 365.

② PRO FO 371/35309, in Alec Cairncross, *the Price of War*, *British Policy on Germany Reparations* 1941 - 1949, New York 1986, p. 33.

讨论。但是，由于10月5日英国内阁在讨论对德肢解问题上没有达成一致意见，因此，对麦尔金报告的讨论就被无限期地拖延了，此后，英国政府内部没有就该报告再作过进一步深入的讨论，因研究对德赔偿问题而产生的麦尔金委员会也就失去效用并停止运作了。

麦尔金委员会及其所提出的报告昙花一现般地消失了，尽管英国内阁普遍认为该报告是不现实的，没有充分考虑到客观形势的变化，但是它所起到的作用至少有两点值得肯定。首先，它是英国国内较早开始研究德国战败赔偿问题，并且提出了系统的、具备高度专业素质的研究报告的第一次。虽然在此之前财政部、贸易部也均就此提出过备忘录，但是就研究的深度、计划的具体性而言显然难以与麦尔金报告相提并论。其次，麦尔金报告所体现出的思路同样产生了相当的影响。它所提出的关于德国赔偿的建议在1944年8月英国政府的一份题为“经济和工业计划参谋部关于强加给德国的经济债务事宜的影响的报告”（Report by Economic and Industrial Planning Staff on issues affecting the economic obligations to be imposed on Germany）中再次得以体现。同时，由于在莫斯科三国外长会议召开之前，凯恩斯已经同美国代表谈到该报告，而且美国人对此表现出“非常感兴趣及其兴奋之情”①，因此也直接影响到莫斯科外长会议上美国代表的提案。

## 三、苏联：兼顾政治经济双重目标

二战后期及战后初期，德国战败赔偿政策首先与苏联对战后世界的构想和对英美的政策考虑密切相关。在这些初期设想中不难看出德国问题是苏联外交战略中的重点之一。苏联要求德国支付高额赔偿的实质，一方面是出于自身“西部边界安全”的政治、军事考虑，这一点符合苏联传统的外交关注点；另一方面则是为了满足战后经济重建的迫切要求，如在赔偿来源上提出的两种主要方式：当前工业品以及大范围拆迁，均体现出战后重建物资短缺的紧迫局面。

---

① John Maynard Keynes, Collected Writings, Vol. xxvⅠ, *Activities 1940 - 1946: Shaping the Post-War World: Bretton Woods and Reparations*, London 1980. p. 373.

**1. 苏联对战后世界的构想及其与美英关系的考虑**

苏德战争爆发后，苏联即提出了对于战后世界的构想。在 1941 年 12 月艾登访问莫斯科时，斯大林和莫洛托夫提出了关于战后欧洲安排的设想，即要求恢复苏德战争之前的苏联西部边界、恢复被德国占领的欧洲国家及其疆界、欧洲在军事上应被划分为苏联和英国的势力范围、德国应被肢解并解除武装等。12 月 16 日，苏联副外交人民委员洛佐夫斯基在递交给斯大林和莫洛托夫的报告中指出，德、日、意三国必将被打败，战后世界上起决定作用的大国将只有苏、美、英三国，并认为苏联在战后将面临美英与波兰、捷克斯洛伐克等国组成的资本主义联盟。因此该报告建议苏联必须立即开始着手研究战败处理问题，并应该本着“从安全和交通自由的角度”考虑苏联战后“陆地和海上边界”的问题。报告建议成立两个秘密筹备委员会。一个是负责研究战后苏联边界问题、德国等战败国的边界问题的“政治委员会”，另一个是专门负责研究苏联的战争损失以及如何向战败国索赔的“财政经济委员会”。

该报告得到高度重视。1942 年 9 月 4 日，联共（布）中央政治局决定成立“和约与战后安排问题委员会”和“停战问题委员会”，分别由李维诺夫和伏洛希洛夫任主席，专门研究战后处理事宜①。

关于战后与美英关系的考虑，苏联政府内的资深外交官普遍认为战后美英苏将能够在尊重既定势力范围的原则下和平相处，同时主张与美英的合作；而斯大林则更重视意识形态与安全因素。

1944 年 1 月 11 日，苏联副外交人民委员兼“停战委员会”委员麦斯基（Ivan Maisky）向莫洛托夫提交了一份题为《关于未来和平的最佳原则》的报告。针对苏联的欧洲战略，该报告认为必须保证战后 30 到 50 年时间内欧洲的和平与安全，应该在欧洲大陆建立社会主义制度，以此来消灭战争的危险。报告指出战后世界中的强国只可能是苏、美、英三

---

① 勒热舍夫斯基：《1941 年 12 月艾登对莫斯科的访问：与斯大林和莫洛托夫的会谈》，载俄罗斯《近现代史》杂志 1994 年第 2 期，第 85 - 102 页；俄罗斯《通报》1995 年第四期，第 114 - 118 页；转引自李春放：《伊朗危机与冷战的起源 1941 - 1947》，社会科学文献出版社 2001 年版，第 183 - 184 页。

国，而在欧洲将只存在两个大国：一个是内陆大国苏联，另一个是海上大国英国。他认为美国是“一个极具活力的资本主义阵地”，战后将在全球范围内进行金融和经济扩张，而英国则将是“一个保守的资本主义国家”，将力图自保而难以进行大规模的扩张。报告认为只有在战后欧洲爆发社会主义革命的情况下，苏联与美英之间的矛盾才可能大大激化；因此苏联应保证与美英之间的合作，利用美英之间的矛盾来实现苏联自身的利益。对于德国，报告认为必须将德国置于一个“毫无危害性”的地位：主张对德进行至少为期 10 年的占领、肢解德国、对德国实行全面控制。报告认为，战后苏联面临的首要问题是经济重建，而国内资源、赔偿与美国的援助将是战后苏联经济重建的三个支柱，因此应当执行彻底地赔偿政策，即通过赔偿使德国完全非纳粹化、非工业化，而意大利的战略地位则显得无足轻重①。

1944 年 7 月 14 日，葛罗米柯（Gromyko）又提交了一份题为《关于苏美关系》的报告。该报告则对于战后美苏关系基本持乐观态度。他认为，在抛开安全因素的情况下，战后一个经济和军事弱小的德国是符合美国的利益的，因为其国内的工商业阶层因此可以避免国际市场上的竞争。他指出如果战后美苏之间仍保持合作状态的话，则美苏之间存在一种互利的经济关系，即美国需要开拓市场、获取原料，苏联则需要经济、技术援助。他认为美苏合作关系能否继续的首要障碍就是在德国问题上的分歧②。由于葛罗米柯的研究是在开辟欧洲第二战场前后进行的，此时正值美苏军事合作的高峰期，因此这是影响葛罗米科对苏美英关系判断的主要客观限制因素之一。

“和约与战后安排问题委员会”主席李维诺夫（Litvinov）则更系统地提出了三份针对战后苏联与美英关系的报告：1944 年 11 月 15 日的题为《关于苏英合作的基础及前景》的报告，1945 年 1 月 10 日的题为《关

---

① Vladimir O. Pechatnov, *The Big Three After World War II*: *New Documents on Soviet Thinking about Post-War Relations with the United States and Great Britain*, in Bulletin and working papers of the Cold War International History Project, http: //www. cwihp. si. edu

② “On the Question of Soviet-American Relations,” 14 July 1944, AVP RF Vladimir O. Pechatnov, in Bulletin and working papers of the Cold War International History Project, http: //www. cwihp. si. edu

于美苏关系》的报告以及1月11日的题为《关于阵营与势力范围》的报告。第一份报告指出，英苏之间存在利益交换的契合点。首先在对德问题上，英苏都希望德国被削弱，因为弱小的德国、法国、意大利将符合英国传统的势力均衡外交原则；另一方面，英苏可以在欧洲实现友好划分势力范围的局面（正如"百分比协定"所体现出的一样）。在第二份报告中，他认为美苏之间意识形态的差异并非矛盾的根本。由于美苏之间既无历史积怨、也不存在相互对立的地缘政治利益，因此美苏关系将会保持缓和。他认为战后美国主要有两项利益要求，其一是扩大贸易市场的矛头将首先指向英联邦国家，其二是谋求欧洲资本主义国家的政治经济稳定。他甚至认为美英之间的矛盾会大于美苏之间的矛盾。他认为战后美国寻求海外投资市场与苏联的重建需求之间则能够形成经济互利关系。第三份报告指出，战后各大国需要保持自己的势力范围，在欧洲将主要是英苏之间的势力划分，而与美国的势力范围没有直接关系①。

李维诺夫的上述报告与麦斯基备忘录均表现出对战后美苏关系的乐观态度，尽管也客观地分析了美国在战后的崛起，但是他们所关注的重点是英国在欧洲的利益影响以及英苏关系和美英之间的矛盾。同时这些报告还反映出苏联在战后初期的基本利益要求：周边安全的保证以及在遭受战争破坏之后经济重建的紧迫性。由此可见，外交家们所认为的苏联对外政策的主导是，战后继续维持与美英的合作关系，从中获得战后经济重建和政治利益的最大空间。

然而，正如莫洛托夫所言，在苏联外交政策中，"起决定作用的是斯大林，而不是任何一个外交家"②。斯大林作为苏共中央的最高领导人，对美英的考虑则注重意识形态与战后的安全。学者李春放认为，二战结束前后斯大林对苏联对外战略的构想主要受到四个因素的影响：安全、

---

① Vladimir O. Pechatnov, The Big Three After World War II: New Documents on Soviet Thinking about Post-War Relations with the United States and Great Britain, in Bulletin and working papers of the Cold War International History Project, http://www.cwihp.si.edu

② ［苏］费·丘耶夫，军事科学院外国军事研究部译：《同莫洛托夫的140次谈话》，吉林人民出版社1992年版，第119页。

意识形态、大俄罗斯沙文主义以及强权政治思想①。1944 年在南斯拉夫共产党领导去莫斯科的一次访问中，斯大林在一幅世界地图上指着苏联并预测道："美国和英国将永远无法接受如此巨大的一片土地成为红色的事实，永远无法接受。"② 斯大林还指出："这次战争和过去的不同，无论谁占领了土地，也就在那里强加他自己的社会制度。不可能有别的情况。"③

然而，斯大林针对英美两国的态度并不完全相同。斯大林认为必须在经济上赶超美国。1944 年斯大林在与美国商务部长约翰斯顿（Eric Johnston）的会谈中指出，苏联在战后要做的第一件事是开始执行新的五年计划。他说，苏联现在的钢产量是 1200 万吨，而战争刚开始时则是 2200 万吨。当约翰斯顿指出美国的钢产量已经达到 9900 万吨了，斯大林回答到："这就说明我们赶上美国的差距还有多么大。"④ 英国遭到德国入侵后，斯大林指出，"苏联政府从来不同情英国，布尔什维克对英国的尖刻抨击和仇视最厉害。"⑤ 斯大林视英国人为"有远见的、危险的资产阶级政客"⑥。正如他在与南斯拉夫共产党员德吉拉（Milovan Djilas）的谈话中所指出的："也许你认为仅仅因为我们是英国人的盟国我们就忘记了英国人是谁。丘吉尔是谁。他们以戏弄他们的盟国作为最大的乐事。一战期间他们要了俄国人和法国人。"斯大林认为丘吉尔是那种，如果你不监视着他，你身上的一戈比就会从你的口袋里滑出来的人⑦。此外，斯大林认为，即使是经济制度相同的国家之间也可能爆发战争，例如美德之间；而美苏之间虽然制度各异，却在战时建

---

① 李春放：《伊朗危机与冷战的起源 1941 - 1947》，社会科学文献出版社 2001 年版，第 193 - 194 页。

② Svetlana Alliluyeva, *Only One Year*, New York and London 1969, p. 392.

③ ［南斯拉夫］密洛凡·德热拉斯，司徒协译，《同斯大林的谈话》，世界知识出版社 1963 年版，第 81 页。

④ Harrison Salisbury, *Russia on the Way*, New York 1946, pp. 313 - 314.

⑤ 沈志华主编：《苏联历史档案选编》第四卷，社会科学文献出版社 2002 年版，第 523 页。

⑥ ［南斯拉夫］密洛凡·德热拉斯，司徒协译，《同斯大林的谈话》，世界知识出版社 1963 年版，第 115 页。

⑦ 同上，第 73 页。

立起合作关系，由此国与国之间的关系如何不在于制度的异同，而在于是否有彼此合作的意愿。

由此可见，斯大林对于战后世界的构想，既有与苏联外交家们的设想相一致之处，如，强调英苏之间在欧洲的利益冲突与美英之间的矛盾，并不认为美苏之间不同的意识形态是导致对抗甚至战争的必然因素。但另一方面，斯大林还表现出强烈的大国沙文主义的倾向。他认为苏联在二战中的胜利是重新恢复沙俄时期所丧失的利益的一次重要的机会①。

**2. 苏联的对德政策**

二战时期苏联的对德政策主要经历了二次转变：二战爆发前的整个30年代苏联基本以坚持集体安全、抵抗德国的扩张为主要政策，1939年8月23日《苏德互不侵犯条约》的签订标志着苏联的对德政策转变为以消极自保、积极与德国媾和为主；1941年6月22日，纳粹德国撕毁对苏和约，施行了入侵苏联的“巴巴罗萨计划”，此后苏联在进行卫国战争的同时又重新与英、美等大国实现合作，逐步形成了反法西斯同盟。

1917年十月革命胜利后及其整个20年代，新生的苏维埃政权所奉行的外交政策的主导方针是争取一切和平空间以发展自身力量，当时所签订的三个重要法令和条约：《和平法令》，《布列斯特和约》和《拉巴洛条约》，即清楚地反映了这一点。此后在1929－1933年资本主义经济危机的冲击下，德国国内经济形势的恶化直接导致了政治上的动荡，大规模的罢工、示威和游行此起彼伏；希特勒1932年在杜塞尔多夫工业家俱乐部的演说中大肆叫嚣：“布尔什维主义的进展如果不被阻止，它就会像过去的基督教一样完全改变世界的面目……它必然会摧毁和推翻我们作为白种人继续生存下去的条件之一。”② 在此情况下，1933年12月联共布中央通过了“关于开展争取集体安全的决议”，并且采取了一系列实际

① 中国人民大学马列主义基础教研室编：《斯大林论战后国际形势》，中国人民大学1952年版，第10－11页。

② 齐世荣主编：《世界通史资料选辑：现代部分》第2分册，商务印书馆1982年版，第192页。

行动：1933 年 11 月与美国建交，1934 年 6 月苏法拟定“东方公约”，9 月苏联加入国联，1935 年 5 月签定苏法、苏捷互助条约，针对意大利入侵埃塞俄比亚、德意法西斯干涉西班牙内战支持佛朗哥叛军、德国吞并奥地利，苏联多次呼吁国联成员团结行动、严惩法西斯。

但是由于以英法为首的欧洲大国在对德政策上奉行“绥靖主义”态度，因此苏联在争取集体安全方面的努力并没有得到积极响应：1938 年 9 月英法德意之间的《慕尼黑协定》，以及在 1939 年 4 月至 8 月英、法、苏三国举行的莫斯科谈判的破裂①，使得苏联转而采取了“不卷入”，并且与德国单独媾和的政策。莫洛托夫指出，苏联签订该条约是由于英法两国在三方谈判中的不合作态度所决定的②。苏联通过战争和发表照会的方式建立起了“东方战线”，并于 1939 年 8 月与德国签订了苏德互不侵犯协定。

德国入侵苏联标志着苏联所坚持的消极自保政策的破产。苏联在动员全国力量进行卫国战争近一年的时间后，开始积极谋求与英美等大国之间的联合：1942 年 5 月苏英签订关于结成反纳粹联盟及其战后互助合作的条约；6 月苏美缔结“关于互相援助进行反侵略战争的各项原则的协定”，美国宣布以武器和军用器材支持苏联，抵御法西斯的统一联盟经过一波三折最终建立起来了。

综上所述，20、30 年代以及二战时期苏联的对德政策是随着时移而事异，既有为了避免被资本主义国家孤立而采取与德国结盟的情况，也

---

① 就谈判失败的原因而论，英法应承担主要责任：例如在第一阶段谈判中，英国只要求苏联支持英法的反侵略行动却避而不谈苏联能够在英法一方获得的援助，以及英法对波罗的海各国应承担的责任，而且在谈判的同时张伯伦还积极与德国媾和。法国在谈判初期虽然表现出合作的态度，但是单靠法国一国的力量根本无力与德国抗衡，因此必须与英国联合起来，所以英法的政策实质上是以英国的态度为主导的。此外从参加谈判的代表来看，英国的代表是一名名不见经传的海军上将，而苏联的代表则是国防人民委员伏罗希洛夫。但是另一方面苏联的政策和行动也有所改变和动摇，在英法和德国之间从事多边外交行动：1939 年 3 月联共布十八大宣布以“不卷入”政策代替集体安全政策；8 月 12 日，苏英法三方军事谈判破裂，8 月 19 日苏德之间就签订了贸易信贷秘密协定书，而在此之间双方已经进行了多次谈判。可见沈志华主编：《苏联历史档案选编》第 4 卷，社会科学文献出版社 2002 年版。

② No. 0579，“莫洛托夫关于苏德互不侵犯条约的公开讲话”，同上，第 507 页。

有力图与西方国家团结起来通过集体安全体制来反对纳粹德国的努力。但是，二战时期德国撕毁苏德互不侵犯协定突袭苏联的举措，标志着苏联对德政策的失败。从另一个侧面来看，德国的战败则意味着苏联能够有机会重新书写这一外交篇章。

此外，苏联这一时期的对德外交政策还鲜明地反映出斯大林的扩张主义情绪。在德国入侵波兰后，斯大林立即向来访的德国外长里宾特洛甫提出瓜分波兰以及波罗的海沿岸各国的问题。1940 年 9 月 9 日在莫洛托夫访问柏林前，斯大林指示必须在多瑙河近海、保加利亚、罗马尼亚、伊朗、土耳其等地区争取苏联的最大利益①。

从意识形态的角度来看，战后，在对德政策上，苏联希望德国能够实行共产主义制度。正如斯大林所言："共产主义适合于德国，正如一匹马需要马鞍一样必不可少。"② 早在 1942 年 11 月，苏联就指出她无意消灭德国。苏联的目标是在经济上削弱德国，以此加强苏联在经济上的力量，在政治上则要求德国能够与苏联保持一致。

1944 年 8 月 9 日，在与米夫拉夫茨克（Mikolafaczyk）的谈话中斯大林指出："德国将会复兴，而且会复兴得很快。她是一个高度发达的工业国，拥有大批合格的工人和技术人员。给她 12 到 15 年的时间，她将会重新站起来，……而我们将在 15 到 20 年的时间内复兴。"③ 由此可见苏联是以德国作为参照，更关心的是苏联战后的经济发展。而美英则认为"德国太大、太危险而不能将她与东欧其他小国以同样的方式来对待。她的地理位置以及在欧洲政治中的重要性，使得西方盟国在任何情况下都不会接受苏联的以设定德国未来为目标的单方面的行动。"④

---

① No. 05754，"里宾特洛甫与斯大林和莫洛托夫的会谈纪录"，沈志华主编：《苏联历史档案选编》第 4 卷，社会科学文献出版社 2002 年版，第 517 - 526 页，第 543 - 544 页。

② Isaac Deutscher（ed.），*Stalin：A Political Biography*，，New York 1967，p. 537.

③ General Sikorski Historical Institute，*Documents on Polish-Soviet Relations 1939 - 1945*，Vol. II，1943 - 1945，London 1967，p. 338.

④ Philip Andrew Baggaley，*Reparations*，*Security and the Industrial Disarmament of Germany*：*Origins of the Potsdam Decisions*，PhD Dissertation，Yale University 1980，p. 20.

### 3. 德国战败赔偿政策：服从于经济重建的需要

从根本上来看，苏联对德战败赔偿政策与其对德政策的原则是相互一致的。苏联需要德国在政治和经济上都对苏“友好”，以此来保证其西部安全和满足战后重建的需要，这是苏联对德政策的总目标。赔偿政策则更鲜明地体现出苏联急于补偿战争损失的要求。

（1）麦斯基赔偿特别委员会与瓦加的论文

1943 年 7 月苏联驻英大使麦斯基被召回莫斯科，表明苏联对于美英在军事上拖延开辟第二战场的回应①。同时苏联成立了“赔偿特别委员会”（Special Committee on Reparations）来专门研究赔偿问题，该委员会的任务是研究苏联战后重建所需的资源以及关于如何避免一战后因赔款问题而产生的相关经济问题②，麦斯基任该委员会的主席。

在委员会起草的报告中，首先认为应该以实物支付赔偿，包括工厂设备、现有物资以及劳动力等。麦斯基分析了一战后要求德国以现金支付赔款所导致的矛盾，他指出：一战后协约国要求德国支付的赔款数量本身并不是巨额的，……但问题在于协约国希望以现金形式获得赔偿。为了获取支付赔偿的外汇，德国被迫疯狂地发展出口。因此在世界市场甚至国内市场上德国成为美、英、法的危险竞争者，英法抬高关税以抵御德国的出口产品，但又导致了德国难以支付赔款的结果。一方面英法要求赔偿，另一方面却又限制了德国支付赔款。正是这对矛盾使得德国能够从中渔利，并最终摆脱了赔款的束缚③。

在分析一战后德国赔款问题上，苏联与西方国家之间存在的分歧在于，苏联认为主要原因不是赔偿数额的问题，而是由于赔偿政策的失误导致了一战后解决德国赔款问题的失败，但是以凯恩斯为代表的英美经济学家则认为一战后规定的德国赔款数目本身就是德国无法支

---

① Ivan Maisky, *Memoirs of Soviet Ambassador: The War*, 1939 – 43, London 1967, pp. 364 – 365.

② Ibid., pp. 380 – 381.

③ Philip Andrew Baggaley, *Reparations*, *Security and the Industrial Disarmament of Germany: Origins of the Potsdam Decisions*, PhD Dissertation, Yale University 1980, p. 48.

付的①。

实质上，以货币支付赔偿的主要弊端主要在于，德国必须通过扩大贸易出口来获取赔款，而德国生产的大量的、低价的产品对他国贸易的冲击，使得各国为了保护本国的贸易不得不建立起关税壁垒，这样就在德国与索赔国之间形成了一个恶性循环，一方面使得德国难以迅速筹集赔款，另一方面索赔国并不降低赔偿的要求。以实物支付赔偿的情况则有所不同，由于战后索赔国所要求的实物主要是用于重建的物资，而且重建物资的短缺将是各国战后面临的普遍状况，所以此时出于贸易保护需要的竞争将不是主要矛盾。然而，以实物支付赔偿也并非万无一失。以哪些实物作为赔偿的来源则成为重要问题，经济利益集团为了免于面对德国廉价出口物资的竞争，而向政治上层施加压力。例如在法国除了短缺的煤、木材和染料等外，经济集团力图阻止其它物资作为赔偿的实物形式的进口。

其次，报告还认为应该以德国的支付能力而不应以她所造成的破坏，作为计算赔偿的基础。1943 年 10 月赔偿特别委员会委员、苏联经济学家瓦加（Eugene Varga）发表了一篇题为《关于希特勒德国及其附庸国所造成的损失的赔偿》的论文。该文主要分析了德国及其附庸国所造成的损失以及支付赔偿的能力。该文认为，德国所造成的损失为 3000 至 4000 亿金卢比，折合约 600 至 700 亿美元，而其中苏联所受的损失是“最大的一份”；另一方面认为应该把赔偿的来源分为三类：国外财产、国内国民财富、战后每年的国民收入。国外财产可提供近 14 亿美元的赔偿，国内国民财富可提供的数额“只是满足赔偿的次要部分”，最主要的赔偿来源则是战后每年的国民收入，即所谓的以当前产品作为赔偿。瓦加指出，按照希特勒的统计，纳粹德国在二战前 6 年时间内花费了 257 亿美元用于战争的准备，那么随着战后德国的非军事化，这笔支出则可以转而作为赔偿的一部分；此外他认为德国战后的生活水平不应该高于那些遭到战争破坏的国家，而且应该由德国的劳动力来负责修复由他们引发的战争给其它国家导致的破坏。

① John Maynard Keynes, *The Economic Consequences of the Peace*, London 1919, p. 153.

此外，在赔偿的分配问题上，瓦加还提出了获取赔偿的优先权问题。他认为应该首先将赔偿支付给那些“在战争中所遭受的损失占其国民财富比例最大的国家。”依据这一标准，波兰、希腊、挪威和苏联应该优先获得赔偿；而对于英国和美国而言，由于他们不需要运送物资用于重建，因此只能部分地满足其要求，并且可以通过没收的德国海外资产来支付对英美的赔偿。

在赔偿的来源上，以当前产品获取赔偿是一项主要内容。瓦加的论文充分阐释了采取这一原则的原由。他指出，国民财富的大部分是诸如土地、建筑、铁路、公路及其港口设备等不动产，然而，在这些不动产中最适宜于支付赔偿的部分（如船舶、铁路运输车辆、工业设备、原料、多产的牲畜等）在数量上很少，在质量上则遭到战争的巨大破坏，因此这些只能作为一小部分的赔偿，而且绝对不能从德、意等国运走上述这些不动产，因为这将剥夺德国在战后以每年的产品支付赔偿的能力①。

总之，瓦加主张通过当前工业品获得赔偿，并认为通过这一途径可以获取数量较多的赔偿，以解苏联战后重建的燃眉之急。虽然瓦加的意见在美国政府内被错误地认为是苏联政府在赔偿问题上的官方立场，并在美国政府内引起了激烈的反响。在国务院内部专门有一份题为“最近苏联关于赔偿的声明”的文件。国务院认为瓦加所提出的以当前产品支付赔偿的计划将会促使德国经济迅速复兴。美国认为，虽然 1945 年 3 月德国的工业已基本被摧毁，但这主要是由于轰炸所造成的交通方面的破坏，人力短缺以及丧失了从欧洲大陆其他国家运送原料的通道②。而且他们还认为在德国战败后，其在 30 年代后期和战争期间的工业生产能力仍被大部分保存着。但是，这实际上主要代表瓦加个人的观点，或者说部分人（下述米高扬的观点与其有一致之处）的观点，而且他显然忽视了

---

① Varga article in War and the Working Class, 10/15/43, quoted in Hamilton to Hull, 11/2/43, in State Department, RG59, decimal files, 740.00119 EW/2037, National Archives, Washington, D. C., quoted from Philip Andrew Baggaley, *Reparations, Security and the Industrial Disarmament of Germany: Origins of the Potsdam Decisions*, PhD Dissertation, Yale University 1980, p. 51.

② Burton Klein, *Germany's Economic Preparations for War*, Cambridge, Mass. 1959, pp. 225 - 229.

对战后德国经济迅速复兴，乃至军事复兴的考虑。

1944 年 12 月，苏联政府成立了“特别委员会”，由马林科夫（Georgi Malenkov）任委员会主席。该委员会的任务主要有两项，一是准备制定并执行对德工业的拆迁计划，消除德国的经济力量和军事潜力；二是利用德国的拆迁设备来复兴并扩大苏联的工农业。该委员会反对以当前工业品作为赔偿来源，这等于与此前麦斯基领导下的“赔偿特别委员会”的主张完全对立。由于在政治上马林科夫领导的特别委员会直接向人民代表大会负责，因此具有相当的独立性。此外由于该委员会的活动是保密的，因此这两个委员会几乎在同时运作。马林科夫特别委员会的成立表明苏联政府内在赔偿政策的制订上出现了重大分歧。然而，马林科夫领导的委员会与麦斯基领导的赔偿特别委员会之间并非是并行不悖的，由于马林科夫任战争生产部部长（War Production），而麦斯基只是一个外交官，因此尽管在 1945 年 6 月的莫斯科赔偿会议上苏联代表团仍由麦斯基率领，但马林科夫领导下的特别委员会事实上取代了麦斯基赔偿委员会的意见。

但是，麦斯基赔偿特别委员会在进一步的研究中也指出，不反对拆迁德国的部分工业。从这一点来看，两个委员会在赔偿政策的制定上基本一致。1945 年 1 月，麦斯基向美国驻苏大使哈里曼指出苏联在赔偿政策上的出发点是安全问题，因此不能要求德国保持过量的重工业的生产能力；苏联希望从拆迁工业中获取所需的设备，同时从其它经济部门获得物资；后一类赔偿的支付将持续 10 年。此外苏联政府还认为应该同时输出 200 至 300 万德国人作为劳务赔偿①。该赔偿计划实际上是苏联政府内部两个委员会之间意见的拼接，即在赔偿来源上要求拆迁德国工业，同时也要求以当前工业品作为赔偿。在后来实际拆迁过程中，当 1945 年春红军占领东德后，苏联在未经盟国同意的情况下擅自开始了拆迁工作，这对于东西方关系，特别是此后在波茨坦的谈判产生了很大影响。

（2）斯大林在赔偿问题上的主张与劳动委员会的报告

在赔偿问题上，斯大林主张对德采取严厉措施，以防止德国复兴，

---

① Memorandum by Harriman，1/20/45，in FRUS：the Conference at Yalta，Washington1972 p. 176.

保证战后安全。

早在1941年12月斯大林就已表露出在对德赔偿问题上的倾向。当时，艾登访问莫斯科并与斯大林讨论欧洲的战后安排时，英苏之间就赔偿问题首次交换了意见。艾登认为赔偿应当以实物形式支付，以此避免一战后的错误的重犯；斯大林对此表示同意，更进一步提出“最好的途径是剥夺德国和意大利最好的机床。”艾登则认为“为了使那些遭到德国破坏的国家能够重建，德国是否应该交出这些机床，这个问题则需要更深入的讨论。”① 这次交谈实质上已反映出英苏两国之间在对德赔偿问题上的意见分歧。英国所指的实物赔偿不是为了补偿苏联因战争而造成的损失，而苏联认为实物赔偿是要求德国偿付因战争所造成的损失。

从1944年末到1945年，在苏联政府内部进行了一场关于赔偿问题的争论。争论的一方以马林科夫（Georgi Malenkov）为代表主张广泛地拆迁德国机器设备，另一方以贸易部部长米高扬（Anastas Mikoyan）为代表反对拆迁②。在这两派意见截然相反的争论中，斯大林虽然倾向于后者，但他认为同时也必须考虑到英国和美国的意见。

在美英苏三国中，苏联就德国赔款问题的正式的、系统的讨论乃至计划的制定是最晚的。在1943年10月莫斯科三国外长会议上，尽管当时瓦加的文章已经发表，但是苏联政府并没有将注意力转移到战后安排上来。因此，在这次会议上，莫洛托夫主要谈及的仍是军事事宜，而美国国务卿赫尔则提交了一份关于赔偿问题的详细报告，由于凯恩斯在会前与美国代表进行过一番深谈，并交给美国代表一份包含了“麦尔金报告”的要点的报告，因此美国在会议上所提交的赔偿提案实际上是代表了美英两国在赔偿方面的共同计划。莫洛托夫则指出，在针对德国战后安排这些问题的研究上“苏联有些落后了。”③

---

① British Cabinet Records 66/20，wp（42）8. in Graham Ross（ed.），*The Foreign Office and the Kremlin: British Documents on Anglo-Soviet Relations 1941 - 1945*，Cambridge University 1984，p. 103.

② Robert Slusser ed.，*Soviet Economic Policy in Postwar Germany*，New York 1953，p. 41.

③ Record of meeting，10/25/43，in FRUS：1943，I，Washington 1963，pp. 632 - 633.

在德黑兰会议上，三巨头主要讨论的是关于战后肢解德国的问题，并没有直接涉及到战败赔偿，但是斯大林多次强调的中心内容是，必须对德国的工业生产能力、军事等方面进行严格的限制，以防止德国迅速复兴，保证战后的安全。他的言语之间充满了对德国的愤怒和仇恨，他指出："如果盟国在战后将建立一个国际组织的话，那么该组织的全部目的都应该是，为了防止德国的统一和复兴，而加强对她的经济及其它方面的限制。如果德国还想再次试图发动战争的话，那么战胜国必须有力量来控制她"①。1944 年 5 月斯大林在与波兰著名经济学家和政治家兰芝（Oskar Lange）教授的谈话中指出，对德国采取温和的政策将是极其危险的，并且他相信只要美英苏三国联合起来，一定能够阻止德国复仇的企图②。

劳动委员会（Working Committee）成立于 1944 年 2 月。该委员会由流亡苏联的德国共产党领袖皮耶克（Wihelm Pieck）领导，成员 20 人，该委员会的职责是负责起草一份关于战后德国安排的详细计划。该计划的内容包括政治、经济等方面，其中关于对德经济政策部分由阿克曼（Anton Ackermann）、皮耶克和尤布锐克（Walter Ulbricht）负责。该报告虽然是由德国共产党起草的，但实质上它所代表的主要是苏联政府的观点。

在政治方面，该计划认为纳粹政府倒台后，应该在德国建立由德国共产党领导的包括资产阶级和农民在内的反法西斯政权。在这一政策中之所以包括了资产阶级在内，就是考虑到战后将由盟国对德国实行联合占领的情况。

1944 年 7 月至 8 月，劳动委员会讨论了由阿克曼负责的小组所提交的《关于战后对德经济政策》的报告。委员会认为德国经济在垄断资本的控制下以及在战争的破坏下已经遭到严重扭曲，必须恢复正常秩序。10 月，委员会起草了一份题为《民主集团的行动计划》（Action Program of the Bloc of Militant Democracy）。在该计划的第二部分涉及到赔偿问题时

① *The Tehran, Yalta and Potsdam Conferences: Documents*, Moscow 1969, p. 49.

② Lange's record of conversation with Stalin and Molotov, 5/17/44, in *Documents on Polish-Soviet Relations* 1939 - 1945, Vol. II, 1943 - 1945, London 1967, p. 237.

指出，作为和平外交政策的一部分，德国有责任向他国支付因战争所造成的损失的赔偿。同时，它要求“立即开始对那些因战争造成损失的国家和人民进行赔偿，特别是对苏联人民的赔偿，而且所有德国人都应当服务于赔偿活动。”这实际上暗指了以劳役支付赔偿的形式。这份报告表明了苏联对于赔偿问题的重视。

综上所述，雅尔塔会议前，苏联政府就战后欧洲的构想、对美英的考虑与德国赔偿问题的原则的出发点是一致的，即以其在战争中的巨大损失为依据。按照苏联的官方统计，二战中苏联的损失为600万幢建筑被摧毁，2500万人无家可归，雇佣着400万工人的3万家工业企业被毁，6.5万公里铁路废弃①，物质损失为1280亿美元②，要求战后以经济重建为核心，对美英的政策以合作为主（但是苏联认为美英苏之间的合作应该以彼此默认其势力范围为前提），德国赔偿计划也服务于苏联自身的重建的需求。此后，苏联的政策有一定调整，即更清晰地认识到美国在战后的扩张意图。在1945年12月莫斯科三国外长会议前，李维诺夫指出：“美国的战略野心包括了大西洋、几乎整个太平洋、西非以及近东国家，使我们必须在适当的时候谨慎地接近她。”③ 但是，应该说在二战后期和战后初期苏联对美英政策的主旨是非进攻性的。

## 四、摩根索计划与德国赔偿问题

1944年9月的魁北克会议上美国提出了摩根索计划。摩根索计划的要点有三个，分别是针对德国、英国和苏联的，对德国主张将其变成一个农业国，对英国是防止其在欧洲经济地位的进一步衰落，通过取消德国工业国的地位来帮助英国消除在欧洲的一个强有力的竞争对手，对苏联主张美国给予经济贷款来弥补苏联的赔偿要求。这三点是相辅相成的，

---

① Harry Schwartz, *Russia's Postwar Economy*, Syracuse 1947, p. 16.

② Nikolai Voznesensky, *The Economy of the U. S. S. R. During World War Two*, Washington 1948, p. 97. 该书的俄文版1947年在苏联出版，此为英译版。

③ “USA and the Policy of Interference,” 7 December 1945, AVP RF, http://www.cwihp.si.edu

如果摩根索计划能够实现，那么美国就可以避免一战后因德国赔款问题引起的经济纠纷的重演。摩根索计划最终未被采纳，一方面是由于这一计划本身过于严厉，另一方面还在于它并不符合美国多边主义原则。摩根索计划的出台，使得美国政府内在对德战败处理以及赔偿问题上的争论更加复杂化了。

**1. 摩根索计划引发的内部争论及其对美国赔偿政策的影响**

"摩根索计划"是财政部对德政策的一种极端表现。该计划的出台引发了美国政府内的广泛争论①。而其更重要的影响还在于，它彻底改变了财政部此前与国务院相一致的对德政策取向，使财政部与国务院在对德政策上的矛盾尖锐起来。

对国务院而言，摩根索计划最大的攻击性在于，它所主张的将德国变为一个农牧业国家的意向，将使国务院所设想的战后把一个工业强大的德国纳入由美国所主导的国际政治经济秩序的目标落空。此外，这一计划还得到罗斯福的支持，因此使国务院面临遭受双重反对的不利境地。在美国政府内部的对德政策上，出现了以财政部的摩根索计划和国务院的多边主义为代表的两种截然不同的声音。

在财政部内部，主张对德采取严厉态度的也并非仅摩根索一人。助理财政部长怀特（Harry Dexter White）也表现出这一倾向。怀特作为对外经济政策执行委员会内的财政部代表，针对委员会所通过的以国务院的赔偿计划为蓝本的决议指出："这意味着我们将再次复兴德国以使其能够

---

① 关于美国政府内部就摩根索计划争论的主要著作和论文，可见 John M Blum, *From the Morgenthau Diaries*: *Years of War*, 1941 – 1945, 2 vols., Boston1967; Walter Dorn, "The Debate over American Occupation Policy in Germany in 1944 – 1945," *Political Science Quarterly*, vol. 72 (December 1957); H G Gelber, "Der Morgenthau-Plan", *Vierteljahrshefte für Zeitgeschichte*, vol. 13, no 4 (October, 1965); Paul Hammond, "Directives of the Occupation of Germany: The Washington Controversy", in *American Civil-Military Decisions*, *A Book of Case Studies*, ed. By Harold Stein, Birmingham, Alabama 1963; Warren F Kimball, *Swords or Ploughshares? The Morgenthau Plan for Defeated Nazi Germany*, 1943 – 1946, Philadelphia 1976.

支付赔偿"[①]。而且此后当他向摩根索提交该委员会决议时，也评论到，委员会的赔偿计划将需要德国工业的重建，这将会导致整个欧洲大陆在经济上依赖于他们以前的敌人[②]。摩根索对该赔偿计划表示强烈的异议，他并不主张向德国索取赔款，他认为只有削弱德国的工业才是一项确保安全的措施[③]。因此，在对德赔偿政策上，就出现了以财政部长摩根索为代表的反赔偿派和以国务卿为代表的赔偿派。

然而，摩根索并非绝对反对赔偿。他认为，如果要求德国履行战败赔偿，应该采取大范围拆迁的方式。因为拆迁将帮助盟国复兴，而一个弱小的德国将不会危及到欧洲的安全；摩根索同时还指出，这项计划也将有助于英国，广泛的拆迁将消灭英国国际贸易"主要的大陆竞争者"；英国的未来将是安全的，她能够占领一些德国的出口市场[④]。如果以此能够缓解英国所面临的严峻的财政收支平衡问题[⑤]，那么将意味着美国战后给英国提供援助的最小化。这将完全符合美国的经济利益。

正是基于这一观点，摩根索认为怀特起草的第一份计划（主张将德国重建为一个农业和轻工业国家，充分缩减德国的重工业；三大国将肢解德国，并使鲁尔区国际化；在鲁尔区内将保持一些工业，但是不允许这些工业有助于德国的复兴；在赔偿政策上，主张以工业设备、海外财产、劳动力的形式支付赔偿，反对以当前工业品作为赔偿来源）不够严

---

① Philip Andrew Baggaley, *Reparations, Security and the Industrial Disarmament of Germany: Origins of the Potsdam Decisions*, PhD Dissertation, Yale University 1980, p. 200.

② Paul Hammond, "Directives of the Occupation of Germany: The Washington Controversy", in Harold Stein (ed.) *American Civil-Military Decisions, A Book of Case Studies*, Birmingham & Alabama 1963, p. 350.

③ Henry Morgenthau, *"Our Policy toward Germany"*, New York Post, Nov. 24, 1947.

④ Warren F Kimball, *Swords or Ploughshares? The Morgenthau Plan for Defeated Nazi Germany, 1943 - 1946, Philadelphia 1976*, p. 49.

⑤ 英国的财政收支平衡问题从二战初就已经出现，并且随着战争的进行而进一步恶化：1941 年 3 月英国的外汇储备从战争开始时的 24 亿美元迅速下降到 1200 万美元，战时的租借法案虽然有助于缓解这一问题，但是并不能从根本上解决问题。引自 W. K Hancock and M. M Gowing, *The British War Economy*, London 1975, p. 523.

厉，而在该计划的修改草案中提出将鲁尔区彻底“非工业化”的主张。摩根索计划的出发点是战后的绝对安全。正如冷战史专家菲茨所指出的，“对德采取严厉政策并不是摩根索计划的出发点。”① 这与国务院的出发点有着根本的不同。国务院所关注的是美国对德政策乃至整体外交政策的长期目标，而财政部所关注的则主要是战后初期的短期目标。这是两者之间分歧的实质所在。但是，如果从两者所追求的长期目标来看，财政部与国务院之间又是一致的，即它们都是为了实现美国国家利益的最大化，只是所采取的途径不同而已。摩根索计划强调通过严厉地惩罚手段使德国产生惧怕心理，而不敢再存有发动战争的念头；而多边主义则主张引导德国“融入”美国主导下的战后世界体系，从而达到消除战争危险的目的。

摩根索计划所蕴涵的对战后安全的关注，是对当时的一种普遍情绪的反映。罗斯福曾指出，德国人从军队的赈济处一日可以领取三次汤，这样可以让他们记住他们是战败国。而摩根索计划所提供的解决之道是一种极端的方式。

摩根索计划得到罗斯福的支持。1944 年 9 月 9 日，罗斯福在内阁委员会的会议上指出，“‘欧洲需要一个工业强大的德国，这是一个错误的主张’，尽管所有的经济学家都不同意（摩根索计划）这一陈述，但是我同意。就我个人而言，我宁愿把德国变为一个农业国”②。此后在魁北克会议上，罗斯福与丘吉尔同意，拆迁德国境内的冶金、化学和电子工业，并把德国变成一个“基本上是农牧业特征的国家”③。罗斯福支持摩根索计划的主要原因之一即在于该计划对英国的关注。罗斯福指出，当前形势的“真正核心”是避免英国经济的破产④。他指出“要避免英国在战

---

① Hebert Feis, *Churchill, Roosevelt, Stalin: The War They Waged and the Peace They Sought*, Princeton, 1957, p. 366.

② Henry Morgenthau, *The Morgenthau Diary (Germany)*, Ⅰ, Washington 1967, p. 609.

③ U. S. Department of States, *Foreign Relations of the United States (FRUS)*, the conference at Quebec, 1944, Washington 1972, p. 467.

④ U. S. Department of States, *Foreign Relations of the United States (FRUS)*, the conference at Yalta, 1945, Washington 1972, p. 155.

争末期经济的彻底崩溃。我不希望看到大英帝国经济崩溃的同时德国却建立起颇具潜力的军事机器”①，“必须采取措施恢复英国经济，使她能够在战后走出萧条。”②

另一方面，摩根索本人也通过自己作为罗斯福身边近臣之一的便利，来获得修改对德政策的机会。摩根索反对美国军方在对德占领政策上采取“软和平”（Soft Peace）③ 态度，因此他将一本反映出美国军政府力图复兴德国的小册子交给了罗斯福。罗斯福极为不满地指出，“应该让全体德国人明白，他们整个国家都从事了一场反对现代文明的非法阴谋活动”④。同时，罗斯福任命了由史汀生、赫尔、摩根索和霍浦金斯组成的内阁委员会来进一步讨论对德占领政策。内阁委员会的讨论难以达成一致，因此，国务卿、财政部长和陆军部长分别向总统提交了一份对德政策的备忘录。摩根索通过该报告第一次获得了系统阐述其对德计划的机会。此外，摩根索陪同罗斯福前往魁北克同丘吉尔会谈，这又是一个良机。

国务卿赫尔和陆军部长史汀生都反对摩根所计划。史汀生认为，“这正好是德国人自己希望加在他们牺牲者身上的罪行——这将是对文明本身犯下的罪行”，“这种计划……将导致紧张局势和仇恨，而这比该计划所带来的对短期安全利益的影响更为严重，而且这将有助于模糊纳粹的恶行以及其所倡导的信条和行径所引发的罪恶”⑤。罗斯福对来自政府内的反对意见的反应是拖延政策的制定。在 10 月 20 日给赫尔的信中指出：“我不喜欢为一个我们还未占领的国家制定详细的计划。”并且要求陆军

---

① Philip Baggaley, *Reparations, Security and the Industrial Disarmament of Germany: Origins of the Potsdam Decision*, PhD Dissertation, Yale University 1980, p. 241.

② Henry Stimson and McGeorge Bundy, *On Active Service in Peace and War*, New York 1947, p. 580.

③ 所谓的“软和平”政策实际上即指复兴德国的主张。

④ Paul Hammond, “Directives of the Occupation of Germany: The Washington Controversy”, in *American Civil-Military Decisions, A Book of Case Studies*, ed. By Harold Stein, Birmingham, Alabama, 1963, p. 336.

⑤ Henry Stimson and McGeorge Bundy, *On Active Service in Peace and War*, New York 1947, pp. 334, 571 – 573.

部在接下来半年时间内停止制定对德计划的工作①。赫尔所强调的多边主义目标的实现是以强大的中欧单元作为基础的，摩根索计划显然背离了这一条件。赫尔认为摩根索计划“是无理的”，将会导致40%德国人口死于饥饿②。

从苏联方面来看，摩根索计划所主张的“弱小德国”的方针与苏联的对德政策是一致的，而且通过美国给苏联提供的低息贷款将可以补偿苏联的赔偿要求。但是，从实际层面来看，战后苏联所急需且严重短缺的将是用于重建的物资，因此贷款的提供并不能解决其燃眉之急。而以实物赔偿的形式获取短缺的重建物资则是一条更为便捷的途径。进一步来看，苏联在德国赔偿问题上所坚持的一条主要原则是以当前工业品作为来源，这也表明物资是战后苏联最迫切的需求。

随着摩根索计划的提出，以及在魁北克会议上罗斯福与丘吉尔对此达成的一致③，美国政府内在对德赔偿问题上出现了三种不同的意见。以史汀生为代表的陆军部坚决反对任何形式的赔偿，认为赔偿必定会导致国与国之间的摩擦和德国人的仇恨④。财政部是有妥协性的反对赔偿，认为如果要求赔偿的话，则反对以当前工业品作为来源；而国务院既要求德国支付赔偿，也不反对以当前工业品作为支付手段。

应该说直到摩根索计划出台的前后，罗斯福才开始切实关注德国赔偿问题，他对此的态度是在不断变化的。罗斯福最初支持摩根索计划时，他反对以当前工业品作为赔偿来源；魁北克会议后，由于摩根索计划的通过遭到美国政府其它部门及其新闻界的强烈批评，因此罗斯福在赔偿问题上的立场也有所改变，他指出，“鲁尔和萨尔的机器设备都应该由英国来控制，或者对此进行共同管理。这样就可以分享大量的煤、焦碳、

---

① Cordell Hull, *Memoirs of Cordell Hull*, vol. 2, New York 1948, p. 1611.

② Ibid., p. 1617.

③ 在魁北克会议上罗斯福和丘吉尔所同意的协定，是摩根索计划的修订版，但是它保留了摩根索计划中最严厉的部分，即同意将德国农牧业化，由于这一点正是摩根索计划最大的特点所在，因此一般认为在魁北克会议上通过了摩根索计划。

④ Henry Stimson and McGeorge Bundy, *On Active Service in Peace and War*, New York 1947, p. 567.

铁矿和化学产品。”① 到1944 年 12 月，罗斯福又宣布除以战利品作为赔偿外，他将反对任何形式的赔偿②。因此，他反对任何赔偿计划的制定。

**2. 英苏对摩根索计划的反应**

尽管摩根索计划是有利于英国的，但是英国政府也并没有表现出对此计划热烈欢迎的态度，而是对此存有争论。

此前，英国政府内关于战后德国赔偿问题的讨论主要是在专家集团和专设部门内部进行的，并不是政府最高层关心的中心议题。因此，丘吉尔在赔偿问题上最初所遵循的主要是他个人的意见，而没有依据麦尔金报告和经济与工业计划部的报告。1943 年 1 月，丘吉尔依照一战后赔偿问题的经验指出，不可能再像一战后那样要求战败国支付赔款，结果使得重建欧洲的任务还是落在战胜国自己的肩上。

丘吉尔虽然代表了英国政府内支持摩根索计划的意见，但是丘吉尔的意见逐渐发生了转变，他认为执行摩根索计划的结果“将把英国拴在一具死尸上”，并从道德角度批评该计划是“非自然的、非基督教的、不需要的”③。然而，与丘吉尔随行的财政部主计长官（Paymaster General）车韦尔却与摩根索的意见不谋而合，他强调英国在战后应该通过使德国非工业化的方式来抓住德国的出口市场，而不主张从德国索取赔偿。他在 9 月 14 日与摩根索的会谈中指出，他不明白为什么丘吉尔对该计划持否定的态度，他认为丘吉尔没有完全领悟摩根索的用意。摩根索则表示很高兴由车韦尔来试图说服丘吉尔④。因此车韦尔在左右英国政府意见并促使丘吉尔改变立场方面发挥了重要作用⑤。

---

① Henry Morgenthau, *Morgenthau Diary*, vol. I, p. 779.

② U. S. Department of States, *Foreign Relations of the United States* (*FRUS*): the conference at Yalta, Washington 1972, p. 174.

③ Cordell Hull, *Memoirs of Cordell Hull*, vol. 2, New York 1948, p. 1615.

④ White Memorandum of 9/25/44, in *FRUS*: *Quebec*, pp. 326 - 327.

⑤ 关于丘吉尔对摩根索计划的态度的转变的原因分析，菲茨列举了如下因素：1、希望为英国赢得出口市场；2、对租借法案的需要；3、作为说服美国占领德国西南部的让步。见 Herbert Feis, *Churchill, Roosevelt, Stalin: The War They Waged and the Peace They Sought*, Princeton1957, p. 371.

车韦尔首先在与丘吉尔的谈话中暗示到，按照摩根索计划的估计，德国的非工业化将会给英国带来巨大的出口方面的利益。此外，他避开了摩根索计划最严厉的部分，提出了一份较温和的提案，主张应该由国际组织来决定是否、何时以及在何种程度上拆迁鲁尔区与军事相关的工业。丘吉尔对该计划表示同意。但是车韦尔的这份温和计划却遭到摩根索的反对，摩根索认为车韦尔应该说服丘吉尔“走得更远一些”①。最终在9月15日，丘吉尔签署了一份赞成摩根索计划的备忘录。该备忘录指出：“必须记住，德国已经破坏了苏联及其他邻国的大部分工业，必须按照正义的原则赋予这些遭受破坏的国家搬迁他们所需要的机器设备用于修复他们所遭受的损失的权利，鲁尔和萨尔区的工业停止并将其关闭，这两个区将由国际组织负责监督其工业拆迁情况，并且确保其工业不会因任何借口而重新运作。这项拆除鲁尔和萨尔两地区军火制造工业的计划，是想把德国变成一个主要是农业和畜牧业的国家。首相和总统在这项计划上意见完全一致”②。罗斯福和丘吉尔共同签署的这项决议并不是摩根索计划的完全翻版。例如它并没有按照摩根索所设想的那样取消赔偿问题，但是该决议最大限度的保留了摩根索计划的核心，例如鲁尔和萨尔的农牧业化，以及摩根索主张的如果要求赔偿，则只能以拆迁的方式进行。因此，从本质上看，这表示丘吉尔接受了摩根索计划。

促使丘吉尔改变的根本原因并不在于车韦尔，而在于英国出口利益和租借法案的重要性。其一是摩根索指出的消灭德国的工业就等于为英国消除了一个经济上的竞争者，其二是摩根索提议的从欧战结束到日本投降期间，英国将能获得35亿美元的租借款项和30亿美元的贷款，在丘吉尔同意摩根索计划之前，美国先同意在新的租借法案中将满足英国的要求和条件③，这一点就成为丘吉尔签署摩根索计划的催化剂。而事实上，英国参加魁北克会议的目的之一就是为了能够在对德战争结束后获

① Cherwell memorandum of 1/14/44 meeting, in *FRUS*: *Quebec*, pp. 343 - 344.

② ［美］威廉 哈代 麦克尼尔，叶佐译：《美国、英国和俄国：它们的合作和冲突 1941 - 1946》下册，上海译文出版社 1978 年版，第 750、751 页。

③ 英国获得了军需品，并且在欧战结束后可以完全自由地恢复其出口贸易，而这正是英国此行的目的。

得美国的经济援助，以进一步缓解国内财政问题①。因此，这实际上是一种利益交换的结果。

1944 年 12 月经济与工业计划部向停战与战后委员会提交的一份关于非工业化的报告表达了对摩根索计划的反对意见。该报告指出如果莱因兰－威斯特法里亚－萨尔地区被非工业化，那么即使在德国其它地区的援助下能够保持该地区的购买力，也将有 30% 的人口失业（其中 20% 为直接导致的，10% 为间接导致的），而即便是吸收 200 万失业人口的可能性都将是极其困难的，更何况同时还会有 300 至 500 万德国工人因割让东部的领土而面临安置问题。由于德国的出口贸易将遭受巨大损失，因此德国需要额外的进口，但是德国的出口尚不足以支付基本的进口，那么除了一劳永逸的拆迁运送之外，德国根本无力以其它方式支付赔偿。摩根索计划表明二战后将废除向德国索取赔偿的要求，虽然按照摩根索计划的推算英国每年的贸易额将会净增长 3000 万英镑，但是这种计算却一笔勾销了英国在德国的大量投资以及丧失所有赔偿的损失。

在财政部内部也存在对摩根索计划的反对意见。大卫·沃雷（David Waley）指出，“我们使德国越贫穷，那么德国人就会越坏、越糟糕。”他甚至认为摩根索计划一无可取之处。彻底削弱德国，从而为英国消灭一个强有力的贸易竞争对手，这是摩根索计划中最有利于英国的内容。但是，沃雷认为这“完全是一种误导”，他指出，“如果一种巨大的生产能力被摧毁了的话，那么整个世界都将会变得更贫穷，我国的出口贸易也不可避免。不论我们喜欢与否，……德国的繁荣对于世界其他地区的繁荣是重要的。在国际贸易中，我们是相互依存的。”②

---

① 英国在战时主要通过两种途径来缓解国内财政问题，一个是举借外债（不包括美国），另一个是变卖海外资产，到 1944 年英国卖掉的海外资产共达 40 亿美元，举借外债达 120 亿美元。引自 W K Hancock and M. M Gowing，*The British War Economy*，London 1975，pp. 520－521。战后英国将面临还债的问题，因此在魁北克会议上丘吉尔需要美国承诺一个较少条件限制的租借法案（如在出口物资等方面），以便可以利用德国已基本溃败和日本尚待投降这段时期来扩大出口。

② Waley to Keynes and Sir R. Hopkins，9/20/44，in Treasury records，T236，OF 46/57/4. Philip Baggaley，*Reparations*，*Security and the Industrial Disarmament of Germany*：*Origins of the Potsdam Decision*，PhD Dissertation，Yale University，1980，p. 270.

凯恩斯也指出该计划“是完全不现实的，该计划将会造成令人无法忍受的情况，同时又没有指出将如何进一步改善德国的状况，这将导致广泛的反对意见。”①

艾登对摩根索计划也持否定态度。他认为这个灾难性的计划与《大西洋宪章》的原则以及欧洲咨询委员会的工作是背道而驰的。艾登指出，该计划对英国而言最大的卖点在于它能够为英国提供安全感。但是通过对德国进行有选择性的经济限制而获得安全比对一个地区采取毁灭性的措施更好些②。

在前往魁北克之前，以艾登为首，包括艾德礼（Clement Atlee）、安德森（John Anderson）、陆军部长格瑞格（James Grigg）和拉提尔顿（Oliver Lyttelton）联名给丘吉尔拍了一份电报，指出如果允许德国经济混乱地发展下去，这将会危及到占领目标的实现③。但是赶在该电报到达之前，艾登已经到达了魁北克，而且当电报到达时恰好是丘吉尔和罗斯福签署摩根索计划的那一天。艾登对丘吉尔态度的转变表示诧异，他指出，“你不能这样做。毕竟，我们的意见恰恰与此相反。而且，我们在政府内所做的工作也不同于此。”丘吉尔回答到，“毕竟，我国人民的未来危如累卵，……当我不得已在德国人民和我国人民中作出选择时，我将选择后者。”④ 艾登和格瑞格反驳摩根索道“我们必须坚持让德国的经济能够继续运行，因为（i）我们需要德国为我们工作（例如，为支付赔偿而生产），（ii）如果德国将处于混乱和饥饿状态（这将会激发德国士兵在前线背水一战），那么我们的士兵将首先在情绪上被削弱。

以艾登和格瑞格为一派，车韦尔为另一派进行了一场争论。车韦尔表现出对摩根索计划的支持，指出，“难道真的有人希望从德国获得赔偿

---

① John Maynard Keynes, *Collected Writings*, *Vol. xxvi. Activities* 1940 - 6: *Shaping the Post-war World Bretton Woods and Reparations*, London 1980, p. 379.

② Sir Llewellyn Woodward, *British Foreign Policy in the Second World War*, vol. v, London 1976, p. 239.

③ Sir Llewellyn Woodward, *British Foreign Policy in the Second World War*, vol. v, London 1976, p. 223.

④ U. S. Department of States, *Foreign Relations of the United States* (*FRUS*): the conference at Quebec, Washington 1972, pp. 360 - 361.

吗？我们不想让德国人为我们工作。不论怎样大多数英国人将不愿意看到英国充斥着德国商品。”①

针对英国政府内因摩根索计划而产生的争论，也有官员认为这是舍本逐末。1945 年 1 月，海军大臣亚历山大（Albert Alexander）指出，经济与工业计划委员会的报告对于经济问题的强调“完全是解决问题的错误途径，英国的政策应该仅围绕军事安全，而不需要考虑商业、财政问题以及它对德国人口的影响。”②

在苏联政府内对摩根索计划的态度也不尽相同。苏联驻英大使馆的顾问索伯列夫（Arkady Sobolev）认为苏联政府不会接受摩根索的主张。在顿巴顿橡树园会议上，苏联代表团副主席索波列夫告诉美国国务卿赫尔的特别助理帕斯沃斯基，他不十分理解美国在摩根索计划上的激烈争论，但是“他确定摩根索式的思维方式是苏联政府无法接受的。”而苏联驻美大使葛罗米科（Andrei Gromyko）却认为苏联政府的态度与摩根索计划很接近，他指出苏联所希望的是通过搬迁机械设备的形式一劳永逸地获得赔偿③。摩根索计划虽然提出通过美国给苏联提供贷款来补偿苏联的赔偿要求，但是对苏联而言，获得贷款与索取赔偿的性质是截然不同的。战胜国要求战败国支付赔偿是符合国际法的行为，既能够适时地提供战后重建所急需的物资，又不存在偿还的问题，因此是一种合法且稳定的物资来源方式。与此相比，贷款的稳定性则大大降低，美国出于战时与苏联合作的需要而同意提供贷款，而一旦战后美苏交恶，则随时可能中断贷款。虽然从表面来看，摩根索计划符合英苏两国的利益要求，但事实上彻底取消德国工业国的地位并不是从根本上解决德国问题的最佳途径。

---

① Eden and Grigg to Churchill, 11/20/44, in Churchill papers, PREM 3/195/2, pp. 19 - 26. and Cherwell to Churchill, n. d. Eden papers, FO 954/22, pp. 266 - 268, Ibid., in Philip Baggaley, *Reparations, Security and the Industrial Disarmament of Germany: Origins of the Potsdam Decision*, PhD Dissertation, Yale University 1980, p. 252.

② Minutes of meeting, 1/4/45, in CAB 87/66, APW (45) 1st, Ibid., p. 271.

③ Report by Harry White, 10/5/44, in *Morgenthau Diary*, vol, I, p. 700.

# 第三章　合作与斗争：从雅尔塔到波茨坦会议上的德国赔偿问题

二战末期和战后初期，以美英苏为首的战胜国主要通过缔结和平条约的形式首先对德国的附庸国意、罗、保、匈、芬①实现了战败处理。(注：在日本问题上，日苏之间因北方四岛问题至今未达成和约）但是，在德国问题上，大国之间不但没有缔结和约，德国反而成为东西方对峙的焦点和前沿。德国问题难以解决的一个重要原因在于，它是大国外交战略中的重点，美英苏在德国问题上都不愿放弃自己的立场。大国之间的利益之争是德国问题重要性的外在表现。雅尔塔会议和波茨坦会议是战争末期三大国之间的两次重要会晤，正是在这两次会议上，三巨头就德国战败处理问题进行了正面磋商，赔偿问题则是包含在其中的主要问题之一。从雅尔塔到波茨坦，是盟国从合作走向对抗的开端，反映在赔偿问题上，“分区赔偿”原则的确立则标志着三大国在德国经济问题上分裂的端倪。

## 一、雅尔塔会议与德国赔偿问题

雅尔塔会议讨论的主要是欧洲问题，并从中体现出融洽而和谐的盟国关系。雅尔塔会议是美英苏三国最高领导人之间关于德国赔偿问题进行的第一次公开讨论。在会议上，英苏之间的正面斗争大于美苏之间的斗争，美国则成为英苏矛盾的“调和者”，苏联在赔偿数量上的要求得到

---

①　关于二战后盟国对德国的附庸国意罗保匈芬五国所缔结的和约可参见本人的论文《试析战后五国和约的缔结及影响》，《烟台大学学报》2002 年第 1 期。

美国的支持。由此从一个侧面体现出罗斯福所主张的大国合作（特别是美苏合作）的外交原则。

雅尔塔会议是美英苏合作的高峰。正是借助战时军事合作需要所提供的这一缓和氛围，才能够建立起美英和苏联之间的一种大国合作的双赢机制。在雅尔塔会议上，联合国“大国一致”原则的确立首先建立起了战后大国主宰世界的保障机制。苏联的多项利益要求得以认可，包括对德国的部分占领、赔偿问题上美国的暂时支持、苏波边界、波兰卢布林政府、以及在远东地区的要求，这保证了苏联对部分领土和周边安全的要求。同时，也维护了美英在西欧的权益。然而，正是在这些共识的基础上所建立起来的雅尔塔体制，同时也成为战后美苏冷战中形成欧洲两大阵营的温床。

**1. 麦斯基的八条赔偿计划及莫洛托夫的赔偿提案**

在2月5日的第二次会议上，苏联副外交人民委员麦斯基首先提出了苏联的赔偿计划。包括以下八条内容：

① 赔偿的形式。德国的赔偿，不应该象第一次世界大战后那样用货币支付，而应用实物支付。

② 赔偿的来源。德国以实物支付赔偿应采用两种形式，即（甲）战争结束时从德国国内国外的国家资产中进行一次性提取（工厂、机床、船舶、机车、在外国企业中的投资等）；（乙）战后每年提供商品。

③ 赔偿与战后的安全。认为通过赔偿应使德国在经济上也解除武装，以此来保障欧洲的安全。具体地说，这就是要没收80%的德国重工业设备（冶金、机器制造、金属加工、电机工业、化学工业等）。要100%地没收飞机制造业和生产合成燃料的企业。对战前已有战时新建的全部专门的军工企业（枪炮工厂、弹药厂等）也同样应100%地予以没收。苏联认为，德国剩下战前重工业的20%，就完全可以满足国内的、确实是经济上的需要。

④ 赔偿的期限。定为10年，其中对德国国家资产的提取应在战后2年内进行。

⑤ 监督机制。为使德国能够严格履行义务和保证欧洲的安全，美、英、苏三国应该对德国的经济实行严格的监督。监督的形式以后再行研

究。但在任何情况下都应该规定：在德国剩下的工业、交通和其它企业中，对于那些可能导致德国军事潜力的恢复从而构成最大危险的企业，必须实行由苏、美、英三国参加的国际共管。对德国经济的监督在赔偿支付期满后，即战争结束10年之后，仍应保留。

⑥ 要求德国赔偿直接的物资损失（毁掉或损坏的房屋、工厂、铁路、科研机关，被没收的牲畜、粮食、公民的私有财产等），并且规定获得赔偿的先后次序，其标准有两条：该国对战争胜利的贡献大小，该国直接物质损失的大小。

⑦ 赔偿总额。认为苏联应得到不少于100亿美元的赔偿。

⑧ 建议在莫斯科设立由苏、美、英三国代表组成的专门的赔偿委员会。①

麦斯基的八条赔偿计划实际上是苏联政府内在赔偿问题上两种主张的结合，即麦斯基领导下的赔偿特别委员会所主张的以当前工业品作为赔偿和马林科夫的特别委员会所主张的以大规模拆迁作为赔偿的两种意见的综合。

丘吉尔指出，一战后德国之所以能够支付赔偿是由于美英给予德国的贷款和投资。“英国从德国拿走了几艘陈旧的远洋轮船，可是德国却用英国给的钱建立了一支新舰队”②。他确信德国每年所能够支付的赔偿将不可能达到10亿美元。丘吉尔与斯大林之间唇枪舌剑。丘吉尔比喻：要想骑马，就得喂草料；斯大林反驳：马不应该踢我们；丘吉尔再言：要使用汽车，总得需要汽油吧；斯大林再驳：德国人不是机器，是人③。

罗斯福指出战后美国既不希望获得赔偿，同时也不会给德国以任何援助，但是支持从德国搬迁工厂作为赔偿来源。由此可见，罗斯福的主张与国务院的主张并不一致。

麦斯基则认为，一战后解决德国赔款问题失败的根源不在于赔偿数

---

① ［苏］萨纳柯耶夫、崔布列夫斯基编，北京外国语学院译：《德黑兰、雅尔塔、波茨坦会议文件集》，生活读书新知三联书店1978年版，第157－159页。

② 同上，第159页。

③ 同上，第160页。

目过大，而是由于经济上和政策上的原因造成的，一是以现金而不是实物作为支付手段，导致转帐问题无法解决；二是美英法所执行的给德国提供大量贷款的政策实质上纵容了德国不履行赔偿义务。其次，他认为二战后德国完全有能力支付100亿美元的赔偿。他指出“100亿美元不过相当于美国1944－1945年财政预算的10%，相当于英国6个月的战争开支”①。第三，他认为苏联的赔偿计划将不会导致德国人处于衣不蔽体、食不裹腹的惨状，因为德国还可以发展轻工业和农业，而且将免去战前每年高达60亿美元的军费开支。麦斯基所补充的上述三点等于进一步解释和说明了苏联制定该赔偿计划的依据和原由。

斯大林提出了赔偿的分配原则：那些承担了战争的主要负担并且作为战胜敌人的组织者的国家应优先得到赔偿，即指苏、美、英三国应优先获得赔偿。罗斯福和丘吉尔对此并不表示反对。但是事实上英苏在原则确认上是有差异的。在会议结束时，丘吉尔指出，他喜欢的原则是：各国各取所需，而德国尽其所能。斯大林补充到，他更倾向于另一个原则：按功取偿②。这两个原则之间的不同之处在于，前者掩盖了三大国之间在获取赔偿中的先后顺序问题，而后者所强调的正是这一点。在赔偿原则上的不一致为后来三大国的争论埋下了伏笔。此后关于赔偿问题的讨论交由外长处理，因此相继而来的争论主要是在三国外长之间进行的。

在2月7日的外长会议上，莫洛托夫又提出两份关于苏联赔偿政策的提案。第一份提案表明了苏联所认同的赔偿原则、赔偿总数及其分配原则。与2月5日会议上麦斯基所列举的以“该国对战争胜利所做贡献的大小、所遭受的直接物资损失的大小”作为赔偿原则不同，莫洛托夫认为只应该按照贡献的大小来分配赔偿，即斯大林所言的“按功取偿”。在赔偿总数上，提出总额应为200亿美元，其中一半归苏联，80亿美元给英美两国，20亿美元给其它国家。此外，在麦斯基八条赔偿计划中第3条所提到的“没收德国80%的重工业”以及第5条关于大国合作建立监督机制的内容都未再次提及。第二份提案则重申了麦斯基赔偿计划中的

---

① ［苏］萨纳柯耶夫、崔布列夫斯基编，北京外国语学院译：《德黑兰、雅尔塔、波茨坦会议文件集》，生活读书新知三联书店1978年版，第162页。

② 同上，第164、165页。

第8条①。

美国国务卿斯退汀纽斯指出，除了海外资产（即指美国在德国的投资）和某些原材料外，美国不打算要求其它方面的赔偿，此外美国所关心的是劳务赔偿问题，而英国所关注的是与安全息息相关的控制德国工业的问题。而从上述苏联赔偿计划的变动，即不难看出苏联在赔偿问题上的态度趋向于强硬，而且自始至终苏联的赔偿计划具有一个鲜明的特点——确定性，赔偿数目的确定性和赔偿来源的确定性。

然而，德国是否能够按照苏联赔偿计划的规定来支付赔偿，一个重要的方面还取决于战后德国的生产能力如何。对德国而言，战争的主要损失在交通运输和劳动力方面。据统计，1945年5月，在英占区13000公里的铁路中只有1000公里可用。1946年整个德国的车辆数仅为1938年的1/3到1/2。战后德国的劳动力萎缩了15%②。然而，德国的重型工业机器所受损失极小。在1945年5月，一位走访过鲁尔区的英国官员提出的报告中指出，“总的来说，轰炸对于机床和工厂所造成的损失比所预期的要小得多。就鲁尔区而言，大量工厂（某些还是大型的）完好无损……即使那些遭到严重袭击的工厂，其大部分机床或者毫无损坏，或者只是轻微受损，只需要简单的修理即可。……在遭到密集轰炸的地区，轻型的精密机床（light tools with many delicate parts）破坏严重，但是对重型机床的破坏只是表面的。显然，在很多情况下，是由于屋顶缓慢地倒塌从而给这些机器提供了保护，使得它们能够避免爆炸和飞石破坏。而且大量的机器几乎被埋在碎石中，也使它们能够躲过后来的袭击。”美国战略轰炸调查组（the United States Strategic Bombing Survey）的调查也指出德国在战争中工业设备和建筑的净损失仅为10%左右③。从上述事实可以看出，德国在客观上具备相当的支付赔偿的能力。这首先是苏联所要求的赔偿数目得以实现的基础。

---

① U. S. Department of States, *Foreign Relations of the United States* (*FRUS*): the conference at Yalta, Washington 1972, pp. 707－708.

② J. P. Nettl, *The East Zone and Soviet Policy in Germany 1945—1950* , London, 1951. p. 270.

③ United States Strategic Bombing Survey, *The Effects of Strategic Bombing on the German War Economy*, Washington 1945, p. 45.

从获取赔偿的途径来看，苏联要求以当前工业品和拆迁作为两项主要的赔偿来源。依据上述事实，德国在战后仍然保留着绝大部分的工业生产能力，因此要求德国以当前工业品支付赔偿是最容易获取的；然而，如果再同时要求拆迁机器设备用作赔偿，据统计，只有1/3 的机器可用于搬迁①，这实际上等于减少了前一种赔偿来源的产出。而苏联之所以在提出以当前工业品作为赔偿的基础上又增加了拆迁赔偿，主要是由于拆迁所获得的机器设备是苏联战后重建所急需的，而且从速度上来看，拆迁比运送每年的工业品要快得多。

由此可见，苏联的赔偿计划有其合理的一面，即她所提出的赔偿数额决不是夸大的，而是符合德国的偿付能力的；然而在其所要求的赔偿两项来源上，并不是本着最大限度从德国获取赔偿的日的，而是以满足苏联自己的需求为第一位的。

在三国外长会议就赔偿问题的初步讨论中，三大国出于各自不同的国家利益的考虑已鲜明地表现在赔偿问题中：苏联希望通过赔偿来弥补自己的战争损失并且能够用于战后的迅速重建，美国所考虑的是通过赔偿来补偿自己在德国投资的经济损失以及所短缺的原材料，英国所忧虑的则是她的近邻德国在战后的迅速崛起将会直接影响到英国的安全，因此她主张，对德赔偿的目的是使德国非工业化。换言之，苏联的赔偿计划在一定程度上反映出“通过赔偿来严厉惩罚战败国的”意愿，即补偿战争损失，而美英更多地考虑则是将赔偿问题直接与其战后的长期战略挂钩。

**2. 英苏关于赔偿数额的争论**

三大国之间的争论主要集中在苏联赔偿计划所提出的赔偿总额上。美英都对苏联所提出的赔偿数额表示异议。艾登在给战时内阁的报告中指出，苏联所提出的赔偿总数是“极其不合适的”。车韦尔批评苏联提议的赔偿总数以及要求以当前工业品作为赔偿两者是相互抵触的，他认为

---

① Manuel Gottlieb, *The German Peace Settlement and the Berlin Crisis*, New York, 1960. pp. 30 - 31.

“使德国非工业化是英国的利益要求，而且决不能松懈”①。罗斯福则认为现在所提出的任何具体的数目都仅仅是提供一个“讨论的基础”，都只是“纯学术性的”（意即不现实的）。②

正是由于1944年12月，国务院战略研究办公室（the Office of Strategic Services）的统计数字认为德国每年可支付的赔偿至少为65亿美元③。因此美国才可能不反对苏联所提出的200亿美元的赔偿总额，并且美国可以以此换取苏联在其它关系到美国利益的问题上的让步。

此外，与赔偿问题同时交织在一起的还包括联合国投票程序、波德边界、波兰政府组成以及法国是否加入盟国控制委员会等诸多问题。三大国在处理赔偿问题时并不是、也不可能单纯地就此问题展开讨论，而是同时受到上述这些因素的影响。在实际决策的过程中，彼此之间均是有退有进、有攻有守，某一个国家在某一个问题上的让步就意味着可能换取在其它问题上的优先权，这是大国合作的重要法则之一。

在赔偿问题上，美国在2月9日提出了一份赔偿报告。该报告与麦斯基的赔偿提案的内容基本一致，并认为即将成立的赔偿委员会在赔偿数额上的讨论不应该再超过苏联所提出的200亿美元的数字，这实际上表明美苏之间已达成一致：即确定以苏联提出的以200亿美元作为赔偿总数，其中100亿属于苏联的建议作为讨论的基础④。

但是这遭到了英国的反对。2月10日，英国递交了一份针对美国赔偿提案的报告，反对规定任何具体的数目作为讨论的基础，要求从德国搬迁

---

① Churchill papers, PREM 3/51/10, pp. 56 – 59, and Cabinet minutes, CAB 65/51, WM (45) 16, confidential annex in Philip Baggaley, *Reparations, Security and the Industrial Disarmament of Germany : Origins of the Potsdam Decision*, PhD Dissertation, Yale University, 1980, p. 287.

② Edward R Stettinius, *The Diaries of Edward R Stettinius, Jr.*, 1943 – 1946, Thomas Campbell and George Herring, ed., New York 1975, pp. 230 – 231.

③ Office of Strategic Services, Research and Analysis Report #2350, "Problems of Germans Reparations", Washington, 1944. Philip Baggaley, *Reparations, Security and the Industrial Disarmament of Germany : Origins of the Potsdam Decision*, PhD Dissertation, Yale University 1980, p. 294.

④ 关于赔偿报告的具体内容可祥见［苏］萨纳柯耶夫、崔布列夫斯基编，北京外国语学院译：《德黑兰、雅尔塔、波茨坦会议文件集》，生活读书新知三联书店1978年版，第214页脚注。

工业设备既不能危及到德国赖以存在的经济基础，也不能影响到德国执行盟国所强加给她的义务的能力，认为在确定赔偿数额时必须考虑到德国被分区占领的事实、占领当局的需求以及德国需要通过出口获得足够的外汇来平衡其进口的需求等①。英国的这一赔偿提案，部分地体现出了“麦尔金报告”的影响，早在“麦尔金报告”中就提出了反对确定一个赔偿数目的原则；此外，这也反映出英国对经济安全的追求，力图通过一个“度”的界定来达到既能够使德国负担自己，又可以提供赔偿的理想目标。

英苏之间在这一问题上产生了激烈的争执。苏联认为英国的目的就是“从德国获取的东西越少越好”，并且否认以拆迁形式支付赔偿与以当前工业品形式支付赔偿之间存在矛盾。但是艾登仍坚持英国对于苏联的赔偿计划有其保留意见。丘吉尔也指出英国内阁反对在雅尔塔议定书中明确规定赔偿的数字，即使是在秘密条款中也行不通。他同时宣读了战时内阁的一份电报，该电报认为苏联所提出的200亿美元的赔偿数额超过了德国支付赔偿的能力。这笔赔款远远超出了德国的进口，如果支付进口不优先于支付赔偿的话，将意味着需要其他国家替德国支付赔偿。②斯大林认为英国是在蓄意阻挠苏联获取赔偿。麦斯基指出战时内阁的这份电报只强调保留德国的工业能力，却只字不提该如何限制并惩罚德国，而且英美等国应该拒绝给德国提供贷款。

在这场争论中，美苏之间的意见一致只是一种表面现象。罗斯福指出，“他愿意以任何一个起点作为讨论的开始，不论是50亿、100亿，还是200亿或300亿，都不重要。只有在事实被确认的基础上才能够确定具体的赔偿数目。而现在所提供的这些数字只是一种假设”③。国务卿斯退

---

① U. S. Department of States, *Foreign Relations of the United States*（*FRUS*）: the Conference at Yalta, Washington 1973, pp. 874, 879 – 880.

② ［苏］萨纳柯耶夫、崔布列夫斯基编，北京外国语学院译：《德黑兰、雅尔塔、波茨坦会议文件集》，生活读书新知三联书店1978年版，第233页；FRUS: the Conference at Yalta, Washington 1973, pp. 874 – 887, 901.

③ Note by Walter Johnson, dated 11/4/48, in Stettinius papers, box 279, “Yalta: February 10, 1945.” Philip Baggaley, *Reparations, Security and the Industrial Disarmament of Germany*: *Origins of the Potsdam Decision*, PhD Dissertation, Yale University, 1980, p. 306.

汀纽斯也认为以苏联所提出的建议作为讨论的基础“似乎是公正和合理的”，而数字只具有“名义上的意义”①。由此可见，美国之所以同意苏联提出的赔偿数目并不意味着认同苏联的主张，而是因为美国认为数字并不是最重要的。

然而，英国政府却认为苏联所提出的数目要求的背后隐含着更多的内容。丘吉尔在给战时内阁的报告中写到，“在苏联人中一直存在着大范围地获得赔偿的幻想，他们肯定将搬走大量工厂以及获得其它方面的赔偿。我们必须坚持否认任何关于赔偿数目的规定。”②

最终，在雅尔塔会议议定书关于德国赔偿问题的声明中，英苏之间的意见不合也未得到解决。该声明指出，美苏之间达成一致，但是“英国代表团认为，在莫斯科赔偿委员会研究赔偿问题之前，不能提出任何赔偿数字”。遗留问题留待莫斯科赔偿委员会进一步讨论。但是三大国在某些方面也达成了一致：在支付赔偿的形式上，规定以没收财产、当年工业品和劳动力作为赔偿来源；在赔偿总原则上，规定赔偿必须首先支付给那些承受了战争的主要重担，蒙受了最大损失的国家③。

此外，在雅尔塔会议上还明确了法国在战后处理德国问题上的地位：从英美占领区划出一块法占区，法国成为对德管制委员会的成员之一，标志着法国在欧洲政治地位的复兴。雅尔塔会议上还确定了四国分区占领德国的原则，这样分区占领德国的政策最终取代了肢解德国的讨论。

**3. 雅尔塔会议后三大国对德国赔偿问题的反应**

雅尔塔会议标志着美、英、苏三国在德国赔偿问题上的共同政策的初步确立。

罗斯福认为美国的对德经济政策不应该是消灭德国的工业，而应该

---

① U. S. Department of States, *Foreign Relations of the United States* (*FRUS*): 1945, III, Washington, 1968, p. 453.

② Chuichill papers, PREM 3/51/10, pp. 53 - 55. Philip Baggaley, *Reparations, Security and the Industrial Disarmament of Germany*: *Origins of the Potsdam Decision*, PhD Dissertation, Yale University1980, p. 307.

③ 声明全文可见〈苏〉萨纳柯耶夫、崔布列夫斯基编，北京外国语学院译：《德黑兰、雅尔塔、波茨坦会议文件集》，生活读书新知三联书店 1978 年版，第 254 页。

改变它的性质，同时需要德国经济保持一个相当的水平，以便于减轻占领当局的负担。这一政策是第一位的，而赔偿则位居其次。国务院指出，“不论是在赔偿形式，还是在赔偿数额上，再次出现的赔偿问题都不应该复兴或发展德国的重工业，也不应该增强其他国家对德国经济的依赖性。”①

负责在盟国赔偿委员会上起草美国赔偿计划的鲁宾（Isador Lubin）在德国赔偿政策上则表现出更强硬的态度。他认为“赔偿必须有助于最大限度地消灭德国的战争潜力、并且削弱德国。……因此赔偿应该以工业资本和原材料为来源，而不能以工业产品为来源。”②

此外，美国赔偿政策的制定在很大程度上还是出于一种更广泛的对美苏关系的考虑。这主要是指在赔偿的来源问题上，以大规模拆迁的方式使得德国非工业化，这并不符合美英的利益要求，但却是苏联的利益所在，因此美国希图以对苏联在此问题上的支持来换取苏联在彼问题上的支持。

雅尔塔会议后，美国在德国赔偿问题上的态度有所改变，认为苏联所提出的200亿美元的赔偿总数超出了德国的赔偿能力，因此美国将不再支持这一要求。这等于否认了雅尔塔会议上罗斯福对苏联的支持。

在英国政府内，关于雅尔塔决议中的赔偿问题主要存在两种意见。一种意见主张接受苏联赔偿计划的框架，但是应该试图把赔偿数额降到一个“更合理”的水平。该意见的持有者以经济与工业计划局的特纳（Mark Turner）为代表，他认为从缔结对芬兰、罗马尼亚和保加利亚和约的过程中苏联的行为来看，苏联所坚持的德国赔偿数额将会降低到100亿美元，那么这100亿的赔偿可以包括搬迁价值66亿的机器设备、10亿的海外资产以及在6年内运送24亿的原材料。

另一种意见则主张对苏强硬，反对让步。凯恩斯认为英国不但不应该接受苏联的赔偿计划，反而应该给苏联以“正面攻击”，让苏联明白在赔偿等德国经济问题上其他国家顺从于苏联是不可能的。在战时早期曾经参与起草英国赔偿计划的沃雷（David Waley）也指出，“我认为我们不能仅仅因为担心英苏关系的破裂就给苏联开绿灯而不顾及我们自己的根

① U. S. Department of States, *Foreign Relations of the United States*（*FRUS*）: 1945, III, p. 471.

② Ibid., p. 1179.

本利益”①。持此意见的以财政部官员为主。

在上述两种主张的争论中，对苏强硬派占据主导。雅尔塔会议后财政部提出了一份赔偿报告，其中最重要的两点在于：要求德国的出口应优先用于支付进口，即后来的第一偿付原则；要求占领国在本占领区内有权禁止以搬迁形式支付赔偿。因此，英国所要求的赔偿的“次要地位”与在支付赔偿的手段上的独立性等于将三大国之间谋求共同的对德赔偿政策丧失了实际意义。丘吉尔甚至也认为这是针对雅尔塔协议的攻击。

通过上述事实不难看出，雅尔塔会议作为美英苏三方之间就德国赔偿问题的首次磋商，三大国虽然在要求德国战后非军事化等问题上意见一致，但是在赔偿的具体数目、赔偿的来源、支付手段等问题上的争论已经触及到了各国不同的战略安排和利益要求。美英在赔偿问题上的立场愈加接近，在雅尔塔会议上，罗斯福在很大程度上是英苏矛盾的调和者，但是在会议后，美英共同强调保持德国具有一定经济实力、不依赖援助的重要性，这一点是美英之间相同政治经济制度下以及在汲取一战后赔款问题历史教训的基础上所得出的一致的利益选择。从这一意义上来看，雅尔塔会议上的和谐与友好主要是受制于当时三大国之间共同军事行动的需要，它在一定程度上起到了掩饰和拖延盟国之间战后利益冲突的作用。

## 二、莫斯科赔偿会议

在德国赔偿问题上，莫斯科赔偿会议是从雅尔塔向波茨坦会议的过渡，在原则上它仍坚持了雅尔塔会议的精神：即要求德国最大限度地补偿盟国的损失，并确保德国不再成为安全的威胁，同时维持一定的德国人的生活水平②。但是其中也充满了美英苏之间的利益斗争，既有不同意识形态之间的冲突，也有美英内部的分歧，从这个意义上而言，它也

① Waley to Wilfrid Eady, 2/24/45, in Treasury records, T236, OF 213/2/1A. Philip Baggaley, *Reparations*, *Security and the Industrial Disarmament of Germany*: *Origins of the Potsdam Decision*, PhD Dissertation, Yale University, p. 344.

② Ian. Locke,, *Post-war Germany*; *Britain's lost opportunity*, http: //www. cwihp. si. edu

体现出波茨坦会议上斗争的尖锐性。因此，1945 年 6 月召开的莫斯科赔偿会议既要坚持雅尔塔协议又要解决雅尔塔会议所掩饰下的利益冲突，这一两难境地在一定程度上决定了会议失败的必然性。

**1. 美英苏参加莫斯科赔偿会议的目的**

大国之间的外交活动绝不可能像雅尔塔会议那样轻松、愉快，各国均是怀揣着自己的利益要求走上谈判桌的，美、英、苏三国参加莫斯科赔偿会议也毫不例外。

在莫斯科赔偿会议上，美国提出的赔偿计划是由鲍莱（Edwin Pauley）负责起草的。他在视察了英美占区后，认为战后德国有大量的机械设备可用于赔偿。鲍莱指出美国在莫斯科赔偿会议上的日的将是“试图在赔偿问题上制订出一套规则，而不是依靠一个固定的数字。”在制定这一规则的过程中，美国必须捍卫自己的利益①。鲍莱认为，为了达到这一目的，可以同意以搬迁和当前工业品作为赔偿的来源，因为如果德国的出口无法平衡进口，那么那些接受赔偿的国家将必须为所搬迁的工业设备付款。

鲍莱的赔偿计划另辟蹊径，与此前的美国政府内的观点均不相同，其它观点是将两种赔偿来源作为对立面来考虑的，单纯地表示对其中一种的支持和对另一种的反对，而鲍莱则将两者放在一个协调统一的基础上，即不排斥其中的任何一种赔偿来源，力图在此基础上达到实现美国经济利益的前提。而鲍莱计划的这种改变，主要是囿于雅尔塔协定在赔偿问题上的规定。此外，鲍莱认为美国也应该要求大量赔偿。因此，美国的目的是制定一个大量赔偿的总计划，并建立起一套使得该计划能够得以实施的政策。

英国政府直到 5 月 27 日才决定赴莫斯科参加赔偿会议的代表团团长为蒙克顿（Monckton）。丘吉尔指出，“莫斯科会议的目标是探索赔偿问

---

① British record of conversation between Pauley and Monckton, 6/19/45, in Monckton to Foreign Office, 6/21/45, in Treasury records, T236, OF 213/3/2A. *Reparations, Security and the Industrial Disarmament of Germany*: *Origins of the Potsdam Decision*, PhD Dissertation, Yale University, p. 434.

题上的复杂的技术方面的问题。” 外交部要求英国实现三个目标：避免得出最终决议，坚持第一支付原则，避免作出具体的数字要求①。

苏联在赔偿方面的要求基本在雅尔塔协议的赔偿条款中得以确认。因此，苏联参加莫斯科赔偿会议的目的，则是为了在雅尔塔会议上美苏所一致同意的苏联所提出的赔偿数额的基础上，进一步制定出一个更详细的、有利于苏联的赔偿计划。

在6月21日召开的第一次全体会议上，东西方之间在赔偿政策上的分歧就表现出来了。苏联要求按照雅尔塔协议所规定的、美苏同意以200亿美元作为讨论的基础开始进一步的讨论。但是美国事实上在此之前已经改变了立场，并不打算支持苏联的赔偿要求。因此，鲍莱列举了三条理由：认为至少要等到调查了德国的支付能力后才能够讨论具体的赔偿数字，他认为在此之前任何确定性的金额都是“完全不现实的”，并认为在听取其它索赔国的意见之前也不能规定赔偿总数。他认为应该制定一个规则使得苏联能够和美英一起主张削减赔偿②。这样，美苏之间在雅尔塔协议中曾经达成的妥协被彻底推翻了。美国从雅尔塔会议上英苏矛盾调和者的身份，迅速转变为与英国的要求趋向一致的立场。美国的态度为什么会在短短的时间内作巨大的改变？原因之一，在于客观环境的改变。此时对德战争已经结束，三大国在制定和执行占领政策的过程中所触及到的更多的是政治、经济等实质性内容，因此各国不同的利益要求必然开始上升为主导，而美英之间在这些方面的差异较小，东西方之间的矛盾则凸现。

原因之二是，这一时期在美国政府内的争论中，鲍莱仅代表了其中一派的观点。由于美国政府内部的意见并不一致，鲍莱反对美英苏雅尔塔赔偿协议的行动，并没有得到国务院的支持。代理国务卿格罗（Joseph Grew）指出，国务院并不反对以苏联所提出的数目作为讨论的基础，但如果能将苏联所提出的200亿美元的赔偿降低到120到140亿美元则更符

---

① CM（45）7，11 June 1945. Alec Cairncross，*the Price of War*，*British Policy on Germany Reparations* 1941 - 1949，New York 1986，p. 78.

② U. S. Department of States，*Foreign Relations of the United States*（*FRUS*）：Potsdam，I，pp. 510 - 511.

合美国的利益①。

由于在赔偿总数问题上僵持不下，三大国实际上放弃了制定一个全面的赔偿计划的预想，转而求其次。鲍莱建议，搁置关于赔偿总数的争论而提出一项过渡性计划，莫斯科赔偿会议只需要在赔偿分配的比例以及关于“赔偿”（reparation）、“归还”（restitution）和“战利品”（war booty）三个词的界定上达成一致即可。

**2. 美英之间的龃龉与东西方之间的斗争**

美英之间的龃龉与美英和苏联之间的斗争在性质上是完全不同的，前者是非本质性的差异，而后者则是意识形态上的根本性对立。

由于苏联并没有在会议上提出更具体的赔偿计划，因此莫斯科赔偿会议主要讨论的是鲍莱的计划、赔偿的分配、关于赔偿和战利品的界定、德国的生活水平、以及从经济上消灭德国的战争潜力的问题。

首先，在赔偿的分配问题上，苏联占取最大份额是毫无争议的，但是美英之间的利益要求并不一致。英国认为自己应该比美国获得更多的赔偿，因为尽管英美同样为战争的胜利作出了重大贡献，然而，英国的损失却比美国大得多。但是鲍莱却坚决反对美国的份额少于英国，因为美国将不能容忍在三巨头中最少的份额。针对美国的强硬态度，英国内阁专门召开了部长赔偿委员会（Ministerial Reparations Committee）来讨论此事。财政部长安德森主张继续和美国斗下去，但是车韦尔以及丘吉尔都认为“因这样一个并不十分重要的问题而疏远美国是错误的”②。因此，在美英的这场小小的斗争中美国赢得了胜利。由于美英之间的冲突以英国的让步而告终，所以，在赔偿分配问题上三国基本达成一致。

在赔偿的分配问题上，最终达成的协议是：苏联占56%，英美各占22%，而给其他国家的赔偿比例不超过总数的10%。这一赔偿份额的规

① U. S. Department of States, *Foreign Relations of the United States*（*FRUS*）: Potsdam, I, pp. 519 – 520.

② Cherwell to Churchill, 7/4/45, in Churchill papers, PREM 3 195A/4 – 5, pp. 4 – 5. *Reparations, Security and the Industrial Disarmament of Germany: Origins of the Potsdam Decision*, PhD Dissertation, Yale University1980, p. 454.

定比雅尔塔会议上苏联所提出的50%、美英共占40%的比例均有所提高，但是给予其他小国的份额却明显地减少了。

其次，美英争论的另一个问题是关于“过渡搬迁”（Interim Removals）问题。该建议是苏联先提出来的，苏联建议盟国赔偿委员会（Allied Commission on Reparation）在柏林建立一个分委会，在执行全面赔偿计划前来分派搬迁的工业设备。鲍莱对此表示赞同①。

然而，该计划却不利于英国。就国家综合实力而言，英国在二战末期以及战后初期是无法与美苏两国相匹敌的，英国仅是一个心有余而力不足的一流强国。在德国问题上，英国认为自己手中唯一的一张王牌就是可以利用英占区内的鲁尔煤矿来制衡苏联的能源需求。如果采取过渡搬迁政策，那么英国就将失去一件可以用来牵制苏联的重型武器。因此，英国外交部在给蒙克顿的指示中指出，坚决反对过渡搬迁政策，英国必须坚持一次性赔偿的立场。在7月8日的会议上，英国要求美国改变这一政策，并且在这一原始计划的基础上增加了若干限制性条款，主要包括禁止运送英占区的固定资产、必须以外汇来支付搬迁设备、要求由盟军控制委员会负责计划的执行，而盟军赔偿委员会下设的分委会不具有行政权力等。美国接受了英国的附加条款。美英双方在这一问题上的争斗，最终以两方均有所让步而告终。

第三，关于德国人的生活水平问题。在这一问题上，苏联认为应该搬迁德国所有的工业机械设备。麦斯基指出德国的钢铁生产能力应该从战前的2250万吨削减到300万吨、化学工业削减50%等，使德国人的生活水平降低到中等欧洲国家的程度。美国的计划也指出，“必须防止德国人的生活水平超过她的欧洲邻国”②。

英国的目标则是“保证德国的稳定，……如果德国人的生活水平过低，那么这很显然不符合英国的利益要求”③。英国认为美苏的计划过于

---

① U. S. Department of States, *Foreign Relations of the United States*（*FRUS*）: Potsdam, I, pp. 544 - 546.

② Ibid., p. 458.

③ Anderson to Monckton, 7/12/45, in CAB 98/59, RM（45）9, in Philip Baggaley, *Reparations*, *Security and the Industrial Disarmament of Germany*: *Origins of the Potsdam Decision*, PhD Dissertation, Yale University1980, p. 462.

苛刻。英国所担心的是，德国的过分削弱将会导致由英国负担供应德国生活必需品的局面。针对美苏与英国计划之间的巨大差异，英国政府内甚至有意见认为，英国应该坚持自己的利益，不必惧怕与美国分道扬镳。

然而，美英之间的分歧并不是根本性的，其更多的是利益的一致性。如在赔偿的分配上，尽管美英不否认苏联的巨大损失，但均认为苏联对其损失的估计过高，并且提出了相近的估计数额。苏联认为自己在战争中的物质损失为1280亿美元，再加上其它非物质损失，总额达到3570亿美元①。美英则认为苏联的数字大大夸大了其损失。据英国的估算是186亿美元，美国的估算为200亿美元②。

莫斯科赔偿会议上，美英和苏联之间的斗争是不同意识形态国家之间的斗争，因此称之为东西方之间的斗争。这一斗争最鲜明地表现在“优先偿付原则”上。

在6月29日的会议上，苏联提出了“优先偿付赔偿的原则”，即要求德国的出口应先用于支付赔偿，其次再用于平衡进口，这与美英所坚持的“优先偿付进口的原则”截然相反。鲍莱指出，美国坚持“优先支付进口”并不是认为赔偿不重要，而是本着“要想喝牛奶就必须喂牛”的原则。鲍莱得出这一结论的前提实际上是认为支付赔偿与进口是相互对立的③。而苏联则认为，由于战前德国进口食物的比例仅为15%，因此完全可以通过降低德国人的生活水平来保证德国人基本的生活需求，而不必通过额外的进口，这样事实上就免除了赔偿与支付进口之间的矛盾。

---

① Nikolai Voznesensky, *The Economy of the U. S. S. R. During World War II*, washington1948, p. 97.

② Alec Cairncross, *the Price of War*, *British Policy on Germany Reparations* 1941－1949, New York 1986, p. 64.

③ 但美国国内也有人认为德国支付赔偿的能力与其出口能力之间并没有直接联系，原因在于战后初期尚未形成美国所设想的包括德国在内的多边贸易的世界体系，由于关税壁垒以及战争所造成的世界经济的混乱等因素的限制，因而并不存在鲍莱所言的支付赔偿与出口平衡进口之间的对立。可见 Bruce Kuklick, *American Policy and the Division of Germany: the Clash with Russia over Reparations*, New York and London 1972, pp. 135－139.

美苏最初在会议上互相让步，达成了妥协：关于固定资产的搬迁不考虑德国进出口平衡的问题，优先支付赔偿；而以当前工业品支付赔偿则应该优先支付盟国所同意的进口物资①。这一妥协看似美苏双方的让步，事实上，其中主要是苏联的妥协。由于苏联提出的以当前工业品作为赔偿来源的计划一直是美英所惴惴不安的主要因素，因此苏联在这一方面的让步使美英最担心的问题得到了解决，所以，美国认为这是外交上的一个“巨大成就”②。

然而，苏联也立刻意识到了这一外交举措的不利。7月12日，麦斯基宣布苏联政府并不承认美苏之间所达成的上述协议，双方旋即又陷入对立与争论之中。

美英的“优先偿付进口”与苏联的“优先偿付赔偿”之争，不仅仅在于赔偿与进出口平衡孰重孰轻的问题，即英美所认为的当前工业品应该先确保德国人的生活，剩余部分才能够用于赔偿，苏联所强调的赔偿居于首位，德国人的生活则次之的问题，而且它还直接涉及到三大国的经济利益，主要冲突就在于当前工业品和原材料这两项。如果苏联要求优先以这两项来支付赔偿，那么将会导致德国的财政赤字和贸易逆差；况且由于苏联在战后初期所急需的是用于重建的物资，因此苏联反对让德国以货币来支付赔偿，即使从英美两国的角度来看，这一点也是不可取的，因为美英一直力图避免的就是一战后德国赔款问题的错误的重现。事实上，鲍莱正是从这一角度出发，认为赔偿与平衡进口是相互抵触的。

此外，若从经济技术层面来看，德国赔偿问题还面临另一个困境。就战后初期各国的情况而言，英、法、苏等国都与德国进行过本土战，其经济和生产均遭到严重的破坏，而美国是唯一一个经济正常发展的国家，前三国面临的可能是物资短缺，而美国在战后初期所面临的则可能是生产过剩的问题，因此对于美国而言，出于保护本国工业和贸易的考虑，要求通过赔偿或进口的方式接收德国搬迁设备的可能性很小，这样，对于德国而言，愿意接受德国出口物资的国家只能是那些“软通货”的

① U. S. Department of States, *Foreign Relations of the United States* (*FRUS*): Potsdam, I, pp. 527 - 528.

② Ibid., p. 530.

国家，因此，德国通过出口所获得的外汇实际上是贬值的。

美英与苏联对于对方的赔偿计划各有自己的想法。美英认为苏联的赔偿要求无疑是要求美国再像一战后一样替德国支付赔偿，苏联则认为美英的计划等于大大削减甚至取消苏联所急需的赔偿。因此在莫斯科赔偿会议上美英与苏联在这一问题上陷入难以调和的对立状态，未达成一致意见，而留待波茨坦会议由三国最高元首来予以解决。这个一开始在三大国的议程中并不占据最重要地位的问题最终却成为屡谈不拢的问题之一，莫斯科赔偿会议的不欢而散，预示着在波茨坦会议上争论的必然性。

正是由于这一原因，莫斯科赔偿会议被认为是一次“完全失败的会议”①。但事实上，美英苏在某些问题上也取得了一致性意见，如关于赔偿分配的比例问题。因此，在评价这次会议时，不应该对它全面否定，确切地说在解决关键性和实质性问题上莫斯科赔偿会议是失败的。

## 三、波茨坦会议：赔偿原则的确立

波茨坦会议是二战末期美、英、苏三国元首的最后一次重要会晤。在这次会议上美英与苏联之间的斗争多于妥协，这是一次矛盾充分暴露的大国间会议，并在很大程度上预示了战后美苏从合作走向对抗的必然。

在对德战败处理问题上，雅尔塔会议所取得的重要进展就是正式决定了由美英苏三国对德实行分区占领的政策，决定德国由美英苏三国分别占领其西南、西北和东部，法国作为第四占领国，从美英占区获得其相应的占领区域；美英苏法四国共同占领柏林。这表明自1943年以来三大国一直致力于讨论的关于是否肢解德国的争论落下了帷幕。德国政治形势的确定就使得对德经济政策的制定成为紧随其后的议程，这就为赔偿问题的讨论争取了更大的、更自由的空间。而且由于莫斯科赔偿会议并没有解决德国赔偿问题，因此这将是波茨坦会议上留待讨论的主要问题之一。

---

① E F Penrose, *Economic Planning for the Peace* , Princeton New Jersey 1953, p. 283.

对美英而言，解决德国问题的途径在于找出一个合适的办法使这个国家弱得不能给其它大国制造麻烦，同时又强得足以充当对付苏联人想要建立起来的西部安全带；而对苏联而言德国既要能够服务于苏联战后的经济重建，同时在政治上也应该是对苏“友好”的，正是为了在这些利益要求中达到某种微妙的平衡关系，三大国才在波茨坦就德国经济问题及其赔偿的解决等进行讨论。

**1. 会前三大国的利益分析**

1945 年 7 月 17 日波茨坦会议召开时的国际环境已经大大不同于雅尔塔会议时了。由于击败法西斯是三大国一致的利益选择，因此在雅尔塔及其之前的德黑兰会议上美英苏三大国的主基调是军事、政治与经济上的合作。雅尔塔会议后，《时代》杂志报道，“关于三巨头能否不仅在战时而且在和平时期进行合作的种种疑虑，似乎都一扫而空了”①。随着军事形势的转变，美英苏三国讨论的重点也逐渐转移到战后问题上来，而雅尔塔会议后德国的彻底溃败也预示着在波茨坦会议上战败处理问题将成为主要议题之一。

从美英苏三国各自的角度及欧洲的形势来看，苏联此时已基本实现了对东欧的军事控制，保证了对西部“缓冲带”的要求，并进一步要求在政治上确立其合法地位。英国一方面需要面对苏联在东部的“威胁”，另一方面则需要解决西欧的重建、本国国内的经济及财政问题，并积极获取美国的支持。美国虽然不是欧洲国家，但随着自身实力的不断加强，美国的全球霸权战略也在逐步形成，而欧洲是美国谋求政治经济利益的重要地区，因此英国的忧虑能够部分地反映出美国的利益要求。此外，由美国的实力与英国的困境所决定的，美英之间能够形成某种利益与优势的合作与互补，能够在欧洲主要问题上联合起来与苏联相对抗。假设没有日本问题尚需要通过三国的军事合作予以解决的话，那么很可能在雅尔塔会议以及德国被击败后，东西方大国之间的合作基础就已经不存在了。从这个角度来看，军事需要是促使三大国合作的重要客观条件之

① ［美］小查尔斯·米，上海《国际问题资料》编辑组译：《在波茨坦的会晤》，生活读书新知三联书店 1978 年版，第 2 页。

一，而当波茨坦会议召开时，由于这一因素影响的相对减弱，使得三大国之间冲突加剧、摩擦陡增也成为一种必然①。

由于雅尔塔会议已经划定了三大国各自的占领区，因此各国的考虑和要求主要是从本占领区的实际情况出发的。英苏两国既同是欧洲国家，而且又是对赔偿有迫切需求的国家，所以在此问题上考虑较多。英占区拥有鲁尔区，具有资源优势，但是缺乏食品，因此英国的考虑是“以资源换食品”，即以鲁尔的丰富资源为依托要求从苏占区获取所短缺的食物。在雅尔塔会议上，艾登就曾提出盟国召开关于欧洲食品供给会议的要求，但未得到认可。

应该说波茨坦会议是一次集中讨论德国战后处理问题的会议，所涉及到的关于德国边界、经济以及赔偿问题是三大国都需要考虑的。仅就赔偿问题来看，由于在莫斯科赔偿会议上的僵局，在英国政府内有观点认为在波茨坦会议上解决赔偿问题的前景将是暗淡的（例如，蒙克顿认为英苏之间的观点存在严重的差异）。但艾登却坚持以鲁尔区作为与苏联斗争的重要筹码。

在波茨坦会议前，英国政府内认为美国将会坚持以下几点：首先是“优先偿付进口原则”，而英国则会给美国以“全力地支持”；其次，认为美国将会要求苏联提供从苏占区所获物资的全部清单，并坚持将该部分从苏联赔偿份额中扣除。艾登指出，在这些问题上必须支持美国。事实上，英国政府在赔偿问题上的基本观点仍是主张尽量减少德国的赔偿数额，这也是从雅尔塔会议上反对具体赔偿数字以来英国一直坚持的主要原则之一。

与英国政府内疑虑的态度完全不同，美国政府的姿态则比英国要强硬且自信得多。杜鲁门曾指出：“任何其它做法都将大大妨碍赔款的实施，特别是在尚未就赔款数字和方式取得一致意见时就已失去一部分德国土地的情况下更是如此。”杜鲁门不仅认为经过漫长的谈判之后，在赔偿问题上美英与苏联之间将会达成一致，而且他认为美国此时处于一个

① 在波茨坦会议上美国首先向苏联透露了研制出核武器的秘密，核武器的出现从客观上说加剧了国际关系的紧张局势，但也很难否定这同时也是一种作为外交手段来牵制国与国之间冲突的工具。

优越的谈判地位，因为他认为“美国不需要请求苏联的合作，而苏联却在许多事情上需要美国的帮助”，而且杜鲁门还认为“只要能够让苏联人坐下来并且商谈问题，那么斯大林就会采取一种合情合理的态度”①。甚至杜鲁门也没有准备通过与英法的联合来对抗苏联，而是继续作为“一个协调者的身份”出现。然而，美国也并未放弃照顾到英国的利益。国务院指出，“美国应该致力于减小英苏之间的摩擦……对于苏联在东欧的影响的扩大，保证英国不受苏联的威胁是符合美国的利益的。”②

然而，美英两国均认为如果德国的工业生产能力被降至最低，那么德国将无力以当前工业品支付赔偿。然而，瓦加却指出，德国煤的产量将是德国支付赔偿的基础，但是按照美英的估计，认为煤作为赔偿的价值不超过28.9亿美元。

美国政府的对德赔偿计划虽然是由鲍莱负责起草的，但是在波茨坦会议上讨论赔偿问题时，美国代表是经济事务助理秘书克莱顿（Will Clayton）。当时美国政府所主张的对德经济政策是，尽管德国已经被分区占领，但是应该“把德国看作一个经济单元”，即要求三大国在经济政策上保证各占领区之间的一致性，要求取消对于占领军政府所必须的、维持德国人基本生活的必需品以及用于赔偿生产的物资及服务的限制③。这一方面是由于在美占区也存在和英占区相同的食品短缺的问题，因此美国强调“必需品”自由流动，这可以大大缓解英美占领区所面临的困难。然而，另一方面，从更深层的角度来看，这实际反映出了国务院所追求的多边主义的目标，只要各占领区在经济政策上是统一于美国所倡导的自由贸易体系之下，那么任何政治上的割裂和不同都将只是一种表象，因此，德国将会成为美国利益范围下的一员。简而言之，美国政府，特别是国务院的考虑是以经济政策为根基的。“美国人信奉一国的经济政策决定着该国的政治结构和公民的心理素质。成功的商贸政策将会带来

① Henry Morgenthau, *Morgenthau Diary*, II, Washington 1967, pp. 1553 – 1555.

② U. S. Department of States, *Foreign Relations of the United States* (*FRUS*): Potsdam, I, pp. 256 – 257.

③ U. S. Department of States, *Foreign Relations of the United States* (*FRUS*): Potsdam, II, p. 778.

'和平与民主'"①。

**2. 与德国东部边界、欧洲经济问题相互交织的德国赔偿问题**

波茨坦会议前，除德国赔偿问题外，还包括德国东部边界、西欧经济境况等问题，这两个问题在某种程度上与德国赔偿问题有密切的关系。而且在讨论的过程中也是与赔偿问题联系在一起的。

关于德国东部边界的问题在雅尔塔会议上虽然没有获得最终解决，但是基本意向已经明确，即波兰的东部边界以寇松线②为准，并在波兰西部和北部边界上做有利于波兰的划分。

在波茨坦会议上，苏联坚持德波边界以奥得—西尼斯河一线为界。艾登认为苏联的这一要求将会直接影响到所有与德国相关的问题，并且也会影响到西占区的赔偿问题。因此，英国的策略是在边界问题上可以要求双方各有让步，如果苏联拒绝妥协，由于划归波兰了一部分德国领土，那么英国将坚持要求减少苏联所获取的赔偿；最后一步棋则是拒绝从英美占领区搬迁运送赔偿。

莫洛托夫在 7 月 20 日的会议上提出这一边界要求后，杜鲁门立即在次日的会议上将波兰问题与德国赔偿问题联系起来，指出，"如果德国的一些重要部分将处于一个不在四大国之列的国家的占领之下，那么将很难就合理解决赔偿问题取得一致意见"③。意指波兰没有撤出德国西部领土并在此建立行政机构的行动将会直接影响到西方对于苏联所急需的赔偿问题的意见和态度。斯大林回答，苏联完全可以放弃对这一地区的赔偿要求。这样，美英力图通过减少或取消苏联获取赔偿，以此作为一种威慑手段，来达到使苏联放弃对德国东部边界要求的目的落空。美苏之

---

① Bruce Kuklick, *American Policy and the Division of Germany: the Clash with Russia over Reparations*, New York and London 1972, p. 4.

② 英国外交大臣寇松在 1920 年苏波战争中向交战双方提出的停火线。1919 年 12 月协约国最高委员会在巴黎和会通过的决议中为俄波之间划出一道临时分界线，该线沿着格罗德诺、布雷斯特、赫鲁别舒夫、普热米什尔直到喀尔巴阡山。1920 年 7 月，当红军反击波军时，寇松代表协约国照会苏俄，建议按此线停火。

③ ［苏］萨纳柯耶夫、崔布列夫斯基编，北京外国语学院译：《德黑兰、雅尔塔、波茨坦会议文件集》，生活读书新知三联书店 1978 年版，第 342 页。

间在波兰西部边界与德国赔偿问题上的讨论并没有达成一致。

英国则从另一个角度再次提出这一问题。丘吉尔指出，由于德国割让给波兰的这块土地在农业生产上具有重要意义，它占德国耕地总面积的1/4，并且有800万人口，因此事态严重，认为这一方面会导致大规模的人口迁移，另一方面它作为重要的粮食产区将无法为德国供给粮食。斯大林则指出这一地区的德国人已所剩无几，而且他认为即使德国在粮食供应上存在困难，究其根源，这也是由于德国发动战争造成的，应该归罪于德国人自己。丘吉尔态度更为严厉地指出，“如果在10天之内无法在波兰问题上达成一致，而且波兰将成为第五个占领国的话，……将标志着这次会议的破产”①。总之，在这次会议的讨论中，围绕德国东部边界问题及其引发出的赔偿、粮食问题等，三元首在这些问题上不断地打嘴仗，美英分别从两个不同的角度攻击苏联对波兰的偏袒，而苏联也决不退缩。三大国最终各执一词，未达成任何一致。

然而，从实际的统计数据来看，划归波兰的德国东部领土并不会直接影响到赔偿问题。美国战略服务办公室（American Office of Strategic Services）的数据指出，这块土地只有5.5%的可搬迁资产和4.33%的工业产品可用于支付赔偿②。而美英所考虑的则是间接影响。如果德国东部的一块作为粮食产区的土地被割让出去，那么将会导致粮食减产、乃至食品短缺情况的出现，德国将可能不得不依赖于进口食品，进口额的增加就要求从出口中拿出更多的份额来弥补这一差额，相应地要求以当前工业品的出口作为赔偿的数量则会减少。因此，从美英的角度来看，苏联割让德国东部领土的要求是一个“双输”的计划，一方面会导致苏联所要求的赔偿数量的减少，另一方面还会引起德国粮食短缺的问题。

苏联之所以坚持将一块德国东部领土划归波兰，主要是从国家安全的角度考虑的。这一方面可以密切苏波关系，从而有利于在苏联的西部

---

① U. S. Department of States, *Foreign Relations of the United States*（*FRUS*）: Potsdam. II, p. 389.

② O. S. S. R& A reports #3068. 2, “German Industry From the Point of View of Reparations: The Effects of Possible Territorial Cessations on Germany's Capacity to Pay Reparations”, 5/19/45, p. 5. *Reparations, Security and the Industrial Disarmament of Germany: Origins of the Potsdam Decision*, PhD Dissertation, Yale University 1980, p. 509.

形成一个防御德国的缓冲地带，另一方面苏占区领土的缩小也并不会影响到赔偿物资的获取。因为苏联同时与波兰签订了一项经济协定，要求波兰低价供给苏联煤炭。因此，对苏联而言，这是一个“双赢”的策略，国家安全与能源需求均能够获得保证。

苏联和美英所坚持的出发点正是上述同一问题的两个方面，苏联认为波兰边界问题与赔偿之间没有直接联系，因此斯大林指出，“我们本来讨论的是边界问题，现在谈起德国粮食供应问题来了”①。而美英所坚持的却是从经济贸易的角度来解释波兰边界问题，这是导致三方差异的一个重要原因。

从根本上看，这是一个政治经济制度差异的问题，由于苏联实行的社会主义政治体制，在经济上所主张的是计划经济，不主张扩大贸易，也没有建立世界性市场的需求，因此不会像美英那样异常关注一国的贸易平衡问题，也不同意优先偿付进口的原则。对于美英而言则不同，保证贸易收支的平衡是维持自由资本主义正常运转的重要因素之一。

美英与苏联考虑德国经济问题及其与其密切相关的赔偿问题时，完全是从本国经济需要的角度出发的。对于德国而言，在战后是一个百废待兴的国家，是一个历史需要重新书写的国家。在制定对德经济政策时，美英与苏联各希望将其纳入自己经济发展的框架之内。美国的考虑更为长远，要求德国经济作为服务于己的世界经济的一部分；苏联的经济考虑主要是希望通过赔偿来获取战后发展“五年计划”所必须的资源。

雅尔塔会议后，欧洲经济面临严重危机。英国有 1/2 的工业完全瘫痪，包括德国西占区在内的工业生产迅速下滑。杜鲁门指出，“欧洲不断恶化的经济情况与我们在赔偿问题上的考虑是息息相关的。”②

1945 年 6 月，美国政府内一份由鲍特和哈德利提交的报告（Potter-Hyndley Report）指出，“除非鲁尔区煤的产量能够大幅度地增加，否则欧

① ［苏］萨纳柯耶夫、崔布列夫斯基编，北京外国语学院译：《德黑兰、雅尔塔、波茨坦会议文件集》，生活读书新知三联书店 1978 年版，第 345 页。

② ［美］哈里·杜鲁门，李石译：《杜鲁门回忆录》卷一，三联书店 1974 年版，第 311 页。

洲大部分国家都将面临严重的煤炭短缺问题”①。从稳定欧洲经济的角度考虑，杜鲁门立即要求英苏法三国元首在这一问题上进行合作，要求在占领区内优先解决煤的供应问题。美国提出这一政策的深层原因还是从美占区自身利益出发的：美占区是煤炭资源最贫乏的国家，德国的三大产煤区分处于英、苏、法占区内：英占区内的鲁尔，苏占区内的西里西亚和法占区内的萨尔，而美占区的煤储量不足德国煤炭总储量的2%②。而美国政府这一政策的出台，其客观后果将是减少苏联所要求的以当前生产作为赔偿的数量。

而苏联对此将信将疑。由于经济学家瓦加指出，随着西方资本主义国家政府在经济事务中作用的增强，将可能避免诸如30年代的大萧条重现③。基于此，斯大林认为欧洲的经济不会崩溃。斯大林在与贝文的谈话中即表现出这一态度，他指出，“英国煤炭危机是真的很严重还是仅仅是新闻界的炒作?”“危机是否已经结束？仍很严重吗?”④

### 3. 经济问题分委会关于赔偿问题的初步讨论

在波茨坦会议上，专门成立了经济问题分委会来讨论关于德国问题的经济原则及其赔偿问题。其成员主要包括：麦斯基、克莱顿、鲍莱、蒙克顿和韦里（David Waley）。在赔偿问题上的主要争论还是在“优先偿付原则”上，而且讨论的结果与莫斯科赔偿会议相比，并没有取得实质性的进展。正如蒙克顿所指出的，“争论的内容或结果都没有显著的变化。”⑤

---

① U. S. Department of States, *Foreign Relations of the United States* (*FRUS*): Potsdam, I, p. 619.

② John Gimbel, *The Origins of the Marshall Plan*, California 1976, p. 154.

③ Scott D. Parrish, Eugene Varga, Izmeneniya v ekonomike kapitalizma v itoge vtoroi mirovoi voiny [Changes in the Economy of Capitalism as a Result of the Second World War] Moscow: Gospolitizdat, 1946, in Working Paper #9: New Evidence on the Soviet Rejection of the Marshall Plan, 1947: Two Reports, http: //galenet. galegroup. com/servlet/History/

④ British record of conversation, 24 March 1947, in FRUS: 1947, II, p. 283.

⑤ U. S. Department of States, *Foreign Relations of the United States* (*FRUS*): Potsdam, II, pp. 183 - 184.

在分委会上，讨论的另一个中心议题是鲁尔区的问题，这是涉及到东西方经济利益的一个敏感话题。麦斯基首先表明了苏联在这一问题上的立场，认为应该将鲁尔区国际化，处于四大盟国的共同控制之下。麦斯基指出，这样可以“确保对德国战争潜力的控制”并且“规范”其重要的煤炭资源以及工业生产。麦斯基的这一提议很明显是要遭到英国的强烈反对的。蒙克顿指出苏联的计划的政治目的大于经济目的，并且拒绝就此进行讨论。麦斯基指出，英美必须就这一问题先进行政府内讨论。

苏联这一提议的实际目的是可以从鲁尔区获得部分赔偿，同时可以防止美英利用这一重要工业区来牵制苏联。而且对苏联而言，获得鲁尔区的部分资源具有重要意义，因为苏占区大部分是轻工业，而苏联战后重建所急需的则是重工业物资。但是，从英国的角度来看，这将使得英国用以制衡苏联的一张重要王牌失去意义。

就美国而言，不同意见主要存在于总统与国务院之间。杜鲁门曾表示支持鲁尔区国际化，但由于国务院坚决反对，致使杜鲁门不得已屈从于国务院的意见。在英国政府内部，艾登曾表示他希望对鲁尔区的国际化控制应该是永久性的，这样可以获得西欧经济所必须的煤。

英苏之间的斗争激烈。英国坚决要求从割让给波兰的德国东部领土中为西占区提供所短缺的粮食供应，在此基础上再讨论赔偿问题；而苏联所坚持的原则恰恰与此相反，她首先要求明确从英占区内的鲁尔区所获赔偿的数量，其次才考虑从东占区运送粮食。

此外，麦斯基在分委会上所提出的苏联关于“战利品”的一个广泛意义上的界定，更引起了美英的不安。在 7 月 21 日的会议上，麦斯基指出“凡是敌人用于满足其军事需要的所有的供应和设备”① 都属于战利品的范畴。由于战利品是不包括在赔偿范围之内的，因此苏联的这一界定则意味着在赔偿问题上以当前工业品作为支付手段的赔偿数量将会增加，而且以搬迁设备作为赔偿的数量则所剩无几。这必定遭到英美的反对。蒙克顿向艾登汇报，“即使苏联视此为一种让步”，也坚决不能够对

---

① U. S. Department of States, *Foreign Relations of the United States* (*FRUS*): Potsdam, II, pp. 846 - 847.

苏联的界定表示同意。

实际上，对苏联而言，一个广泛意义上的对“战利品”的定义并不能给其带来更多的利益，反而会激化东西方的矛盾。因此，苏联迅速改变了这一立场，将麦斯基的赔偿代表身份取消，此外莫洛托夫还向贝尔纳斯表示，“麦斯基并没有清楚地表明苏联在战利品问题上的态度”①。至于苏联为什么会提出这样一个广泛意义上的“战利品”的定义，有学者认为是为了给此时在东占区已经开始的拆迁活动提供一个合理的依据，即这种拆迁并不属赔偿之列，而是战利品。

应该说，分委会所进行的只是最初层面上的讨论，其目的是为了给三大国之间更高层次的讨论减小阻力、铺平道路，先解决一些较易解决的问题。对于在分委会中已达成一致的问题，则不需再上升到更高层次的，即三国外长之间的讨论。如果反过来看的话，对于那些在外长会议或者三国元首之间进行讨论的问题，则是一些难以达成一致的、或极其迫切的问题。从这个角度来看赔偿问题，则能够更清楚地认识到其复杂性。在波茨坦会议上，赔偿问题首先是在分委会做初级讨论的议题，但是如上所述，不论是在鲁尔问题上，还是在战利品定义的问题上都未能达成一致意见。因此，贝尔纳斯在7月22日的会议上提议将赔偿问题从分委会的讨论议题中删除，交由三国外长进一步讨论。由此可见，赔偿问题已经成为一个瓶颈。

#### 4. “分区赔偿原则”的提出及评析

当赔偿问题上升成为外长和国务卿所讨论的议题时，争论的焦点集中在了美国提出的“分区赔偿原则”上，苏联不主张分区赔偿，反而愿意削减苏联的赔偿数额。

7月23日，在与莫洛托夫进行的秘密会谈中，贝尔纳斯提出了一个新的赔偿计划。他指出，“每个占领国考虑从自己的占领区获得赔偿，如何?”“例如，按照美国的推算，苏占区大约拥有德国全部国民财富的50%……，因此，苏联可以从中获得所需要的赔偿，……同时，苏联还可以利用本占领区内的食品和煤来换取西占区的工业设备

① Memo of conversation，7/23/45，in FRUS：Potsdam，II，p. 274.

等物资。"① 简而言之，这就是所谓的"分区赔偿原则"（zonal reparations）的雏形。贝尔纳斯进一步指出，该原则不具有普遍性，只适用于德国赔偿问题，而其它问题的解决必须将德国视为一个经济整体。莫洛托夫则指出，斯大林"强烈要求"采取统一的赔偿计划，并且为了促成三大国之间的一致，苏联也已经打算削减赔偿要求。贝尔纳斯没有直接回应莫洛托夫的回答，强调美国的原则就是坚决反对由美国来供养德国去给别的国家提供赔偿②。这是美国首次提出"分区赔偿"的设想，仅从这次对话来看，苏联并未对此表示赞同和支持。

再次更进一步地谈到这一问题则是在美英苏三国国务卿及外长的会晤中，贝尔纳斯开门见山地质问莫洛托夫，苏联从东占区已搬迁了大量设备是否属实；莫洛托夫则表示苏联将这些搬迁的设备折合 3 亿美元，从赔偿总数中予以扣除，同时苏联将同意把赔偿要求降低到 80 亿美元。贝尔纳斯并不满足于苏联的让步，指出，即使苏联降低要求，这一赔偿数额对于德国人而言也是难以支付的。莫洛托夫则认为在雅尔塔会议上美苏甚至已经就 200 亿美元的赔偿总数达成一致，怎么能证明德国没有偿付能力呢？贝尔纳斯反驳到，时移事易，现在美占区所面临的是如何供养巨大的德国人口这一"可怕的问题"。莫洛托夫退一步指出，可以考虑用割让给波兰的德国东部领土所生产的粮食来交换鲁尔区的部分资源③。美苏之间的激烈争吵，归根结底是由于双方手中各执有对方所急需的物资，以此为筹码可以不断地讨价还价。

关于"分区赔偿原则"的直接冲突和争论主要表现在美苏之间。英国政府对该原则的态度主要分为三派。第一派属于完全赞成派，即完全赞成美国的计划，认为这对于美英而言是非常有利的，财政部的官员大多持此观点，如韦里；第二种属消极派，认为分区赔偿将会导致诸多负面后果：大批东占区的德国人西迁从而增加西占区的负担，英国还将负担除波兰外其它盟国的赔偿要求等，外交部的卓德柏克（Jack Trout-

---

① U. S. Department of States, *Foreign Relations of the United States* (*FRUS*): Potsdam, II, pp. 232 – 233.

② Memo of conversation, 7/23/45, in FRUS: Potsdam, II, pp. 274 – 275.

③ Ibid., pp. 295 – 298.

beck）是执此观点的代表。第三种意见则在认同该计划的益处的基础上，要求修改该计划，使之能够进一步保证英国的利益。蒙克顿认为不应该单单要求鲁尔区承担给苏联运送物资的责任，而应该由整个西占区来负责。

7月23日，英国针对美国的“分区赔偿”政策又提出了若干补充条款，要求在德国全境内用于赔偿的物资搬迁必须以保证德国人最低生活水平和偿付进口为基础。鲍莱同意把这些补充内容作为对美国所提出的赔偿计划的补充和修订。美英共同提出的该赔偿计划所强调的仍然是“优先偿付进口”原则和解决粮食短缺的问题。

然而，由于“优先偿付进口原则”本身就是苏联所强烈反对的内容之一，因此美苏在这一原则上达成一致的可能性极小。为了最大限度地实现美国所主张的赔偿计划，贝尔纳斯提出了“一揽子交易”的方案，即如果苏联接受分区赔偿计划，同时必须同意西占区的煤与苏占区的食品之间的交换；那么，美英将同意波兰对所占德国东部领土的行政权力。这实际上采取的是一种捆绑政策，美国认为，由于苏联需要鲁尔区的煤，因此她就必须同意分区赔偿政策。

美国所提出的“分区赔偿原则”是德国赔偿政策上的一个重要转折。三大国在赔偿问题上的分而治之则意味着战后初期在对德经济政策上各国也将各行其事，应该说分区赔偿原则的确立是战后德国经济分裂的萌芽。值得深思的一个问题是，三大国最早开始讨论的关于在政治上肢解德国的意向，尽管在魁北克会议上已在美英两巨头之间达成共识，但是政治上分裂德国的初衷最终还是被种种反对意见所压倒，因而采取了对德分区占领的政策。而在赔偿问题及其对德经济政策上，三大国之间一直致力于采取一项协调一致的政策，而结果却往往适得其反，由于三大国在赔偿及其与之相关的问题上屡谈不拢，在赔偿问题上的分道扬镳就成为必然。

英国政府内有官员写到，“这项计划可能将是使德国分裂为东西两部分的一项决定性的步骤。”克莱顿的代表，索浦（Willard Thorp）也指出，分区赔偿原则“将使得确保三大国之间对德经济政策的一致性变得极其困难，而且在东占区与西占区之间用于支付赔偿的搬迁活动也将迥然不同。……最终的结果将很可能会导致德国东部的经济倒向苏联和东欧，德国西部的经济倒向西欧。"[①]

"分区赔偿原则"的提出将对于战后德国的经济乃至政治发展有重要影响，而关于美国提出这一原则的原因则存在不同的分析。鲍莱，作为该计划的起草人，他列举了三个因素：第一，德国东部边界的划分损失了大量赔偿；第二，苏联关于"战利品"的界定将会导致无休止的争论；第三，在东占区的搬迁活动已经开始，如果继续下去，东占区可以输送到西占区作为赔偿的物资将所剩无几[②]。贝尔纳斯认为第四条原因还在于苏联没有提供一份详细的关于东占区已搬迁物资的清单[③]。总之，上述四条原因实际表达了这样一种观点，虽然"分区赔偿"是由美国提出的，但美国认为提出这一原则是被迫的，实际责任应归咎于苏联。[④]

然而，逐条分析这四条原因，则不难看出对于苏联的苛责是一种片面的分析。首先，苏联要求将德国东部的一块土地划归波兰的同时并没有拒绝考虑给西占区运送粮食等短缺物资。其次，在麦斯基提出美英所无法接受的"战利品"的定义后的次日，莫洛托夫即更正了这一说法。最后两条，关于苏联已从东占区搬迁物资的统计，苏联在拒绝列出项目清单的同时要求从自己的赔偿总数中扣除3亿美元，并且提出减少赔偿。因此，上述分析表明，苏联在捍卫自身利益要求的同时仍然坚持了与英美进行合作的态度，而不能将美国提出"分区赔偿原则"的责任完全归咎于苏联。

反之，从美国的角度来看，"分区赔偿"有利于实现美国的长期经济利益。分区赔偿使得"美国能够阻止苏联将赔偿直接用于战后的复兴"[⑤]，分区赔偿至少使得"多边主义政策能够固守在西占区从而不受苏

---

① Memo by Thorp for the Secretary's Staff Committee, 7/28/45, in Bruce Kuklick, *American Policy and the Division of Germany: the Clash with Russia over Reparations*, New York and London 1972, p. 162.

② U. S. Department of States, *Foreign Relations of the United States* (*FRUS*): Potsdam, II, p. 943.

③ James Bynes, *Speaking Frankly*, New York 1947, p. 38.

④ 传统学派认同上述观点，如，著名冷战史研究专家菲茨在他的著作中就认同了上述观点。见 Herbert Feis, *Between War and Peace: the Potsdam Conference* , Princeton and Oxford 1960. pp. 256 – 257.

⑤ William Appleman Williams, *The Tragedy of American Diplomacy*, New York 1962, p. 249.

联的影响”①。由于二战末期苏联在东欧的军事、政治优势的确立，美国认为其多边主义的目标在整个欧洲的全面推行将受到严重影响，而分区赔偿原则的提出则等于在经济上采取划江而治的态度，最大限度地、最稳妥地保证了美国对欧洲经济的影响。

苏联最初并不支持美国所提出的“分区赔偿原则”，在与贝尔纳斯的私下谈话中，莫洛托夫曾多次表示要求削减苏联的赔偿数额、讨论向西占区运送粮食的问题，并且在贝尔纳斯征询苏联对“分区赔偿”的意见时，莫洛托夫未作任何表态。

如果说罗斯福在对德战败处理问题上经历了从惩罚性到扶植性政策的转变，那么杜鲁门则更坚决地主张了复兴德国的计划。他指出，“我们打算使德国能够成为一个体面的国家，并在文明世界中占有他的位置。”②

在波茨坦会议上所讨论的问题更具体，更多地反映出了三大国的实际的国家利益（特别是经济和政治利益）的要求。因此，所暴露出来的矛盾多于雅尔塔会议上所表现出来的，斗争的尖锐性也远远比雅尔塔会议上的强。与雅尔塔会议相比较，波茨坦会议在更大程度上反映出意识形态与国家利益斗争的激烈与尖锐。虽然，在“分区赔偿原则”确定后，美英苏三国仍然缔结了共同的“赔偿与工业水平计划”，但是该计划的约束力是极其微弱的，因此“分区赔偿原则”所决定的东西方在德国经济政策上的分立就不可避免了。

**5. 德国赔偿协议的内容及分析**

在波茨坦决议中就德赔偿政策的内容主要体现在关于德国赔偿问题的专门规定以及对德经济原则中，但这两方面的规定并不完全一致。

波茨坦会议所达成的德国赔偿协议的内容如下：

① 苏联的赔偿要求，将以拆迁德国境内苏联占领区的物资及适当的德国国外资产予以满足。

---

① Bruce Kuklick, *American Policy and the Division of Germany: the Clash with Russia over Reparations*, New York and London 1972, p. 147.

② ［美］小查尔斯·米，上海《国际问题资料》编辑组译：《在波茨坦的会晤》，生活读书新知三联书店 1978 年版，第 19 页。

② 苏联负责在其所得的赔偿额中，解决波兰的赔偿要求。

③ 美英以及有权获得赔偿的其它国家的赔偿要求，将自西方各占领区及相应的德国国外投资予以满足。

④ 苏联除在苏占区获得赔偿外，尚可自西占区取得赔偿。

（i）为德国和平经济所不需要并且应自德国西部占领区拆迁的可用的成套工业设备，首先应从冶金、化学及机器制造工业中抽取50%，以交换同等价值的食物、煤、钾碱、锌、木材、陶瓷、石油产品以及其它商定的物资。

（ii）凡属德国和平经济所不需要的并且应从德国西占区拆迁的主要工业设备，应从中抽取10%，在赔偿项下交给苏联政府，苏方无须付款或以任何实物相交换。

上述（i）（ii）规定的设备的拆迁将同时进行。

⑤ 在赔偿项下，自西占区拆迁的设备数量，至迟必须在今后6个月内确定。

⑥ 工业设备的拆迁应尽快开始，并在第5项所规定的决定的日期起2年内完成。第4条（i）项所规定的货物交付，应尽快开始，由苏联自开始之日起，于5年内按照协定分批完成。德国经济所不需，因而可作为赔偿的主要工业设备，其数量及性质将由管制委员会按照盟国赔偿委员会在法国参加之下所通过的政策予以决定，并由设备所在的占领区司令官最后核准。

⑦ 在应行拆迁的设备总数确定之前，按照第6条最后一句所规定的程序决定可以交付的设备，将预先交付。

⑧ 苏联政府对于在德国西占区的德国企业的股份以及除下列第9条所规定以外的在各国境内之德国国外资产，放弃一切赔偿要求。

⑨ 美英政府对于在德国东占区内的德国企业的股份以及德国在保加利亚、芬兰、匈牙利、罗马尼亚及奥地利东部的国外资产，放弃一切赔偿要求。

⑩ 苏联政府对于盟军在德国缴获的黄金，不提任何要求①。

---

① ［苏］萨纳柯耶夫、崔布列夫斯基编，北京外国语学院译：《德黑兰、雅尔塔、波茨坦会议文件集》，生活读书新知三联书店1978年版，第512－514页。

对德经济原则第19条规定：德国支付赔偿时，应保留足够的资源，以使德国人民不依靠国外的援助而生活。在制定德国的经济计划时，应拨出必要的资金，以偿付对德管制委员会批准的进口。现产产品及储存物品的出口所得首先应用于偿付这种出口。这项经济原则所体现的是“优先偿付出口原则”。

赔偿政策在很多方面与对德经济政策密切相关但同时也存在相互抵触之处。如，在对德经济政策上第14条规定：在占领期间，应视德国为一个统一的经济整体，分别列举了执行共同政策的七个方面，其中包括赔偿政策。然而，赔偿政策所规定的内容实质上已经肯定美英苏三大国在这一问题上分别在各自占领区内采取相对独立的政策，因此在对德经济原则上包括赔偿问题在内的要求采取统一政策的规定是毫无意义的。

此外，波茨坦协议关于德国赔偿问题的规定存在许多含糊不清之处，为日后的分歧埋下了祸根。如经济原则第15条要求“在德国保持一个不超过欧洲国家的平均的生活水平（欧洲国家是指除英国和苏联以外的所有欧洲国家）”。这里的“欧洲国家的平均生活水平”具体指的是哪一年？是与战前的还是战后的相比？该协议实际上满足了美苏双方的要求，然而如何实现既保证苏联所主张的大范围拆迁同时又满足美国的“优先偿付出口的原则”，这个技术问题仍未解决。此外假设美英苏之间在各占领区内执行彼此独立的拆迁政策的话，又该怎样解决这一问题？而且该协议没有明确指出苏联所获赔偿的来源：是通过拆迁工厂还是从当前工业品中获得。这些都可能成为日后大国争端的根源。由此可见，波茨坦协议的对德赔偿条款并没有从根本上调和美苏之间的矛盾，而且这是一个极其脆弱的协议，缺乏适当的防范机制以保证其能够切实被履行。因此，从这个意义上来看，波茨坦会议后美英苏在德国赔偿问题上的斗争的继续有其必然性。

# 第四章　分道扬镳：工业水平计划与赔偿政策的执行

波茨坦会议后，美英苏之间的矛盾和斗争不断增多并且愈加表面化，战时共同敌人的丧失，使得国家利益与意识形态主导下的斗争开始逐渐显现。然而，质变之前总存在一个量变的过程，战后东西方的分裂也并非一蹴而就，至少可以将 1945 年 8 月波茨坦协议签定后到 1947 年 3 月杜鲁门主义出台前的这段时间视为是从合作到对抗的过渡期。在这一时期内，美英和苏联之间的摩擦不断增多，苏联对东欧的影响，法国、意大利共产主义势力的发展，使美英惴惴不安，赔偿问题的进一步讨论正是在这一大背景下进行的。

## 一、工业水平计划的制定及主要内容

1946 年 3 月 28 日正式公布的“赔偿与战后德国工业水平计划”（简称“工业水平计划”）是波茨坦协议后美英苏三大国在赔偿问题上达成的又一共识。该计划的制定表明美英苏三大国在对德战败处理问题上仍然希望采取一致性的政策。但这种一致性政策的实质，正如前苏联外长李维诺夫所指出的，“既然双方都希望自己控制一个统一的德国，那么德国将分裂为两部分。”①

在德国赔偿问题上，如果说波茨坦协议是大国合作的初步框架，那么工业水平计划就是对这一框架的具体化。该计划充分体现出战后对德

① U. S. Department of States, *Foreign Relations of the United States*（*FRUS*）*1946*, Vol. VI, p. 763.

经济政策与赔偿问题之间的紧密关联。然而针对该计划的评价不一，美英认为该计划含有太多对苏妥协的成分，因此随着国际环境的变化，美英法在没有告知苏联的情况下对该计划进行了修改。应该说正是从这时开始，在对德赔偿政策上谋求东西方大国一致的理念逐渐被销蚀了。

### 1. 德国赔偿问题的机构转变与工业水平委员会的设立

美、英、苏三大国在雅尔塔决议中同意建立损失赔偿委员会（Commission for the Compensation of Damage），具体负责研究德国给盟国造成的损失以及进行赔偿的数额与方法，该委员会将设在莫斯科①。按照这一决议建立的盟国赔偿委员会（Allied Commission on Reparations）就成为负责德国赔偿问题的职能机构，该委员会共召开了37次会议。直到波茨坦会议结束，以三大国为主，关于德国赔偿问题的磋商与政策的制定都是在该机构的框架内进行的。1945年9月，该委员会被取消，对德国赔偿问题的进一步讨论就在盟国柏林管制委员会（Allied Control Council in Berlin）的管理下继续进行。

波茨坦决议只是协调了三大国之间在德国赔偿问题上的共同意向，主要规定了以拆迁工业资本设备作为赔偿方式的原则，然而该原则的实施必须建立在对战后德国工业水平确定的前提之下，因此，波茨坦协议并没有制定出一个关于德国赔偿政策的具体计划，同时将若干细节与易产生分歧的问题留待日后。

随着波茨坦会议的结束，相关机构的裁撤和转换，负责战后德国经济事务的责任落到了盟国柏林管制委员会的肩上。盟国柏林管制委员会成立于1945年6月5日，是美、英、苏、法四大盟国驻德国军政府的最高权力机构。在对德经济政策方面，该委员会必须先规定战后和平时期德国工业设备的种类和数量，并且要得到各占领区司令的同意。

在委员会内部，大量工作的展开和政策的讨论是在其下属的协调委员会（Co-ordinating Committee）中进行的。协调委员会下设12个管理局，即陆军管理局、海军管理局、空军管理局、政治管理局、运输管理局、

---

① James K Pollock，James H Meisel，Henry L Bretton，*Germany under Occupation：Illustrative Materials and Documents*，Michigan 1949，p. 2.

经济管理局、财政管理局、赔偿管理局、交付与归还管理局、内务与交通管理局、法律管理局、战犯与流亡难民管理局及人力管理局。为了更好地完成工作，每个管理局下又成立委员会和小组委员会。各种委员会数量繁多，据统计，1945 - 1946 年，时值盟国柏林管制委员会活动的高峰期，其下设的各种委员会多达 175 个①。

其中与德国赔偿问题直接相关的机构是经济管理局和赔偿管理局。这两个管理局的职能不同，前者主要负责与赔偿问题密切相关的经济政策的制定，而后者则是一个政策执行部门。经济管理局负责粮食和燃料的供应以及制定工业水平计划，因此波茨坦决议中关于德国赔偿问题的模糊条款的再讨论将主要在经济管理局内进行。经济管理局每周开两次会，主席一职由四国轮流担任，但是经济管理局的主席必须与盟国柏林管制委员会的主席来自同一国家，以便于政策的执行。

经济管理局下设工业水平委员会（the Level of Industry Committee），其职能主要是将波茨坦协议中关于德国赔偿问题的条款具体化，即决定除维持德国战后和平经济外所不需要的工业资本设备的数量和类别，将其用于支付赔偿②。波茨坦协议还规定应在半年时间内确定从西占区搬迁设备的数量和种类，这实际上又规定了工业水平委员会的工作时间表。因此，工业水平委员会就成为波茨坦会议后决定德国赔偿问题的最重要的部门。

虽然从组成来看，工业水平委员会包括美英苏法四国代表，但起决定性作用的仍是美英苏三大国。出于历史宿怨，法国在战后对德战败处理中极力要求获得一杯羹，在对德分区占领中法国从英美占区内划得一块占领区，在对德经济政治问题上法国反对实行统一的、中央集权式的管理，要求把莱茵兰和萨尔交给法国。但是，美英苏三大国在波茨坦达成的协议表明只是把法国作为一个形式上的大国来对待，一方面肯定了法国作为四大国之一的身份，但是在具体政策上并没有顾及法国的要求，

---

① ［英］迈克尔·鲍尔弗、约翰·梅尔，安徽大学外语系译：《四国对德国和奥地利的管制》，上海译文出版社 1980 年版，第 151 页。

② Beate Ruhm Von Oppen（ed.），*Documents on Germany under Occupation* 1945 - 1954，Oxford 1955，p. 113.

甚至在法国未参加会议的情况下就通过了波茨坦协议；另一方面，在波茨坦协议关于德国的政治条款中也明确指出，尽管目前德国没有中央政府，但是将会建立大量的中央行政部门，对于所有德国人将实行统一管理①。由此可见，美英苏三大国是战后对德问题的真正主宰。

**2. 美英苏三国的报告**

美英苏三大国之间就德国赔偿问题的继续商讨主要是在工业水平委员会内进行的。从内容上看，赔偿问题与战后对德国工业水平的规划密切相关。工业水平委员会的任务就是在指定时间内制定出工业水平计划，而美英苏制定该计划的目的则是希望将波茨坦协议中的对德赔偿条款进一步细化。美英苏三国分别向委员会递交了报告。

委员会讨论的第一份报告是由美国提交的。该报告由杜克大学（Duke University）的经济学教授卡尔文·胡佛（Calvin Hoover）负责起草。胡佛认为工业水平计划只应负责提出工业方面技术问题的解决方案。尽管解除德国工业与保证其基本生活水平之间并非是绝对排斥的，关键在于通过有效的手段来进行控制，但这是政府高层应该考虑的政策②。

在此前提下，胡佛报告的主要内容有两点：第一，主张将德国降到1932 年的生活水平。该报告认为从 1930 年到 1938 年德国的平均生活水平比欧洲其它国家高 1/3，因此如果以战前 1930 年到 1938 年这一时间段为准，那么把德国的生活水平降低 25% 左右将能够保证德国的生活水平不会低于欧洲其它国家，这就意味着德国要退回到 1932 年的生活水平，而且这一年正好是德国遭受经济危机的打击，经济衰退、纳粹上台前的时期，以此作为德国回撤的基点最合适。第二，认为德国工业应该保持到 1938 年的水平，只有这样才能使德国有足够的能力用于生产和支付赔偿③。

---

① Beate Ruhm Von Oppen（ed.），*Documents on Germany under Occupation* 1945 – 1954，Oxford 1955，pp. 42 – 43.

② Russell Hill，*Struggle for Germany*，New York and London1947，p. 107.

③ Ratchford B U and Ross W D，*Berlin Reparations Assignment*，University of North Carolina Press 1947，pp. 78 – 80.

胡佛报告遭到广泛的批评和反对，以致没有公开发表。最主要的批评意见认为该报告是“根据极不充分的统计资料”① 得出的结论，甚至在钢铁产量的数据上有错误②。苏联认为对于德国的生活水平和工业水平应该采取同一标准，即反对胡佛报告中的第二条内容，要求将德国的生活水平和工业水平均降至欧洲平均水平。苏联的目的很明确，希望多方面地削弱德国。

英国向工业水平委员会提交的报告，由罗宾逊（Austin Robinson）和迈克道戈（Donald MacDougall）领导下的经济事务顾问团（Economic Advisory Panel）负责起草，于1945 年11 月正式呈交委员会讨论。该报告强调两点，首先认为一国经济的发展是受多种因素制约的，因此控制德国的经济仅依靠限制其钢铁产量是远远不够的，而应该试图包括从消费物资的生产到资本设备的生产等等方面，形成一幅“完整的图画”。其次，该报告的半数篇幅都用于讨论德国的失业问题。以1949 年德国将有3130万劳动力这一数字为依据，报告认为将会致使250 万人失业，而其中大多数为妇女③。

而英国政府内部关于德国问题的讨论也主要集中在人力问题上。英国内阁早在1945 年8 月就建立了一个分委会（Sub-committee）用以指导盟国赔偿委员会中的英国代表，该分委会首先讨论的就是赔偿的劳动力（reparations labour）问题。英国政府对失业及其人力问题的关注与其经济制度不无关系，他们认为失业是共产主义滋生的土壤，严重的失业问题将完全可能从根本上动摇其政治上的统治，而从计划经济的角度来考虑，苏联则不认为失业问题是一个经济问题，而是一个行政组织机构设置的问题，通过行政手段即能够解决该问题。因此苏联认为英国夸大了失业问题的严重性。

英国的报告也同样未引起美国的重视。这一方面是由于美占区司令

① ［英］迈克尔·鲍尔弗、约翰·梅尔，安徽大学外语系译：《四国对德国和奥地利的管制》，上海译文出版社1980 年版，第203 页。

② Ratchford B U and Ross W D, *Berlin Reparations Assignment*, University of North Carolina Press 1947, p. 83.

③ Alec Cairncross, *The Price of War: British Policy on German Reparations 1941 – 1949*, Oxford 1986, pp. 107, 115.

克莱（Lucius D Clay）的意见与英国的意见相左，他认为钢铁产量是最重要的问题，只要在这一问题上达成一致，其它问题就迎刃而解了。另一方面，英国在委员会内的代表泰尔弗（Telfer）也缺乏像贝文那样拥有足够的外交影响力来左右讨论的议题。因此委员会内部的讨论仍然以钢铁产量为中心。胡佛报告认为德国的钢铁产量应保持在780万吨，而英国则认为应该定为900万吨，苏联提出的数字是500万吨。即使在美国内部也存在分歧。美国国务院建议为350万吨，克莱认为应为550万吨。关于这一问题的讨论后来转到管制委员会，管制委员会最终取得的一致意见是：保证德国的钢铁生产能力为750万吨，同时任何年度的产量都不得超过580万吨①。

除钢铁产量外，委员会讨论的主要议题还包括人口、贸易支付差额、食品、土木以及化学方面的问题。其中争论最激烈的是食品问题。食品问题与贸易支付差额以及生活水平密切相关。美英法与苏联之间的意见分歧主要表现在三个方面。第一，关于日常饮食。美英法坚持德国人应该消费更多数量的肉类和脂肪。第二，关于粮食产量。美英法认为德国农业的恢复将是一个缓慢的过程，由于缺少肥料和设备，到1949年德国的粮食产量只能恢复到战前的90%，完全恢复到战前水平则需要15年的时间。而苏联认为只要提供充足的肥料和设备，德国的粮食产量到1949年将能够完全恢复。第三，关于饲养牲畜的数量问题。美英法主张在较长的时间内缓慢地增长，而苏联则认为应该同时快速提高牲畜的数量。

苏联关于德国工业水平的报告于1946年2月5日才提交给委员会讨论。由于该报告提交时，诸多问题的讨论均已公开化，因此，从内容上看苏联的报告所涉及的问题在此前的讨论中均已谈到。

从美英苏三国报告提交的先后顺序，即显示出战后德国经济问题是美英最重视的环节。与美英相比，苏联对于工业水平计划的制定似乎表现出某种“滞后性”；更进一步来看，这种表面上的“滞后”实质是一种制度差异的表现。对苏联而言，战后经济的重建主要依靠两点，一是政治上高度集中、统一的领导，可以在最短的时间内最大限度地集中人力、

① ［英］迈克尔·鲍尔弗、约翰·梅尔，安徽大学外语系译：《四国对德国和奥地利的管制》，上海译文出版社1980年版，第204、205页。

物力和财力；二是经济上建立起以重工业为主的支柱性产业，这需要大量的重工业机器设备，德国的赔偿是最佳来源。由于在赔偿问题上苏联的立场已经十分明确，并且苏联所要求的获取赔偿的方式和分配在波茨坦决议中基本得以确认，因此苏联表现得“沉稳”。而美英重视德国的工业和贸易，从根本上是对本国贸易市场的保护，对德国工业水平的规定将直接关系到其进出口收支问题，因此美英的表现“积极”。

### 3. 工业水平计划的主要内容及影响

工业水平委员会于1946年3月28日正式出台的计划被称为“工业水平计划”，事实上，该计划涵盖了三大国对战后德国经济以及赔偿问题的政策，而且德国工业问题与赔偿息息相关，对德国工业水平的确定将直接影响到德国赔偿政策，是处理赔偿问题的重要前提。卡恩克劳斯爵士在他的著作《战争的代价：英国对德战败赔偿政策》中甚至直接将该计划称为赔偿计划（Reparation Plan）。

该计划的全称为“赔偿与战后德国经济水平计划”（Reparations and the Level of Post-war German Economy），该计划是继雅尔塔、波茨坦协定后美英苏三大国在德国经济及赔偿问题上所达成的第三个重要协议。从某种程度上，该计划比雅尔塔和波茨坦协议更能表现出战后三大国在对德经济事务方面力图进行合作的努力，此时战时的军事合作以及共同的敌人均已不复存在，在意识形态和国家利益彼此对立和冲突的情况下比在客观环境促使三方合作的情况下寻求协调一致的政策的难度更大。美英苏三大国在战后对德问题上一开始仍以合作为目标，冷战的爆发以及德国的分裂是多种矛盾交织、碰撞、相互作用的结果，并非一蹴而就。

工业水平计划的主要内容包括以下几点：

第一，沿袭波茨坦协议的精神，提出三项原则，即战后德国人口将保持在6650万，应将德国视为一个统一的经济单位，德国的出口产品将参与国际市场的竞争。

第二，提出禁止的、限制性的以及非限制性的三种工业。被禁止的工业除军备、飞机、航海船舶外，还包括与此相关的14种工业：合成汽油及油料、合成橡胶、合成氨、滚珠轴承和圆锥形滚动轴承、某种类型的重型机器、重型拖拉机、生铝、镁、铍、拖马斯钢渣生产出的矾、放射性物质、浓度超过50%的过氧化氢、无线电发送设备、专用的战争化学药剂和气体。限制性工业主要包括：钢铁、有色金属（铜、锌、铅、锡、镍）、部分化学工业、机器制造业、运输工程、采矿业（煤）、电力、水泥、橡胶、造纸和印刷、制鞋工业、建筑业。非限制性工业包括：家具和木制品、平板玻璃、玻璃瓶及日用玻璃器皿、制陶业、自行车、60cc以下的摩托车及碳酸钾①。

第三，规定德国的进出口贸易额。规定1949年德国的出口额为30亿马克，而进口额则不能超过30亿马克。

除上述第一条所列举的三项原则外，该计划还有一个重要的前提是，不考虑德国边界的变动。在这三项内容中，与赔偿问题直接相关的是第二项，它将所有工业划分为三类，表明用于支付赔偿的大部分物资将主要来自第一类，即被禁止的工业。该计划的第三项，在规定德国进出口贸易额的同时指出，估计德国用于进口食品和饲料的金额将不会超过15亿马克，那么剩余的将用于支付占领期间的各项支出②。这里表面上似乎回避了波茨坦会议上美英和苏联争论的一个焦点问题，即“出口优先偿付进口”亦或“出口优先偿付赔偿”原则，但是，从它所规定的德国支付出口的各项内容来看，没有提及赔偿问题，因此也就意味着该计划摒弃了苏联的要求，而采取“第一偿付原则”。

工业水平计划的“重要性不在于它的效果（因为没有实行多久就被放弃），而在于它暴露出了盟国在建立和平问题上所具有的本质性的矛盾”③。进一步分析该计划，不难看出，这仍然是一个妥协的产物。该计划所包含的三项内容，除去第一项基本原则外，第二项内容是有利于苏联的，关于被禁止工业的细则规定，反过来就等于增加了可拆迁的工业设备的数量，这符合苏联的利益要求；而第三项内容则符合美英的利益。贸易问题一直是美英最关心的问题之一，从美国对德多边主义政策的制

① Beate Ruhm Von Oppen（ed.），*Documents on Germany under Occupation* 1945－1954，Oxford 1955，pp. 113－115.

② Ibid.，p. 118.

③ ［英］迈克尔·鲍尔弗、约翰·梅尔，安徽大学外语系译：《四国对德国和奥地利的管制》，上海译文出版社1980年版，第210页。

定和施行来看，贸易，或者说经济问题的考虑在美国的对外政策中占据重要地位，当然这种对于贸易的重视，本身也包含着政治因素，即通过将德国经济纳入西方的轨道，以此来保证德国能够在战后对抗苏联的过程中充当坚定的桥头堡。对英国而言，贝文在该计划出台后所考虑的第一个问题就是今后几年英占区的费用支出平衡问题，他认为，两年之内英占区的占领费用决不可能迅速减少，除非以当前工业品来支付赔偿，或英美占区合并。

执行工业水平计划的基础是极其薄弱的，因为在其具体内容之前包含了若干个假定的前提，而且该计划所规定的前提本身又是极易发生变化的，例如，关于德国人口的预测。工业水平计划签定后，克莱认为到1949 年 1 月 1 日德国人口将为 6790 万，英国则认为约为 6800 万，都与计划所限定的 6650 万不符。由此可见工业水平计划充其量只是一个技术层面的规定，它所具有的实际约束力很弱。

## 二、英美修改工业水平计划：缩减赔偿、复兴德国

从工业水平计划的内容来看，它既保证了苏联的赔偿要求，也确认了美英所主张的贸易收支平衡的原则。而随着 1946 年到 1947 年英美占区遭受粮食短缺的影响，使美英所力图保证的贸易收支平衡面临困难，另一方面根据波茨坦协定西占区还需向东占区提供赔偿物资，因此为美英修改工业水平计划创造了条件。美英对工业水平计划的多次修改就是力图打破该计划的限制，将西占区的经济发展逐步纳入自己的体系中来。

### 1. 贝文报告与英国对工业水平计划的修改

英国政府就工业水平报告进行了激烈的内部讨论，以贝文报告为代表，表达了英国要求修改工业水平计划，复兴德国并反对苏联的主旨。

在英国内阁的讨论中，一种意见认为，应该通过增加附加条款，以此作为接受工业水平计划的前提。这一前提是，当工业水平计划所陈述的三项前提中有任何一项无法成立，以及德国边界有所变更，或者当占领区出现贸易逆差的情况下，英国将有权修改工业水平计划。甚至在1946 年 4 月英国政府内就有报告指出，此时必须决定对德政策是否应该

以占领区为界而各自为政。

英国认为工业水平计划所规定的条款是不平等的，而且认为对该计划的修改完全是一种政治上防御性的举措，表面上是作为对于苏联在东占区内拆迁行为的回击，实际上是担心苏联的影响在德国的不断扩大。协调委员会内的英国代表罗伯森（Robertson）愤愤不平地指出，“一方面英国公民将支付英占区内的一切进口物资的费用，另一方面，大量价值不菲的物资却被免费地运送到其它占领区，同时其它占领区的剩余资源却不能用以弥补我们占领区内的赤字”。1946 年 5 月贝文向内阁提交的报告中指出，“鉴于苏联现在的态度以及共产主义有可能在西占区占据主导的危险，对西占区采取相应的行动将有助于维持我们自身的势力影响。”①

在英国政府内，针对贝文“积极反苏”的态度，既有支持者，也有反对者。支持者以麦克内尔（Hector McNeil）为代表，认为既然苏联没有将德国作为一个经济整体来对待，那么英国就应该在英占区内拖延工业水平计划的执行。以莫利斯、戴尔顿和柏文（Bevan）为代表的反对者则认为苏联的势力影响将不可能再继续向西发展，因此贝文夸大了苏联的威胁，反对立即采取与苏联对抗的政策。

10 月英国政府成立了一个专门委员会用于研究修改工业水平计划的问题。该委员会建议简化条款，避免东西方长时间地在此问题上讨价还价。同时认为应该放宽对德国工业水平的限制，将钢铁产量的数量从 750 万吨上升到 1120 万吨，提高 50%，委员会认为放松对德国的限制也将有利于赔偿的获得。

外交部甚至提出了一个更有野心的修改计划。要求德国在 20 年的时间内能够建立起一支总吨位为 150 万的商业航海舰队。海军部和运输部则认为从安全的角度来看，该计划过于“危险”②。

英国政府内讨论的主旨就是要求提高德国的工业水平。然而，英国的政策能否得以实现，一方面是政府内正反两种意见斗争的结果，更重

---

① “Policy towards Germany”, Memorandum by the Secretary of State for Foreign Affairs, 3 May 1946, in Alec Cairncross, *The Price of War: British Policy on German Reparations 1941 - 1949*, Oxford 1986, p. 157.

② Ibid., p. 168.

要的还在于美国的态度。

此外，关于是否以当前工业品作为赔偿，是美英苏之间争论的核心之一，它直接涉及美英和苏联最关注的问题，即美英所关注的占领区的贸易问题和苏联所关注的赔偿问题。然而在工业水平计划中对此未做明确规定，但是，如前述，工业水平计划中对于贸易进出口平衡的规定实际上是有利于英美的。从根本上讲，英美关于工业水平计划的修改要求与在赔偿问题反对以当前工业品作为支付手段的出发点是一致的。

在莫斯科外长会议前，贝文向英国内阁提交的报告充分体现出英国在对德赔偿问题上的目的是阻止苏联以当前工业品获得赔偿，同时通过修改工业水平计划来复兴德国经济。

1947 年 3 月贝文在打算向莫斯科外长会议提交的报告的第一条就指出，英国必须反对任何要求以当前工业品的形式从东占区或西占区支付赔偿的形式。该报告的第三条还指出，不能直接拒绝苏联以当前工业品支付赔偿的要求，而应该委婉地提出坚持贸易收支平衡后才予以考虑赔偿问题。

贝文报告的主旨是要减少甚至取消苏联所获赔偿。主要通过以下两种途径：第一，贝文认为苏联从东占区搬迁物资，就等于是隐蔽地（disguised form）以当前工业品支付赔偿。为了阻止苏联这一行为，贝文建议必须要求苏联承担一定份额的外部占领费（external occupation costs），并且坚持取消对于占领区之间的人员和物资流动的限制。第二，报告指出英国对德经济政策的目标是，要求将德国作为一个经济整体，在美英苏三国的帮助下，使德国经济恢复到能够实现进出口贸易平衡的程度，然后要求德国尽快支付占领国的全部占领费用，以此来取消赔偿。

以当前工业品支付赔偿是雅尔塔决议所明确规定的支付赔偿的方式之一，贝文报告实际上是通过附加一个前提来达到反对苏联所坚持的这一赔偿要求的目的。贝文在该报告中明确地指出，设立一个前提只是手段，而其实质是阻止苏联的赔偿要求。

该报告体现出的另一个鲜明的原则，就是修改工业水平计划，即要求将德国的钢铁产量提高到 1000 万吨（原来三大国一致同意的是 750 万吨），与此相适应，同时也应提高与钢铁工业相关的其它工业的水平。

由此可见，贝文认为取消苏联所获赔偿、修改工业水平计划是实现复兴德国经济这一目标的主要途径，而德国的复兴将会增强英国对抗苏联的力量。贝文认为苏联对英占区鲁尔煤矿资源的需求是一个重要的砝码，将迫使苏联按照西方的意志行事。

该报告主张削减苏联赔偿的目的实际上是为了满足英国自身对于赔偿的要求。贝文指出，不仅应该有足够的工厂可以用来满足英国等西方国家的紧迫需求，苏联可以获得其中适当的一份，而且在此基础上还应该有所赢余。这与英国在二战末期在德国赔偿问题上要求减少甚至反对赔偿的态度截然不同。此外，英国政府还希望获取占领区内的扎尔茨吉特钢铁厂（Salzgitter Steelworks）和过氧化氢厂（hydrogen peroxide plant）。英国希望通过获得赔偿来缓解国内经济的窘境。英国的这一用意在波茨坦会议上就已经表现出来了，然而，单靠英国自身的实力与影响是很难实现这一目标的。因此通过英美占区的合并，借助美国的力量来达到这一目的才是最现实的选择。

**2. 美国对德政策的转变与工业水平计划的修改**

美国对工业水平计划的不满立即表现为现实行动，在工业水平计划签定仅不到40天的时间内美占区就宣布暂停交付赔偿物资，之后随着双占区的成立、贝尔纳斯斯图加特演说等步骤的进行，表明美国在对德政策上的转变，即从战时寻求大国合作的态度转而采取单边主义行径。从中反映出杜鲁门对苏强硬政策的逐步形成，直至引发冷战。

（1）美占区暂停交付赔偿物资与英美占领区的合并

1946年5月3日美占区司令克莱宣布，除了用于军事目的的工厂以及24个预定的拆迁用于支付赔偿的工厂外，停止对美占区内用于赔偿的工厂的进一步拆迁①。

关于美国采取这一行动的原因，有的西方学者认为是为了反对法国，由于法国坚决反对在德国建立中央政治、经济机构；还有的学者认为是由于拆迁的分配速度太慢。1945年11月，美英法三国规定西占区内用于支付赔偿而需要优先搬迁（advance delivery）的工厂为60个，而在巴黎

① James K Pollock, James H Meisel, Henry L Bretton, *Germany under Occupation: Illustrative Materials and Documents*, Michigan 1949, p. 65.

赔偿会议上 18 个西方国家内部所分配的优先搬迁工厂的数量只有 30 个，只占所规定数量的一半①。

美国采取这一行动的根本原因有两个，一是为了“保护美占区的经济”②。美占区同英占区一样面临粮食短缺的问题，1946 年 3 月美占区的配给量下降到 1275 卡路里，略高于英占区的 1015 卡路里。另一个原因则是为了向苏联施加压力。在 4 月的巴黎外长会议上，莫洛托夫再次提出苏联 100 亿美元赔偿的要求，并且认为必须包括以当前工业品作为支付手段③。同时苏联代表还在经济管理局中指出，进出口问题应分占领区来处理，即要求在执行共同政策时应考虑到不同地区的情况④。这与美国所坚持的将德国视为一个经济整体来对待、反对以当前工业品支付赔偿的政策完全背道而驰。

应该说，苏联对于赔偿数量和支付手段的要求基本没有变化，为什么美国在雅尔塔和波茨坦可以与苏联达成妥协，而此时却完全不能容忍苏联的赔偿要求了呢？很明显，由于客观条件的变化，美国不再需要苏联出兵日本的军事合作，也不必囿于战事刚刚结束美苏合作的余温尚存的约束。而且杜鲁门也决定放弃罗斯福在战时所坚持的对苏缓和的合作政策，他表示已经“厌倦于笼络苏联人”了⑤。

从工业水平计划的出台到美占区宣布停止支付赔偿，期间相隔不到 40 天，而且从美国政府此后的行为来分析，克莱的举动与美国政府的对德政策是吻合的。7 月 11 日，贝尔纳斯即在巴黎外长会议上宣布美占区愿意在经济事务方面和任何一国的占领区合并。7 月 29 日英国表示接受

---

① 这两种观点分别可见：John Gimbel，*The American Occupation of Germany*，Stanford University，California 1968，以及 Alec Cairncross，*The Price of War：British Policy on German Reparations 1941－1949*，Oxford 1986.

② Lucius D. Clay，*Decision in Germany*，New York 1950，p. 122.

③ B. U. Ratchford and W. D. Ross，*Berlin Reparations Assignment*，University of North Carolina 1947，p. 192.

④ ［英］迈克尔·鲍尔弗、约翰·梅尔，安徽大学外语系译：《四国对德国和奥地利的管制》，上海译文出版社 1980 年版，第 215 页。

⑤ ［美］哈里·杜鲁门，李石译：《杜鲁门回忆录》卷一，三联出版社 1974 年版，第 51 页。

美国的建议。9 月 1 日，美英占区合并的协议公布。1947 年 1 月 1 日双占区正式成立。① 由此可见，美占区停止支付赔偿只是美国对德政策转变的先声，而美国停止支付赔偿实际就等于推翻了工业水平计划存在的前提。

克莱的举措遭到批评。批评者认为，一方面停止支付赔偿并不能解决美占区的经济问题。由于美占区面临的困难是缺乏原料，而不是生产能力的不足，因此将本应该拆迁用于支付赔偿的机器保留下来也无助于问题的解决；而且还有官员认为，即使把德国视为一个整体，在苏占区当时也没有多少粮食可以送往西占区。②

另一方面，更严重的后果在于，它制造了美苏之间的裂痕。苏联认为克莱的行为是不合法的，因为波茨坦协议虽然没有提及以当前工业品作为赔偿的支付手段，但也并没有明文禁止，由此，苏联认为“克莱的行动证明美国政府已经决定对俄国和共产主义采取敌对态度”。③

同时，在德国赔偿政策上英国也不完全与美国合拍，既有追随美国的一面，也有从自身的经济状况和利益出发的一面。在克莱宣布暂停美占区内赔偿物资的支付后，英国并没有跟随美国的这一举措，仍在进行赔偿物资的支付活动。英国在盟国间赔偿局（IARA）所管辖的 16 国（除去英国自身和美国）内进行赔偿支付④。艾德礼工党政府上台后，提出从当前工业品中获得赔偿的建议，认为这能够补偿英国损失的 3 倍。英国驻柏林军政府经济顾问丹汉姆（Brigadier Denham）则指出，“如果我们强加给德国一个无法施行的经济条款，那么日后，我们或者将不得不去反复修正它，或者德国将会出现经济混乱的局面”⑤，这意味着不如干脆削弱德国从而使英国能够获得更多出口市场。英国在对德赔偿政策上对自身利益考虑主要缘于战后的财政经济困境，除了财政收支问题之外，在新技术的开发与采用方面，也已经明显落后于美德两国。然而，随着

---

① ［英］迈克尔·鲍尔弗、约翰·梅尔，安徽大学外语系译：《四国对德国和奥地利的管制》，上海译文出版社 1980 年版，第 219 页。

② 同上，第 216 页。

③ 同上，第 217 页。

④ 即要求 16 国提供所需用于赔偿的设备的清单，英国将负责从英占区运送这些设备。见 John Gimbel，*The Origins of the Marshall Plan*，California 1976，p. 144.

⑤ Ian. Locke，*Post-war Germany*；*Britain's lost opportunity*，http：//www. cwihp. si. edu

美国对欧洲事务越来越多地介入，英国则开始追随美国。1947 年 10 月帕克汉姆（Pakenham）宣布："惩罚和摧毁商业竞争对手不是英国政府的对德政策"①。英国外交的务实传统又一次得以淋漓尽致的表现。

美占区暂停偿付赔偿的风波刚过，1946 年 7 月，贝尔纳斯就正式提出占领区合并的建议。此后英美占区的合并就成为美国对德政策的主要议程。英美占区的联合，表面原因是为了缓解两个占领区内的粮食短缺问题，事实上，这个目的是"次要的，因为所需要的资源在那个阶段根本无从在德国国内搞到。美占区生产的粮食确实比英占区多，但数量仍然太少，连满足本身的需要都不够，更不用说有剩余的粮食可补英占区之不足了。把两个占领区联合起来也不会生产更多的煤。"②

英美占领区合并的真实目的有两个，一是从经济上控制德国。贝文认为，美国主导下的双占区的建立，表明美国将更紧密地与欧洲联系在一起，更强调德国在战后欧洲重建中的重要作用，并且在经济上将会阻止英国外汇（美元）储备的减少③。克莱坚持，双占区成立后德国的物资必须以美元结算，这样，通过经济的纽带就把德国与美国紧紧地联系起来了。这种做法巩固了布雷顿森林体系所建立起来的美元在国际金融市场上的霸主地位，但是却遭到荷兰等国的反对，因为缺少美元而无法换取德国的物资。

同时，通过美英占领区的合并，在西占区内建立起统一的经济体系，则有利于阻止苏联在东欧势力影响的进一步扩张，是实现美国称霸世界的外交战略中坚实的一步。美国认为迫使工业水平计划修改的主要责任在于苏联擅自拆迁的行为破坏了将德国视为一个统一的经济单位的前提，因此，美英在双占区成立时即声明"两国政府的宗旨是要在 1949 年底以前为这片领土建立自给自足的经济"，"两个占领区对于一切经济目的来说应当视为统一领土"④，这表明美英对苏联对德经济及赔偿政策的反对。

---

① Ian. Locke, *Post-war Germany*; *Britain's lost opportunity*, http: //www. cwihp. si. edu

② ［英］迈克尔·鲍尔弗、约翰·梅尔，安徽大学外语系译：《四国对德国和奥地利的管制》，上海译文出版社 1980 年版，第 227－228 页。

③ Alan Bullock, *Ernest Bevin*, *Foreign Secretary*, 1945 - 1951, London 1983, p. 151.

④ 王斯德、钱洪：《世界当代史》，高等教育出版社 1989 年版，第 34－35 页。

早在战争尚未结束时，在美国军事人员的报告中就指出：反对我们目前敌人的战争胜利结束后，我们将发现世界各国军事力量的消长要发生意义极为深远的变化；其意义之深远，在罗马陷落后的1500年中，只有罗马陷落可与之比拟。击败日本后，只有美国和苏联堪称第一军事强国；其原因均归结于它们的地理位置、辽阔的幅员和巨大的军火生产潜力①。战后初期，东欧8国在苏联的影响下逐步建立起社会主义制度，而欧洲是资本主义世界的心脏，是美国全球战略的重点，因此，这触及到美国的外交战略中的敏感之处。在缔结五国和约过程中美苏之间的龃龉不断、1946年2月22日美国驻苏代办乔治·凯南的8000字电文、3月5日丘吉尔在杜鲁门陪同下发表的“铁幕演说”以及9月24日杜鲁门亲自领导起草的《美国与苏联关系》报告，表明“遏制”苏联的全球战略已基本定型，而在此期间交织于其中的关于德国赔偿与经济问题的讨论也必定服从于美国的全局战略。此外，双占区的成立使得执行工业水平计划的前提发生了改变，这样对该计划的修改就顺理成章了。

（2）斯图加特演说与美国对德政策的转变

美英占领区的合并等于公开表明两国将在经济政策上采取完全一致的步履。1946年9月6日双占区协议签定后，贝尔纳斯在斯图加特公开发表对德政策的演说，坚决反对以当前工业品支付赔偿，而且认为必须将德国作为一个经济单位来对待，他指出“德国是欧洲的一部分。假如具有丰富煤铁资源的德国变成一个贫民院的话，欧洲的恢复，特别是德国毗邻国家的恢复，必将很慢。”②

尽管早在4月贝尔纳斯还曾提出“关于德国的肢解和非军事化的25年条约”，但到斯图加特演说时，美国对德政策已发生根本性转变，防止德国法西斯的复兴、德国非工业化不再是其政策的核心，而恢复德国经济则成为当务之急。事实上，即使贝尔纳斯所提出的要将德国解除武装

---

① ［美］保罗·肯尼迪，王保存等译：《大国的兴衰》，求实出版社1988年版，第437页。

② Beate Ruhm Von Oppen（ed.），*Documents on Germany under Occupation* 1945－1954，Oxford 1955，pp. 152－160.

和非军事化25年的计划本身，其真实目的与防止德国战后复兴恰恰相反。日丹诺夫在递交给苏联政府的报告中指出，美国的真实目的是要求结束对德占领状态，并且要求苏联军队尽快撤出德国。这对于美英来说，为提出苏军从波兰撤退，以及日后从巴尔干退出是必须的。其目的之二在于阻止苏联以当前工业品的形式从德国获取赔偿，其根本是防止苏联的政治经济制度在欧洲的影响。因此，苏联必须拒绝此条约。李维诺夫也指出，解除德国武装的问题已经在波茨坦协议中明确规定，而美国将此问题单独提出并不足以构成对德和约的完整内容，他认为这是美国所采取的一种隐蔽的政治宣传。他主张在缔结一项全面的对德和平条约前，苏联必须坚持对德国实行占领政策①。

斯图加特演说表明在德国经济政策上美国与苏联对抗的公开化，一方面美国明确指出波茨坦协议排除了以当前工业品支付赔偿的手段，另一方面促进德国的经济复兴表明美国将固守欧洲（德国）作为反苏的前哨。因此，从克莱宣布美占区暂停支付赔偿到斯图加特演说，美国的对德政策是一脉相承的。

涉及德国赔偿及经济问题，英国政府所表现出来的态度要比美国激进、直接的多，这主要是由于战后初期美英两国所面临的不同的国内外境况所决定的。从1945年到1947年英占区长期缺乏煤、铁、铁路交通设施及食品②，而英国国内的财政问题尚未解决，再加上占领区的困难，可谓雪上加霜。因此德国经济和赔偿问题如果解决不好，那么对英国经济而言将是致命的打击。而美国对德国问题的关注虽然也有缓解国内生产过剩的问题，但是更主要的是从长远的战略角度进行考虑的。

然而，英国所表现出来的反苏倾向尽管从表面上看来似乎比美国强，但事实上是由其经济政治地位所决定的，英国无法承担起单独对抗苏联的重担，英国对苏联的强硬充其量是一种情绪上的发泄，而无法上升为一种强有力的外交政策。贝文在巴黎外长会议上指出，“如果置波茨坦协

① Byrne's Proposals for the Disarming and Demilitarization of Germany and Japan, 24 May 1946, http://www.cwihp.si.edu

② Robert W Carden, "Before Bizonia: Britain's economic dilemma in Germany, 1945－46", *Journal of Contemporary History*, Vol. 14, No. 3, July 1979, pp. 541－547.

议于不顾的话，我宁愿让苏联来承担首先抛弃该协议的责任”①。对于这句话的理解，一方面可以认为它表明了英国外交的老道，从另一个侧面它还反映出英国外交的一种缺乏进攻性的、趋于自保的倾向，这是由国家实力所决定的。

与此相反，美国在其强大的经济、军事实力的支撑下，尽管表面上可以保持对苏缓和，但是在实际操作中反苏却能够成为其对外政策的公开坐标。工业水平计划制定后，贝文主张修改该计划以示给苏联施加压力。而美国在这方面的表现却并不明显。但事实上克莱筹划英美占区合并的事宜已经讨论了一个月之久了②，国务卿贝尔纳斯首先正式提出英美占区合并的要求。如果从英国在战后对德问题上的处境来看，该计划似乎更应该由英国提出，因为英美占区的建立将具有双重作用，既有利于缓解英国的经济困难，同时可以治疗英国在政治上对共产主义的恐慌症。尽管英国政府内部也讨论过英美占区合并的问题，但是以国家实力为后盾，将美英占区的合并作为一项外交政策，由美国提出比由英国提出更能显示出程度完全不同的政治威慑力，正如同一位体弱多病的老人和一个身强力壮的青年在冲锋陷阵的战场上所表现出的实力对比是迥然不同的。

(3) 工业水平计划的修改与德国赔偿的再分配

工业水平计划出台不久，美占区司令克莱即表示，如果在进出口贸易方面美英苏的行动不一致，那么该计划就难以继续执行，“在不远的将来，美国将会寻求对其进行修改”③，德国工业应该增加 100%。总之，美英的一致意见是放宽对德国工业的限制，使双占区内的德国工业尽快恢复到 1936 年的水平。

美英在对德经济政策上的一致性是由其共同的经济制度所决定的，

---

① Beate Ruhm Von Oppen（ed.），*Documents on Germany under Occupation* 1945 – 1954，Oxford 1955，p. 140.

② Jean Edward Smith，*The Papers of General Lucius D. Clay*，Vol. 1，Bloomington and London 1974，p. 235.

③ The minutes of the Co-ordinating Committee of the March-April 1946，in PRO FO 371 55424，in Alec Cairncross，*The Price of War：British Policy on German Reparations 1941 – 1949*，Oxford 1986，p. 154.

美英要求实现占领区内人员和物资的自由流动，然而，美英所倡导的这一原则并不符合苏联的经济制度，因此苏联坚决反对将东占区纳入美英所倡导的经济原则之下。美国认为苏联对此的拒绝态度，意味着执行工业水平计划的前提已不复存在了。

关于工业水平计划的修改，美英之间存在诸多一致之处。在钢铁产量上，美英占区司令克莱和罗伯森均认为，双占区的钢铁产量应为1070万吨，包括法苏两个占领区在内的总数应为1150万吨。在其它方面，认为重型机器应增加80%，而化学工业则应与1936年的水平持平。

美英对工业水平计划做过多次修改，时间上一直持续到1949年西德的建立。总的原则是放宽对德国工业的限制，从削弱、惩罚战败国转变为复兴、扶植德国经济，将德国尽快纳入欧洲冷战的大旗之下。英国政府内尚有因复兴德国而危及安全的顾虑，而美国则认为安全方面的考虑是微不足道的，高额的出口将能够化解任何危险①。

1947年8月28日美英法三国共同签署了修改后的工业水平计划。该计划要求复兴德国工业，就意味着可用于赔偿的物资的减少。工业水平计划的修改使得西占区多保留了641个工厂，这样按照1946年工业水平计划所规定的应该有1500个用于支付赔偿的工厂此时只剩下859个。

不仅用于赔偿的工厂数量减少，而且，经盟国管制委员会同意，从1946年10月到1947年11月美国对西占区用于赔偿的工厂进行了7次重新分配。1946年10月的第一次分配，49个来自美占区的军工厂中有36个分给了西方18国（IARA，Inter-Allied Reparation Agency），13个分给了苏联和波兰，这被称为“散装”分配（bulk allocation），因为这些赔偿物资可以安装于任何一个民用工厂内，而不需要成套装配。直到1947年11月最后一次分配从美占区共有20个军工厂拆迁分配给苏联，74个分配给西方18国②。

除修改工业水平计划外，美国还派出两个调查团去德国就工厂的拆

---

① Alec Cairncross, *The Price of War: British Policy on German Reparations 1941 – 1949*, Oxford 1986, p. 178.

② James K Pollock, James II Meisel, Henry L Bretton, *Germany under Occupation: Illustrative Materials and Documents*, Michigan 1949, p. 66.

迁情况进行实地调查。一个调查团由克里森（Norman Collison）率领负责向美国政府汇报用于支付赔偿的332个工厂的情况；另一个调查团由汉弗瑞（George Humphery）带领，主要将英占区内用于支付赔偿的工厂的情况向欧洲合作署（European Co-operation Administration）的行政长官霍夫曼（Paul Hoffman）汇报，由他再上报国会。

综上所述，美国对工业水平计划的修改是完全服从于美国对德政策的。双占区的成立表明美国对德国的重视，然而，这只是美国对德战略调整的前奏，表现在赔偿和工业水平计划上，美国对此的修改也是一步一步逐渐深入的，与此同时，美国的对德政策也在逐步清晰化、确定化。因此，从工业水平计划就可以折射出战后美国对德政策的转变，乃至对苏冷战政策的演进。

美英占区合并后对工业水平计划的修改是渐进式的。1947年8月第一次修改后，虽然对用于支付赔偿的工厂进行多次再分配，但作为一种对德国的惩罚措施，赔偿仍然存在。然而，随着1947年“杜鲁门主义”和马歇尔计划的出台，表明欧洲在冷战中的地位的上升，迅速复兴德国就成为美国在欧洲与苏联抗衡的重要因素，此时，不仅需要德国的经济复兴，还需要将德国纳入美国主导下的欧洲防务体系，因此，德国的重要性大大加强，在此条件下，美国涉足欧洲就不仅仅是通过诸如占领区的合并、修改工业水平计划之类的举措了，而且对德赔偿以及对德国工业水平的限制已经显得与美国的整体战略格格不入了。

1948年8月，英国政府认为“德国在马歇尔计划中的重要作用已决定了将很难再继续给德国施加限制性条款了”①。而克莱则不仅要求取消对德国钢铁生产的限制，还进一步要求取消对航空工业的限制。

对工业水平计划的最终修改就是将其纳入欧洲复兴计划的框架之内。在国务院公开发表的对德赔偿计划的声明中明确指出，对工业水平计划的修改的目的在于使拆迁赔偿计划与欧洲复兴计划协调一致，因此，在这一前提下，那些将对于参与欧洲复兴计划的国家的经济恢复具有重要

---

① “Level of Germany Industry”, 13 August 1948, CP (48) 203, in Alec Cairncross, *The Price of War: British Policy on German Reparations 1941 – 1949*, Oxford 1986, p. 183.

作用的工厂应该从拆迁赔偿的清单中删除①。

二战期间，在对德问题上美国政府各部门以国务院、陆军部和财政部为主的内部矛盾和斗争不断，最终国务院所主张的对德多边主义经济政策占据了主导，而对德赔偿原则则完全处于其指导之下，这就更易于解释美国所坚持的“第一偿付原则”、反对以当前工业品支付赔偿的举动，甚至“马歇尔计划”的实施也可理解为是为了满足其推行多边主义的需要。进一步来看，多边主义政策（包括政治经济两方面）的推行则以战后美国强大的经济、政治和军事实力为依托，而从战后初期的综合国力来看，只有美国能够首先发起冷战。

由于战争开支的巨大刺激，美国国民生产总值（以1938年的价格计算）从1939年的886亿美元增至1945年的1350亿美元，从1940－1944年间，美国工业的年增长率超过15%，彻底根除了罗斯福新政未能消除的“经济萧条”；而且与苏联不同，美国的军事和民用工业均得以快速增长。在军事上，战争末期美国垄断了原子弹；美国1250万现役军人中有750万人驻扎海外；美国海军拥有1200艘大型军舰，组成以数十艘航母为核心的作战舰队，实力已大大超过了英国皇家海军；美国拥有2000多架重型轰炸机、1000架B－29轰炸机②。

耶鲁大学教授保罗·肯尼迪在其力作《大国的兴衰》中指出，战后，苏联在军事上是一个巨人，但在经济上已沦为一个丧失了生活必需品、穷困潦倒的穷汉③。从数量上来看，战后苏联红军仍保持175个师、2.5万辆一线坦克和1.9万架飞机的较大规模；但从质量上看，许多师仅仅是架子师或主要担任守备任务④。因此苏联必须投入大量的财力、物力和人力来研制新型武器系统，以实现苏联军队的现代化，然而苏联的经济水平并不足以支撑其军事需求，因此也就不难理解苏联利用俘获的德国科学家和技术人员进行导弹研制的行为了。苏联经济在战争中遭到巨大打

① Pollock, James H Meisel, Henry L Bretton, *Germany under Occupation: Illustrative Materials and Documents*, Michigan 1949, p. 71.

② ［美］保罗·肯尼迪，王保存等译：《大国的兴衰》，求实出版社1988年版，第438页。

③ 同上，第444页。

④ 同上，第444－445页。

击，战后其经济重建的目标是以压缩农业、轻工业来发展支柱性的重工业。

然而，仅将苏联描述为一个军事巨人、经济穷汉并不足以表现出美苏之间实力的质的差异。如果从动态的、历史的角度看，美国在战后世界经济上的霸主地位将是保证其军事强国地位的最重要的因素，而缺乏雄厚经济基础的支撑、或者以牺牲其它工业为代价来发展军事工业，则只能是一种短期行为。从这个意义上看，如果抛开意识形态的影响，美国大可不必对苏联抱一种先发制人的态度。战后美国对苏联“遏制”战略的出台是否也从另一个侧面反映出美国对自己大国地位的不自信和缺乏安全感。另一方面，美国在推行其全球战略的同时总是通过先制造出一套“某国威胁论”来树立一个敌对目标，事实上美国自己的扩张野心才是其最大的敌人，从战后德国赔偿问题上即可窥其一斑。

1949年1月12日，工业咨询委员会（Industrial Advisory Committee）在给霍夫曼的报告中指出，“尽管我们已经认识到复兴德国的危险性，……但是我们认为德国的弱小将会带来更大的危险，并且将使整个西方世界处于一种更加不安全的状态”①。该报告明确表达了在德国再次发动战争与德国可能成为共产主义国家的两种“危险”中，美国认为意识形态的重要性是居于首位的，而复兴德国也正是服从于这一政治目的的。

## 三、美英苏赔偿政策的执行及赔偿数额的估算

关于三大国在东西占领区内（最初是四大国在四个占领区内）从德国获得的赔偿的总数难以统计。有学者指出：这一方面是因为苏联等占领国拒绝通报所得到的赔款数额；另一方面是因为各占领国在拆卸设备和使用劳力时的价值计算，以及在索取德国产品时的定价标准不一致。

从战后最初几年的情况来看，苏占区和西占区的情况分别如下：1946年底，苏占区的生产水平比两年前下降了大约75%，其中1/4是战争破坏的结果，3/4是拆卸设备造成的。生产能力大幅下降，当时只相当

---

① Pollock, James H Meisel, Henry L Bretton, *Germany under Occupation: Illustrative Materials and Documents*, Michigan 1949., pp. 67 - 68.

于1936年的55%。苏占区大为减少的产品大部分被作为赔偿运往苏联。如果说苏联向德国要求的赔偿总数为100亿美元的话，那么苏联通过在苏占区拆卸设备、获取占领费、占有产品（约为全部产品，以及通过占有公司股份的收益等所产生的价值）大大超过了这一数字。到1953年共计已达664亿马克，按1938年的价格计算约合171亿美元。民主德国成立后，苏联继续以易货贸易的方式，用大大低于国际市场的价格获取民主德国的化工、光学、机械等工业产品。西占区的相应数字是：生产能力因拆卸设备下降8%，因战争破坏下降10%。在欧洲，二次大战中损失仅次于苏联和波兰的法国，在赔偿问题上曾咄咄逼人，如强迫德国供货、拆迁工业设备、在本土大量使用德国战俘从事生产，甚至在经济上吞并萨尔区等。而且法占区大批法国官员的开支基本上由德国承担。由于盟国合作失败，英美占区于1947年修改了拆卸设备的计划。联邦德国成立后，拆卸工作进一步减少，并于1951年4月完全停止。拆卸设备总值的估算，盟方和德方差距甚大。总起来看，在15亿至50亿马克之间。如果加上没收德国在国外的财产，以及没收的德国专利、商标和厂名等，估计德国给西方的全部赔款价值为200亿至250亿马克（按上述1938年的汇价换算，相当于51.5亿至64.4亿美元）。西方国家后来转而主张保留一个富有生存力的德国，这显然同美国总统罗斯福当时考虑的全球均衡体系有关。西方为了抗衡苏联的影响，需要有一个经济稳定的德国①。

分区赔偿原则决定了东西方可以在各自占领区内执行赔偿政策，正是由于缺乏公共监督机制的约束，对于波茨坦赔偿协议和工业水平计划的执行在一定程度上就成为各国的“内部事务”。在美英等西方国家内部进行的赔偿再分配中，美英两国获得绝对的主导地位，但是美英两国又一再削减占领区内拆迁工厂的数量，以达到复兴德国的目的；苏联则在西占区进行大规模拆迁。显而易见，美英苏三大国在赔偿政策执行过程中已经分道扬镳、各自为政，而正是由于不同的政策导致东占区所支付的战争赔偿远远大于西占区。因此，战后西德得以迅速复兴的原因之一还在于在美国的帮助下将战争赔偿压缩到了最小的限度。

---

① 杨德利：《德国赔偿问题》，《德国研究》1996年第1期，第32页。

**1. 西占区内赔偿计划的执行及赔偿的估算**

波茨坦会议后，美英苏之间就德国赔偿问题的基本原则已经确定。1945年11月9日至12月21日美英法等共18个国家①在巴黎专门召开了赔偿会议，参加国以欧洲国家为主，涉及到的亚、非国家也主要是英联邦国家，因此称之为西方国家内部的赔偿会议实不为过。这次会议主要设立了负责赔偿分配的行政机构，并将德国赔偿物资在18国内部进行了分配。

巴黎赔偿会议决定成立盟国间赔偿局（Inter-Allied Reparations Agency，简称IARA）作为负责赔偿问题的职能机构，有效期为5年。18个国家各派一名代表成立委员会（Assembly），由法国代表亚克·吕夫任主席。赔偿局设一名秘书长，秘书长及两名副秘书长由美英法三国任命。该机构主要是充当西方18国之间的“媒介”②，通过这一机构各国可以交换关于德国赔偿问题的相关信息、处理涉及德国赔偿的各种问题。

从行政机构的职能设置就可以看出美英法三国在18国中处于绝对主导地位。因此，巴黎赔偿会议在短时间内协调了西方国家内部就德国赔偿问题的意见，这样美英就能够在解决了内部纠纷的情况下与苏联就赔偿问题进行讨论。

从上述行政安排，还能够看出法国被置于一个比较特殊的位置。应该说，在处理德国问题上，法国是西方大国内部一个不和谐的音符。法国一直要求接管莱因兰和萨尔，并且使鲁尔国际化，认为只有这样才能保障自身的安全；在赔偿问题上，美英都希望德国支付较少的赔偿，但是法国却主张德国多赔。美英在以自己的利益为主的前提下，也注意照顾到了法国的利益，从英美占区分出一块法占区，以及在盟国间赔偿局内任命法国人为主席，都表现出美英力图缓和内部矛盾、减小西方大国

① 除美英两国外，这18个国家还包括：阿尔巴尼亚、澳大利亚、比利时、加拿大、丹麦、埃及、法国、希腊、印度、卢森堡、挪威、新西兰、荷兰、捷克斯洛伐克、南非和南斯拉夫。

② Pollock，James H Meisel and Henry L Bretton，*Germany under Occupation：Illustrative Materials and Documents*，Michigan 1949，p. 56.

内部分歧的用意。

此外，盟国间赔偿局还就部分赔偿物资在 18 国内部进行了比例划分。

具体如下表①：

| 国　家 | A 类 | B 类 |
|---|---|---|
| 阿尔巴尼亚 | 0.05 | 0.35 |
| 美国 | 28.00 | 11.80 |
| 澳大利亚 | 0.70 | 0.95 |
| 比利时 | 2.7 | 4.50 |
| 加拿大 | 3.50 | 1.50 |
| 丹麦 | 0.25 | 0.35 |
| 埃及 | 0.05 | 0.20 |
| 法国 | 16.00 | 22.80 |
| 英国 | 28.00 | 27.80 |
| 希腊 | 2.70 | 4.35 |
| 印度 | 2.00 | 2.90 |
| 卢森堡 | 0.15 | 0.40 |
| 挪威 | 1.30 | 1.90 |
| 新西兰 | 0.40 | 0.60 |
| 荷兰 | 3.90 | 5.60 |
| 捷克斯洛伐克 | 3.00 | 4.30 |
| 南非 | 0.70 | 0.10 |
| 南斯拉夫 | 6.60 | 9.60 |
| 总　计 | 100.00 | 100.00 |

在德国赔偿的分配问题上，美英法三国占据了西方国家内的绝对优

① B 类是指德国工业及其它资本设备、商船、内陆水运。A 类是指除 B 类外的赔偿物资（但是除 A、B 两类外还有一部分物资不是由 IARA 负责分配的，因此这里所指的 A、B 两类赔偿物资总和实际上少于西占区总的赔偿物资）。资料来源：James K Pollock，James II Meisel，Henry L Bretton，*Germany under Occupation*：*Illustrative Materials and Documents*，Michigan 1949，p. 49.

势和主导地位，同时基本解决了西方国家在德国赔偿问题上的内部矛盾，应该说美英是希望在与苏联就德国赔偿问题的细节进行进一步谈判之前，先解决一方面的问题，这样在与苏联的斗争中就能够避免其它摩擦所造成的双重甚至多重矛盾。巴黎赔偿会议开始得晚，结束得早，持续的时间不足 3 个月，1946 年 1 月正式签署协议。而与此相反，美英与苏联之间在赔偿及德国经济问题方面的讨论则开始得较早，结束的最晚，从 1945 年 9 月 18 日到 1946 年 3 月 28 日工业水平计划的出台，持续 6 个月之久。通过这一时间上的对比，就能够看出这两组关于赔偿的讨论的阻力是全然不同的。

从上表分配的赔偿比例来看，美英法三国是赔偿的主要接受国，而美英在德国赔偿问题上均表示过希望少赔或不赔，但在实际分配过程中美英却是西方国家中获得赔偿数量最多的。据统计，在盟国间赔偿局分配的赔偿项目中，以战前价格计算，美英获得的分别为 1. 24 亿和 1. 06 亿美元，而法国所获得的仅为 8700 万美元，从西占区运送给苏联的物资为 2600 万美元。按照上述比例，盟国间赔偿局所分配的折合总数为 502. 3 亿美元的物资中，美英两国就占到了一半以上，除去法苏两国的，其他 15 国所获得的赔偿总数尚不及美英两国的 70%①。

盟国间赔偿局分配的从西占区获取的赔偿物资数额如下②：

（单位：百万美元）

| | |
|---|---|
| 掌握在中立国手中的德国外部财产 | 269 |
| 工业资本设备 | 143. 5 |
| 船只 | 44. 1 |
| 截获的敌人的供给 | 14. 7 |
| 从苏占区获得的相应物资 | 1. 5 |
| 其它 | 17. 5 |
| 总计 | 502. 3 |

① Inter-Allied Reparations Agency, *Annual Reports of Secretary-General*, Brussels 1961, p. 1.

② Alec Cairncross, *The Price of War : British Policy on German Reparations 1941 – 1949* , Oxford 1986, p190.

从上表的数据中可以看出，德国外部财产①是西占区赔偿的最主要来源，占盟国间赔偿局所分配的赔偿总数的一半以上，而且其 2.69 亿美元的价值估算与德国人自己所估计的战后不包括专利、商标等在内的 100 亿马克（折合近 3 亿美元）的外部财产相比较②，表明苏占区所获得的同类德国外部财产的数额就已经相当少了。

工业资本设备并不是最大数额的赔偿来源，也就是说通过拆迁西占区的工厂所获得的赔偿并不是最多的，其总数不足 1.5 亿美元。但是，关于工厂拆迁问题却一直是美英修改工业水平计划的一个重点。1946 年 3 月该计划最初规定拆迁工厂的数量为 1683 个，到 1949 年 4 月对该计划的修改将拆迁工厂数量降到了 700 个，到 1949 年底西占区的拆迁基本停止③。

盟国间赔偿局并不负责西占区全部赔偿物资的分配，战利品（war booty）、各种军事设备、黄金、原材料、专利及商业机密、与德国交战国手中所掌握的德国外部财产、战俘的劳动力价值以及大量不同类型的研究设备都不属于该机构所分配的赔偿物资的范围，其中所占数额最多的是与德国交战国手中所掌握的德国外部财产及其战俘劳动力。这部分赔偿则不进行统一分配，由各国自行处理。这样，每个国家所获得的这部分赔偿就与其在战争中的得失完全等同起来了。例如在战俘问题上，1945 年 9 月英国国内的德国战俘为 20 万人，按照凯恩斯提出的每个人头每年所提供的劳动折合 40 英镑的标准计算，就等于战后英国增加了 800 万英镑的劳动力资源④。而对于苏联的德国战俘的数量统计，东西方的数字差别很大：西方认为达到 350 万，而苏联 1947 年 3 月的官方统计仅为

① 德国外部财产（external assets）分为两类，一类是指掌握在与德交战国手中的，这些外部财产不属 IARA 分配；另一类是指掌握在中立国手中的，这些外部财产则由 IARA 负责分配。

② Gustav Stolper and K. Borchardt, *The German Economy* 1870 *to the Present*, London 1967, p. 179.

③ Lucius D. Clay, *Decision in Germany*, New York 1950, p. 324.

④ John Gimbel, *The Origins of the Marshall Plan*, Stanford University, California 1976, pp. 156 - 159.

89 万①。

正是由于拆迁工厂数量的不断减少，德国西占区的生产能力不但没有遭到严重削弱，甚至在一定程度上还得以保持和增长。尽管遭受战争的破坏，1945 年德国的股本（capital stock）甚至高于 1939 年的水平，而且从 1945 年到 1948 年，因贬值和维护不善所导致的损失都高于因拆迁所带来的损失。据估计，西占区赔偿总额仅占德国生产能力的5%，而且赔偿数目的履行只达到原计划（即赔偿和工业水平计划）的 1/4。此外，拆迁的工厂也主要是和平时期工业生产中的过剩工业，如钢铁、化学和工程等②。在 1947 年莫斯科外长会议上，马歇尔宣布美国从德国获得的赔偿总额不足 2. 75 亿美元，其中从盟国间赔偿局各国内获得 6. 6666 万美元，日本投降前的搬迁不到 1000 万美元，价值 500 万美元的船只，1. 5 到 2. 5 亿美元的德国海外资产，没有从当前工业品中获得任何赔偿③。

德国赔偿的支付问题不仅仅在于拆迁的工厂和设备，还有一项就是通过获取德国技术人员和专家，等于变相获得了更具有后发优势的人力资源。美国通过“隐蔽操作和纸夹计划”（Operations Overcast and Paperclip）将德国知识分子和专家用于美国科技的研究工作，而且还成立了地区情报局（Field Intelligence Agency）专门从事搜寻美占区内的科学家、技术人员和科技情报。克莱认为地区情报局的工作就等于是报了苏联在东占区以当前工业品支付赔偿的一箭之仇。而美国没有将这些计算在赔偿的范围之内。

### 2. 东占区的大范围拆迁政策

拆迁工厂是苏联从东占区获取赔偿的主要方式，而且东占区内的拆迁是最早进行的。在苏联政府内部，东占区的拆迁主要由马林科夫（Malenkov）负责。马林科夫是苏共中央委员，他主要负责安全和经济事

---

① Michael Balfour and John Mair, *Four Power Control in Germany and Austria* 1945 - 1946, Oxford University Press for Royal Institute of International Affairs, London 1956, p. 164.

② Department of Economic Affairs, *Economic Survey of Europe Since the War*, United Nations 1950, p. 7.

③ U. S. Department of State, *Germany* 1947 - 49, Washington 1950, pp. 371 - 373.

务：他曾和贝里亚（Beria）共同负责国家安全委员会；1943 年他被选为“被解放地区经济复兴委员会”（Committee for the Rehabilitation of the Economy of Liberated Areas）委员；1944 年在麦斯基之后他又成为特别委员会主席，负责苏占区内德国非军事化的任务。马林科夫主张通过大范围拆迁东占区的德国工厂，来达到削弱德国并且能够为苏联战后的发展提供急需的重工业设备的双重目的。然而，马林科夫的想法过于理想化了，一方面拆迁设备的重新装配同样需要大量时间和费用，另一方面还必须有一批熟练的技术人员才能够使机器得以运转。

马林科夫的对德赔偿政策遭到日丹诺夫（Zhdanov）和米高扬（Mikoyan）的坚决反对。日丹诺夫主张对德采取较为缓和的政策，以使东占区在政治上与苏联保持一致，成为苏联东部安全带的一部分；米高扬则主要从经济角度考虑，认为必须限制拆迁的数量和范围，以保证能够以当前工业品支付赔偿；由于战后在苏联重建的过程中，水泥匮乏，当时甚至提出了“水泥就意味着五年计划”的口号，米高扬因此反对拆迁部分德国工厂以利用其资源。米高扬指出，“经验表明拆迁的工厂并不能得到高效利用，……将其运至苏联后的重组将需要花费更多时间和金钱；即使组装好了，由于缺乏经验和合格的技术人员，也难以生产出所需要的产品”①。此外，由于马林科夫所主张的广泛拆迁还包括东占区的造纸厂、印刷厂等，这部分拆迁则遭到麦克利斯（Meklis）等人的反对，因为这直接导致了东占区纸张的短缺。贝里亚和沃兹奈森斯基（Voznesensky）则反对拆迁德国的重工业②。但是这些反对意见最终并未能占据主导，因此，尽管苏联在此前的赔偿计划中提出了以当前工业品和拆迁两种方式作为赔偿来源，但在操作过程中，一方面是由于美英反对以当前工业品作为支付途径，另一方面则由于苏联政府内部马林科夫所坚持的大规模拆迁，因此，拆迁成为最主要的赔偿手段。

---

① Vladimir Rudolph," The Administrative Origanization of Soviet Control, 1945 – 1948: The Agencies of Control: Their Origanization and Policies", in Robert Slusser (ed.), *Soviet Economic Policy in Postwar Germany*, New York 1953, p. 46.

② Gavrel D. Ra'anan, *International Policy Formation in the USSR: Factional 'Debates' during the Zhdanovschina*, Connecticut 1983, pp. 22 – 25.

在拆迁过程中出现很多问题，其中最主要的就是一味强调速度而忽略了拆迁设备的重新组装和存放问题。拆迁的速度由快及慢。由于在波茨坦会议前苏占区就已经开始拆迁，即在1945年5、6月间，这一时期，拆迁的速度最快，在两个星期内就拆掉了1200多个工厂①；此外，在1946年3月和7月以及1947年11月又出现了两次拆迁的高潮。

在运输过程中，由于铁路匮乏，有1/4的拆迁设备通过船运，而尚未运送的设备就暴露在户外，运到苏联的物资也搁置在户外，由于管理不善，一些设备被废弃。如，从德国不鲁彻马彻（Bluchermacher）化工厂拆迁的设备本应由苏联石油工业部重组利用，但由于多年置于户外而生锈报废。此外，还有许多设备因运输途中零部件或装配图纸的丢失最终无法组装使用，或者由于不同工厂的设备零件混杂而难以重新安装②。

针对拆迁过程中的问题，米高扬提出通过当前工业品这一经济手段来获取赔偿的计划，并要求苏联驻德军政府（Sovetskaya Voyennaya Administratsiya v Germanii，缩写为SVAG）共同负责赔偿计划的执行，军政府反对部分重工业的拆迁，以此抵制马林科夫的大范围拆迁政策。但该计划遭到众多反对。因此，在赔偿政策的执行上，马林科夫的地位得到进一步加强。

美苏之间在拆迁问题上陷入了恶性循环。美英认为苏联在东占区内所进行的大范围拆迁是西占区宣布停止拆迁支付赔偿的重要原因，而苏联则认为西占区停止拆迁势必会影响苏联战后所获赔偿的数量，因此又反过来促使了苏联增加在东占区的拆迁行为。应该说苏联在对德赔偿问题上的立场一直保持强硬，从赔偿数量的要求到支付手段的规定，苏联认为自己在战争中所承受的巨大损失必须通过赔偿来得以弥补。苏联在战后初期的对德政策就是通过最大限度地从东占区获取赔偿的方式来保证苏联战后重建所必须的物资和设备。因而，从拆迁设备的种类来看，都是苏联战后重建所必须的，例如二战末期由于苏联国内交通运输设备的匮乏，所以要求东占区提供12万台柴油机。然而这一数字只是从苏联

---

① Vladimir Alexandrov, "The Dismantling of German Industry" in Robert Slusser (ed.), *Soviet Economic Policy in Postwar Germany*, New York 1953, p. 15.

② Ibid., pp. 16 – 17.

的需求出发而忽略了东占区的供给能力，占领区司令朱可夫（Zhukov）忿忿地指出，“为什么这些自作聪明的官员自己不想办法，反而将这些不切实际的计划指派给我们，或者干脆让他们自己来示范一下该如何完成这项任务？”①

德国东占区的赔偿是服务于苏联战后自身重建的。1946 年 8 月 8 日苏联城市规划研究院（the Soviet Union's Institute for City Planning）院长所罗夫南科（Solofnenko）提交了一份备忘录，指出重建 36 个苏联城市将是接下来的两个五年计划的核心内容，而且认为首要任务是在被战争摧毁的地方按照城镇规划和建筑学建立起新的城市。所罗夫南科认为由于苏联实行中央计划经济，因此这一目标是可以实现的②，即只要政府制定计划就一定能够完成。

如果从苏联自身的角度来看，快速地、大范围地拆迁似乎能够立竿见影地满足其在战后初期的迫切需求，因为一方面是本土作战所损耗的大量人力、物力和财力，另一方面意识形态斗争的危机感使苏联在战后初期必须通过确保周边的有利环境来巩固自身的安全。即使承认这一假设前提，在执行拆迁的过程中，特别是在初期，也存在许多问题，除了前述的拆迁速度及存放问题外，一个更根本性的问题在于自上而下的任务传达体制，苏联在很大程度上只考虑到自身的需求而忽略了东占区的赔偿能力。但是，对东占区的削弱并不代表其经济没有发展，东德成立后，到 1953 年工业生产已经恢复到 1936 年的水平，而且在1947－1953 年内，国民生产总值（GNP）增长了 70%。

对于苏联从东占区所获赔偿的总额，苏联的官方统计与西方的估计并不一致，苏联的统计比美英以及德国的估计要低。

1950 年 5 月，苏联宣布到年底将获得 36.58 亿美元的赔偿，并提议减少苏联的对德赔偿，将雅尔塔和波茨坦会议所确定的 100 亿美元的赔偿总额减少到 68.29 亿，要求德国以每年 2.11 亿美元、15 年分期付款的形

① Vassily Yershov, “Confiscation and Plunder by the Army or Occupation”, in Robert Slusser (ed.), *Soviet Economic Policy in Postwar Germany*, New York 1953, p. 4.

② SED, NL 90/260, d. 4. in East European Quarterly, Fall 1995 v29 n3 p293 (22), http: //galenet. galegroup. com/servlet/History/

式偿清剩余的赔偿①。

美国国务院 1948 年 11 月 15 日的报告中估算了东占区在战后初期所获得的赔偿，具体见下表②：

（单位：百万马克）

| | |
|---|---|
| I. 资本搬迁及所得： | |
| a. 从苏占区和柏林获取的工业设备 | 3，300－4，300 |
| b. 从西占区获取的工业设备 | 140 |
| c. 铁轨 | 170 |
| d. 船只 | 94 |
| e. 苏联公司的不动资产 | 1，600－2，000 |
| f. 其它工业财产及不动产 | 200 |
| 小计： | 5，500－6，900 |
| II. 当前产品： | |
| g. 必须交付赔偿的工业及矿产产品 | 3，600 |
| h. 运送到苏联的其它产品 | 3，200 |
| i. 苏联提供的部分原材料 | 400（—）. |
| j. 铀矿 | 140 |
| k. 农产品 | 700 |
| l. 交通运输服务 | 300 |
| 小计： | 7，540 |
| III. 外部财产： | 500 |
| 总计： | 13，540－14，940 |

按照 1938 年的价格（1 马克 =0. 3 美元），除去其中 III 、b 两项（因

① “The East German Economy at the end of the First Five Year Plan”，FRUS，1951，p. 76.

② OIR Report No. 4792，*Soviet Takings from Germany* 1945 － 48，Department of State，Division of Research for Europe，in Alec Cairncross，*The Price of War : British Policy on German Reparations 1941 － 1949* ，Oxford 1986，p. 209.

为外部财产和从西占区获取的工业设备都不属于从东占区获得的赔偿），从东占区获取的赔偿则折合 39 亿到 43 亿美元。

根据当时负责德国经济事务的官员金德伯格（Charles P. Kindleberger）的统计，他认为，苏联从东占区拆迁获得的赔偿占东占区所有资本设备的 35—45%；而美占区司令克莱将军在 1946 年 8 月对此的估计则更保守，仅为 15—20%①。

英国所估计的数额最高。在 1945 年 12 月兰开斯特外长会议上，贝文指出英国估计苏联从东占区获得的赔偿为 72 亿美元，其中工业资本设备为 4 亿、铁轨及公共设施为 12 亿，当前工业品为 2 亿。

据德国官方统计，从 1945 - 1953 年苏联从东占区获取的物资总额为 664 亿马克。具体可见下表：（单位：十亿马克）②

（单位：十亿马克）

| | |
|---|---|
| 战利品 | 2 |
| 拆迁设备 | 5 |
| 用掠夺现金购买的商品（包括 75 亿马克的铀矿） | 15 |
| 用于赔偿的当前运送 | 34. 7 |
| 交通及其它费用 | 2. 85 |
| 给苏联所获东德企业的补贴 | 3. 3 |
| 给苏联所获东德企业的运营资本以及从这些企业中的搬迁 | 1. 0 |
| 重新购买苏联所获东德企业的费用 | 2. 55 |
| 总计： | 66. 40 |

如果同样按照 1938 年的比价来换算，则折合 199. 2 亿美元。实际上，该表所包括的不仅仅是赔偿，还囊括了这一时期东占区所有因苏联而产生的费用支出。其中属于赔偿项目的只包括拆迁设备、铀矿、用于赔偿的当前运送、交通及其它费用，共计 472 亿马克，折合 141. 6 亿美元。

---

① Charles P. Kindleberger, "Toward the Marshall Plan: A Memoir of Policy Development in Germany 1945 - 1947", in Charles Maier (ed.), *The Marshall Plan and Germany*, New York 1991, pp. 78 - 79.

② *DDR Hardbuch*, 3rd edn Berlin 1985, p. 1121.

此外，西方学者对此的估价也各异。高特列伯认为苏联从东占区设备拆迁的总额为37.5亿马克，其中不包括办公设备、铁轨、货车及电厂等公共设施①。奈投认为到1948年为止苏联从东占区获得赔偿总数为115亿马克，相当于其中41亿马克为拆迁资本设备、44亿马克为当前产品及原料、10亿马克的食品、从东占区工厂获得20亿马克的物资，此外苏联还留有70亿马克的赢余②。纳特则认为从1946年到1953年苏联从东占区获得的赔偿总数为62亿美元③。

上述数据表明，美苏之间的估算值较接近，而英德两国的估算值则明显偏高。造成这种差异主要是由于各国统计的标准的不同及各国统计的时间不完全一致，所使用的汇率也不尽相同（虽然都以战前为标准，但有的以1936年为准，有的以1938年为准），甚至在赔偿范围的界定上也存在分歧。美英在计算苏联从东占区获取的赔偿时，将苏联定义为“战利品”的部分也作为赔偿的一部分。根据最新东欧解密档案，有学者指出：“苏联在赔偿、重建和政治控制上的失败以及美英加紧采取西占区政治和经济独立的措施，致使苏联别无选择”④。1945年7月25日，苏联发布的第11号军令指出，要求东占区内所有外汇、国际财产、金银必须在10月之前全部交给苏联占领当局⑤。从1945年10月开始苏联已控制了东占区约1/4的生产⑥。但是按照苏联的规定这些应属于“战利品”，而不计入赔偿。因此在数额统计上东西方之间存在巨大差距。而且苏联从东占区获得的技术工人也在苏联的统计中也没有被计做赔偿，而美英

---

① Manuel Gottlieb，*The German Peace Settlement and the Berlin Crisis*，New York 1960，p. 138.

② J P Nettl，*The Eastern Zone and Soviet Policy in Germany* 1945 - 1950，London 1951，pp. 237 - 238.

③ G W Nutter，*Growth of Industrial Production in the Soviet Union*，Princeton 1962，p. 352.

④ East European Quarterly，Fall 1995 v29 n3 p293（22），http：//galenet. galegroup. com/servlet/History/

⑤ ZK SED，f. IV/2/13/528，d. 16，in East European Quarterly，Fall 1995 v29 n3 p293（22），http：//galenet. galegroup. com/servlet/History/

⑥ Childs，The GDR，p. 13.，in East European Quarterly，Fall 1995 v29 n3 p293（22），http：//galenet. galegroup. com/servlet/History/

则将其计算在内。据统计，当时东占区约有 18 万技术工人。1946 年 4 月朱可夫曾签署 140 号军令，要求建立职业技术学校来培训工人，并对重要岗位的工人进行再培训①。

二战后苏联所获得的战争赔偿实际上是其首批巨额外国财政资产。早在 1917 年苏维埃政府便从沙皇俄国那里继承了一批资产，不过其自愿放弃了。例如 1921 年苏维埃政府便免除了希腊和土耳其原先所欠沙皇俄国的债务。正因为如此，希腊将沙皇俄国在其领土上的财产返还给了苏维埃。另外，俄罗斯联邦还拒绝接受 1919 年 7 月 28 日《凡尔赛和约》分配给俄国的德国战争赔款，根据该和约第 116 条款之规定，俄国本应从德国获得 161 亿金卢布的巨款赔偿。当然，苏维埃政府也希望利用以上事实能在 1922 年的热那亚和海牙国际会议上赢得一些实质性的回报，在这两次会议上与会国讨论了沙皇俄国的债务清欠问题。苏维埃政府表示，自己既然未得到战败国的赔偿，当然也就有权拒绝清还沙皇俄国所欠其他国家的战债（这些战债是在一战中形成的，共计约 80 亿卢布）。

关于二战后苏联从德国所获战争赔偿的问题，国外学者和媒体就这方面的研究较多②。其注意力主要集中在外国赔偿资源的规模数量及对苏联经济发展的影响等方面。苏联所获战争赔偿问题之所以引起人们广泛的兴趣，关键在于：这些赔偿在一定程度上缓解了苏联在冷战激烈对抗时期对外资金借贷上的困难，尤其是对战后苏联经济的封闭性起到了独特的补偿作用。

早在 1945 年 2 月举行的雅尔塔会议上苏联便已向盟国首次正式宣布自己战后希望得到的战争赔偿数量。按说，苏联要求的赔款数额并不太大——100 亿美元，这一数量只相当于希特勒德国给苏联被占领土所造成损失的 13%。虽然苏联代表团向德国提出的战争赔款总数为 200 亿美元，但实际上只希望得到它的 50%，即 100 亿美元。苏联代表团还认为，只有那些“承担了主要战争负荷，并为战胜敌人发挥了重大作用”的国家

① ZK SED, f. I/2/053, d. 19. Order No. 140, in East European Quarterly, Fall 1995 v29 n3 p293 (22), http://galenet. galegroup. com/servlet/History/

② Б. А. 赫依费茨（Б. А. Хейфец）：《二战后苏联从德国所获得的战争赔偿》，《财经历史》2010 年 7 月。

才应取得最多的战争赔偿，即“根据每个国家所负担义务多寡”的原则分配战争赔款。而丘吉尔却对苏联代表团所提出的这一原则持反对态度，他提出的战争赔偿分配原则是：对于战胜国——“各取所需”，对于战败的德国——“根据其经济能力”。

苏联代表团坚持以商品形式获得自己应得的那部分战争赔偿，即不要现金，而是以实物代替赔款。苏联政府充分借鉴了一战后德国战争赔偿过程中的不成功经验。当时德国应付的战争赔款额为300亿美元，而战争赔款的支付出现了极其复杂的情况。战胜国要求德国支付外汇，这就产生了德国马克的汇兑等一系列问题，实际上是将战争赔偿问题逼进了死胡同。

在对外宣布自己希望得到100亿美元战争赔款这一数额的同时，苏联充分考虑到了自己反希特勒盟友的情绪。后者认为战后如果赔款数额过大，将会严重削弱德国经济，担心其无法承受。100亿美元只是1944－1945年度美国军事预算的10%，或1936－1938年度其和平时期军事预算的125%，而100亿美元对英国而言，只相当于6个月的军费，或其1936－1938年度和平时期国家预算的250%。

在提出这一赔款数额的同时，苏联代表团极力强调这一事实，即自己非常理解战后德国经济上的巨大困难，国内需求很大，苏联并不想“将德国变成一个缺衣少食的国家”，并不奢求太多，相反苏联希望“为德国在战后保持中等欧洲国家生活水平创造条件”。

苏联之所以要求以实物抵偿战争赔偿，主要是因为战争使苏联经济受到重创，而此时得到实物性的产品和生产手段，对苏联而言比得到外汇意义更为重要和划算，而其中一部分实物还可用来偿还战时从盟友那里得到的借贷，在当时条件下以此方式反而比用外汇偿还战债更有利。

在获得这一数额战争赔款的同时，苏联将从中提出一部分来满足波兰的战争赔款要求，而美国和英国也相应地从自己所得的战争赔款中用一部分来满足其他一些因德国侵略战争而蒙受了重大损失的国家的战争索赔要求。

为了更详细地研究战争赔偿问题，盟国通过了关于在莫斯科建立苏、美、英三方国际赔款委员会的决定。该委员会在莫斯科工作了5个月，之后又决定迁到柏林。围绕着战争赔偿问题，盟国间的合作还包括1944

年底在德国建立的监督委员会。

在几个月之后召开的波茨坦会议（1945 年 7 月 17 日 –8 月 4 日）上苏联仍坚持自己的战争赔偿数额为 200 亿美元（实际只希望得到 100 亿美元），并以此作为讨论的基础。但由于苏联的这一要求遭到了盟国的反对，具体的赔偿数额在此次会议上并未最终确定下来，只是通过了由国际赔款委员会对此作出评估的决议。不过，这些并未对苏联的既定方针造成影响，事实上早在波茨坦会议之前苏联已经为获得这些预支赔偿款项采取了实际的步骤。

在关于赔偿规模的问题上盟国之间达成了“逐渐放缓速度”的默契。这作为另一指导思想为监督委员会制定德国战争赔偿规模和战后经济发展计划奠定了基础（1946 年 3 月该计划受到了盟国的称赞）。这一计划确定了德国最重要产品种类生产的水平及其相应生产能力，以便使战后德国能保持必要的生活标准，其中也列出了一些“多余的”设备和军工企业，这些均属于赔偿物资的范围。

与战争赔偿问题密切相关，有一个事实颇有意思。为阻止其他盟国觊觎德国在其盟友——保加利亚、匈牙利、罗马尼亚、芬兰及东德（这些国家已被斯大林视作苏联的势力范围）领土上遗留的财产，早在波茨坦会议上斯大林便宣称，苏联并不想要德国所储备的黄金，尤其对德国在世界各地的海外投资不感兴趣。斯大林的这一建议当时确实出乎其盟国的意外，因为苏联最初曾声称希望得到德国工业和交通企业在西方的价值约 5 亿美元的股份，它相当于德国海外投资的 30% 或 30% 的黄金储备。

正是由于斯大林的这一建议，苏联得到其他盟国同意，从西方占领区得到了一些额外的工业设备。例如盟国最初曾建议给予苏联西方占领区 12.5% 的主要设备（苏方必须用自己从战争赔款中所得的等值的工业原料和粮食来进行交换）和 7.5% 的工业设备（主要是德国和平经济不需要的，苏方可免费获得），而在苏联方面做出上述让步后，以上物资的比例也相应增加到了 15% 和 10%。

对于斯大林所做出的上述让步，后人可能会指责说，这是苏联政府决策上的一项重大失误。因为如果苏联得到了德国的海外投资，那么，俄罗斯的外交状况和对外经济关系的发展可能完全是另一番景象，它将在世界资本市场上拥有多种生产企业及大量的相关财产。

战前德国的海外资产估计有50亿美元，其中在美国约10亿美元以上，加拿大10亿，瑞典7－12亿（各种资产综合评估），拉丁美洲7亿，西班牙2亿多，中国1亿多。另外，德国还在瑞士、挪威、土尔其、英国、比利时、葡萄牙、日本、伊朗等众多国家拥有投资。例如，德国最大的化工托拉斯法本公司（И. Г. Фарбениндустри）已渗入到了美国和欧洲国家化学工业主要领域，控制了德国人造纤维、碳酸钠（苏打）、酸性磷酸盐、清漆、涂料和染料、肥皂、矿山、硫磺、白云岩等企业的生产。德国钢铁托拉斯在全世界设有近175个分支和代表机构，战前曾控制了整个欧洲的钢铁贸易。一些规模巨大的德国工业康采恩，如克虏伯（Крупп）、曼内斯曼（Мнессман）、西门子（Сименс）、泰森（Тиссен）等分支机构网络遍布世界各个角落。如果拥有了这些，无疑为苏联融入世界经济提供了良好的先决条件。

德国西占区集中了德国工业潜力的75%，苏联希望从这里获得全部战争赔偿的打算并未实现。据估算，苏联从这一地区原希望得到的战争赔偿总数约10亿美元，可根据官方有关资料显示，截止1947年1月苏联从这一区域所得到的赔偿仅有1250万美元，其中，无偿得到的只有500万美元。另据资料统计，截止1947年3月苏联从德国西占区得到了26座工厂的设备，总值为17290万马克（相当于7000万美元），这一部分战争赔偿的15%是通过商品交换而来的。随后，苏联实际上再未从德国西占区得到任何设备供应。

1945年共计有40万以上火车车皮的物资被发往苏联，其中242788车皮是粮食和被服，还有21834车皮的物品和辎重财物，73493车皮的建筑材料和家具，6370车皮的纸张，588车皮的各类器皿，18217车皮的农机设备，24车皮的艺术珍品，另外，还有大量的黑色和有色金属（45万吨）被整车运往苏联。截止1946年3月被运到苏联的设备总重量约有400万吨。德国共有733个涉及军工及其相关生产的企业被盟军赔偿计划认为，应限制其发展和被拆除，用于战争赔偿之目的。截止1947年初被拆除的此类企业共有676个。

盟军所制定的战争赔偿计划包括两种实现方式：其一，拆除德国的工业设备；其二，以企业每天生产的产品抵付战债。第一种方式截止

1948 年便基本结束，第二种方式持续的时间相对长一些。

另外，苏联的战争赔偿中还包括所占德国（后来的西德）领土上的大量工业和其它经济部门中的财产，其中，大部分被用于组建驻德苏联股份公司，其产品以当前价格列入战争赔偿总量。苏联放弃了德国军用和商用舰队的 1/3，每艘远洋商船的注册毛重约等于 400 吨。据德国的估计，该舰队的价值约为 16700 万马克或 6700 万美元。

根据战争赔偿而得到的设备，被运用于苏联各个部门，其中包括全苏体育文化事务委员会下属的单位和古拉格集中营。一些“特殊”设备被分配到各企业，可由于设备的技术构成与当地具体生产条件不相搭配，从而造成设备使用上的不合理，一些设备并未得到企业应有的维护和保养。

有必要指出的是，从德国获得的高技术设备和最新技术样品为苏联生产众多先进产品（其中包括许多苏联生产不了的产品）的生产发挥了重大作用。例如源自德国西门子、AEG 公司和德律风根（Телефункен）等康采恩的精密设备为苏联发展无线电定位仪器、无线电装置、发生和特殊电子管、两极管整流器、X 光透视管、无线电测量仪及其它电子产品起到了巨大推动作用。由德国著名火箭科研中心计划，分布在德国、波兰、捷克斯洛伐克、匈牙利和奥地利的工厂研制的“风－2 型”火箭设备及样品极大地促进了苏联火箭技术的发展进步。德国梅塞施半特（Мессершмитт）、希尔特（Хирт）和亨克尔（Хейнкель）等工厂所生产的最新型飞机和设备，为苏联航空事业的发展作出了重大贡献。

但苏联的战争赔偿主要以自己短缺的工业品和日用消费品为主。而其他盟国，尤其是美国的战争赔偿政策主要集中在获取德国最新科技研发的高级人才，最新设备和武器样品。他们将大量德国科技精英运回国，充分发掘和利用德国学者和工程师的聪明才智。事实证明，美国在原子弹研发和火箭制造方面很多地方都借用了德国科学家的研究成果。在化学、医药工业、机床制造、航空制造、汽车工业等领域也借鉴了德国学者许多先进的设计。另外，美国和英国战后均从德国运回了大量精密的实验设备和仪器。

据美国人自己的估计，在利用德国知识和经验上，美国仅在火箭发动机研究一个领域节省研发资金 7.5 亿美元。美国和英国从利用德国专利方面也获得了不少于15亿美元的收益。据德国人的估算，美国和英国战后所获得的专利及相关技术文件总价值应该在125亿马克或50亿美元。

必须承认的是，美国的实际情况与当时的苏联完全不同，他们对于一般性的工业设备和商品并不像战后苏联那样极度匮乏。还在盟国三巨头最初讨论战后赔款问题的雅尔塔会议上，美国就曾表示对这些东西不感兴趣。不过，与此同时也不得不承认这样一个事实，在解决科技进步的前瞻性问题和巩固自身经济的强大持久方面美国人的战争赔偿政策比苏联考虑的更为深刻，眼光更为长远，更讲求效率，也更具战略高度。而苏联的赔偿政策明显存在短视性的缺陷。

随着欧洲政治形势的变化，为了建立环绕苏联的欧洲国家“缓冲”集团，使其接受苏联影响，并保持对苏友好态度，迫使苏联不得不改变自己的战争赔偿政策。

1950年5月应东德政府的要求，苏联政府决定削减战争赔款总额的50%。当时该国已向苏联支付战争赔款36.58亿美元（依照1938年的汇率）。其中，工业设备约占13亿美元，新生产的工业品占24亿美元。这并不包含苏联在德国建立的股份公司所占的财产，及东德为驻德苏军和行政人员所提供的各种服务等。总之，经过削减之后，苏联应得的战争赔偿总额100亿美元只剩下31.71亿美元。该赔款余额，根据双方协议，东德应在15年期限内全部偿清，起始时间为：1951年起至1965年（包括1965年在内），即每年平均需偿还2.11亿。

不过，后来苏联还是从1954年1月1日提前结束了对东德的战争赔偿要求。1953年8月22日苏联和东德签署的特别联合协议书便集中体现了苏联政府的这一决定。其中规定，苏联政府主动放弃对东德尚未偿清的战争赔款的索赔，数额约在25亿美元（即31.71亿美元减去1951－1953年间东德已支付的赔款6.33亿美元）。由此，基本可以出如下结论：苏联从德国战争赔偿中总共实际获得赔款约为43亿美元。

关于苏联从德国战争赔偿中所得赔款实际数额的问题，西方的一些评估结果颇耐人寻味。一些研究机构认为，苏联所得赔款的实际数额远远高于苏联政府对外公布的官方数字。例如，据美国中央情报局1956年相关报告，1945－1953年间苏联从东德所获得的商品和服务价值（以10亿美元单位计，战前汇率）为：94.5亿美元，其中，工业设备和交通工具总值12亿美元，新生产产品占37.5亿美元，铀矿石12亿美元，东德为驻德苏军及行政机构所提供的服务占33亿美元。又据东德经济学家的估算，截止1953年以前，苏联从东德共获得战争赔偿660亿马克（以当时市场价格计算），最低估计，该赔款数额应不少于65亿美元（战前美元价格）。除了放弃以上战争赔偿外，苏联还无偿地向东德移交了根据以前赔偿相关规定属于苏联政府的33个总值为27亿马克的工业企业；根据双方1952年协议，苏方免除了东德4.3亿马克的债务，其中包括66座类似上述工业企业，及战后东德所欠苏联债务；苏方还将以前属于苏联驻东德股分公司的部分财产交给了东德。

在从德国取得战争赔偿的同时，苏联还从其它一些国家（匈牙利、罗马尼亚、芬兰、意大利等）获得了一定量的战争赔款。事实上，关于这一问题早在波茨坦会议上苏联已征得了盟国原则上的认可，不过，有关这方面的法律文件只是到了1947年2月10日在与这些国家签定了一系列和约之后苏联才真正拿到。上述国家的对苏联战争赔偿主要以提供商品的形式进行。例如罗马尼亚所提供的赔偿商品有：石油制品、粮食、木材、海运和河运船只；匈牙利提供的是机器设备、粮食、河运船只；芬兰提供的是纸张、铝、木材、海运和河运船只、各种机器设备；意大利提供的是军工企业内部使用的工业设备和工具性设备等等。上述所提供商品的结算是在现行市场价格的基础上根据商品的不同种类以上调10–15%为限。

当然，也存在其它一些双方认可的战争赔偿形式。如，根据苏联与意大利政府的协议，意大利免费加工由苏联提供的工业原料，之后再将制成品交给苏方。不过，在实际运作过程中意大利在完成上述加工义务时表现欠佳，因而苏联政府不得不经常动用外交手段进行交涉。

自1948年7月1日起根据匈牙利、罗马尼亚和芬兰政府的请求，苏联将其所欠战争赔款均减免了50%。苏联政府放弃了对奥地利和保加利亚的战争赔偿要求。而与此同时，保加利亚，还有匈牙利、罗马尼亚、芬兰等国均将位于本国领土之上的德国财产移交给了苏联。另外，意大利也将自己在罗马尼亚、保加利亚和匈牙利等国的资产交给了苏联，以充抵自己的对苏战争赔偿。

正如在德国一样，苏联也在其它一系列人民民主国家领土上组建了股份公司，其资产既包括苏方根据1945年波茨坦会议决议从战争赔偿中所获得的财产，也有苏联政府的补充投资。1954年这些股份公司的资产最终均以优惠的条件通过分期付款的方式移交给了所在国政府。

德国在芬兰的资产估计价值有60亿芬兰马克。苏联把这些钱用于购买芬兰商品（共花费其总量的50%）、兑换英镑、赎买属于芬兰的位于列宁格勒和塔林的楼房建筑、参股苏－芬人造纤维制造股份联合公司、重建水利设施、购置军舰和其它日用消费品。

由于盟国的反对，将德国位于东奥地利的资产归属苏联的问题始终未得以解决，随后数年间位于这一地区的德国企业经监督委员会授权一直实际上由苏方经营。

总之，充分利用德国战争赔偿及其相关资产以利自身经济的恢复和重建是二战后苏联政府的既定目标和对外政策指针，从最终效果来看，战争赔偿对遭到战争严重破坏的苏联经济的恢复无疑发挥了相当大的作用。

数字统计有时仅仅是一个表象而已，在对德赔偿问题上美英与苏联之间的根本性分歧是政策上的不同。通过对工业水平计划的修改，西占区乃至西德已完全纳入了战后美国的全球争霸战略，而东占区以及东德也成为斯大林所宣称的“这场战争的特点是：仗打到哪里，其制度就将推行到哪里”的理论的实践。而美苏之间政策上的差异则根源于政治经济制度、意识形态的不同。美国阻挠西占区支付赔偿、力图复兴德国和欧洲的目的是为了推行其“多边主义”的经济模式以及与此相适应的政治体制，而苏联坚决要求赔偿、在东欧建立自己的安全区则是为了抵制美国的经济和政治制度的传播，捍卫自己的社会主义体制。到1948年3月盟国管制委员会正式破裂，因此赔偿物资停止从西占区向东占区的运送，至此标志着雅尔塔和波茨坦协议所规定的关于德国赔偿问题的解决方案被彻底放弃了。在对德赔偿政策上的各自为政最终仅成为美苏经济政治对抗的若干表象之一。

### 3. 马歇尔计划与德国战败赔偿问题

战后，在相隔仅几个月的时间内，“杜鲁门主义”与“马歇尔计划”的相继出台，公开表明了美国在政治、经济上进行全方位冷战的目标。

其中，“马歇尔计划”虽然是作为一项经济援助政策提出的，但它本身所具有的经济与政治的双重目的则是不言而喻的。修正学派的学者们精辟地指出，“它作为一项策略拯救了自由资本主义，它将上百亿美元用于稳定西方的市场经济、推进非共产主义政权，这是一笔精明的投资。”①

虽然马歇尔计划是指向包括苏联在内的整个欧洲国家的，但在1947年6月5日马歇尔演说后，苏联即分别从政治和经济角度对马歇尔计划进行了分析。6月9日，苏联驻美大使诺维科夫（Novikov）在给苏联的电报中强调了马歇尔计划的政治因素，他指出，尽管马歇尔措辞含糊，但是表明美国已经准备支持强调战后以法德为核心的重建欧洲的“莫奈计划”，其反苏用意很明显。6月24日他在电报中又进一步指出，马歇尔计划和杜鲁门主义的目标如出一辙，只是方法不同：杜鲁门主义的提出是美国外交策略的失误，其“粗犷”的提出反苏的方式遭到欧洲和美国内部的反对，而马歇尔计划的提出则改为采取更“委婉”的手法②。

在巴黎外长会议前，6月24日瓦加向莫洛托夫递交了一份报告，指出，美国提出马歇尔计划的动因在于避免国内的经济危机，他预测，如果危机爆发，将会导致其生产力下降20%以及1000万人口失业；因此美国必须通过扩大出口市场来保证生产与消费之间的平衡。瓦加认为美国之所以要求欧洲国家作为一个整体接受该计划有五个原因，在原因之二中，他指出，在对欧援助的统一计划的框架内有助于推行将德国纳入其中的政策，这样在德国问题上美国就能够寻求建立一个以欧洲资本主义国家群体为基础的前沿，以此来对抗苏联③。美国自身的经济境况是马歇尔计划的真实动因，马歇尔计划只是解决美国国内即将到来的经济危机的工具和手段，即通过给欧洲国家提供高额贷款来缓解国内生产过剩的问题。因此，从美国自身的利益来看，需要通过给欧洲国家提供贷款从

---

① Charles Maier etc.（ed.），*The Marshall Plan and Germany*，New York 1991，p. 2.

② Novikov to Molotov，9 June 1947，24 June 1947，AVP RF，f. 059，op. 18，p. 39，http：//galenet. galegroup. com/servlet/History/

③ “Scott D. Parrish，Report of Academician Varga to Foreign Minister Molotov，”24 June 1947，AVP RF，in Working Paper #9：New Evidence on the Soviet Rejection of the Marshall Plan，1947：Two Reports，http：//galenet. galegroup. com/servlet/History/

中获得最大限度的政治利益。

此外，苏联还坚决反对将德国纳入马歇尔计划的框架。在巴黎外长会议上，苏联指出在经济上由于德国赔偿问题尚未解决，在政治上德国尚处于被占领状态，因此不应将其纳入马歇尔计划的范围。莫斯科会议上，美苏之间互不相让：美国坚决不同意苏联在赔偿问题上的主张，而苏联则认为赔偿问题的解决是解决涉及德国的其它问题的前提。因此莫斯科会议在双方的僵持下破裂。1947 年 4 月 15 日马歇尔在与斯大林的会谈中即表示出要援助欧洲国家的意愿①，斯大林则认为这就意味着“美英将放弃赔偿，但是苏联坚决不会。”斯大林指出在所有的重要问题上必须有所妥协才能够达成一致，这些问题包括赔偿、德国经济统一等②。

另一方面，马歇尔计划的提出与德国问题密切相关。1947 年 6 月 30 日，美英之间秘密达成的 5 点协议中有 3 点涉及德国：认为任何为推行马歇尔计划而建立的组织可以在联合国的框架之外，这样德国就自然包含在其中了；美英一致认为德国是欧洲经济复兴的关键；美英坚决反对以当前工业品作为德国支付赔偿的来源③。

尽管从时间上来看当时西德尚未正式宣布成立，但是美英与苏联在德国问题上已经各自为政，其中最鲜明、最重要的表现就是在德国赔偿问题上的分歧。从战时到战后，美英苏三大国在德国赔偿问题上主要历经了政府内讨论、雅尔塔和波茨坦决议及赔偿和工业水平计划三个阶段，最终的解决不得不服从于冷战这一大的战略方向，一方面是美英对赔偿和工业水平计划的不断修改，另一方面是苏联在东占区内的大范围拆迁。德国赔偿问题至少在两个方面影响着马歇尔计划或被马歇尔计划所影响，其一，德国赔偿问题是马歇尔计划出台的直接原因之一；其二，该计划的推行将德国赔偿问题完全纳入了美国首先推行的冷战的经济轨道。

---

① Memorandum of conversation, 15 April 1947, FRUS: 1947, II, pp. 340 - 341.

② Ibid., pp., 343 - 344.

③ Scott D. Parrish, A. Vyshinsky to Molotov, cipher telegram, 30 June 1947, APRF., l. 59 - 60., in Working Paper #9: New Evidence on the Soviet Rejection of the Marshall Plan, 1947: Two Reports, http://galenet.galegroup.com/servlet/History/

促使马歇尔计划出台的原因是多方面的，其焦点主要集中在战后苏联在东欧的利益要求，以及在德国问题上与西方不合作的态度。在德国赔偿问题上，苏联在东占区首先进行了大范围的拆迁赔偿，并且在1945年底开始部分采取以当前工业品作为赔偿的来源①，这些都是美英所认为的苏联破坏大国在赔偿问题上合作的行为。

对马歇尔计划的理解也可以是多角度的，如果从德国这一视角来看，赔偿问题是马歇尔计划缘起的直接原因之一。一方面西占区必须支付赔偿，另一方面美英又希望德国保留相当程度的工业生产能力。由于英美占区均面临经济困境，双占区的成立并不能从根本上解决这一困难，而“间接赔偿”原则必然会遭到国会的否决②。1947年3月31日马歇尔在向杜鲁门提交的报告中，提出应当允许以当前工业品作为支付赔偿的来源，以此既可以提高德国的工业水平，同时还能够避免大范围的拆迁③。但是反对以当前工业品作为赔偿来源是美国一贯坚持的立场，一旦打破必将被苏联视为极大的妥协；即使苏占区也同样采取这一原则来获取赔偿，但是东西占区同时复兴并不符合美国的利益，况且还存在雅尔塔和波茨坦协议中所规定的战后避免德国军国主义复兴的限制条款。事实上，除德国问题外，1946－1947年美国还面临着西欧国家战后满目创痍、法意共产主义影响壮大的情况。马歇尔计划所起的作用恰恰如一条扁担，不能仅仅担起德国或西欧其中的一头，必须同时顾及两者，这样，对西占区的援助就不会遭致反对，对西欧的援助也不会因缺少德国这一重要国家而在战略上有所欠缺。

马歇尔计划“给那些希望从德国赔偿以及德国廉价的出口商品中获

---

① 苏联从东占区获取赔偿主要有两种途径：先是通过拆迁并运送机器设备，但由于运输途中的丢失以及重新组装的问题，后来又采取不拆迁设备而是将其的产品运走的方法。但是前一种仍是主要手段。可见：James P Warburg，*Germany：Nation or No-Man's Land*，New York 1946，p. 44.

② 所谓“间接赔偿”，就是通过给西占区提供援助来提高其支付赔偿的能力，但是再作为支付给苏联的部分赔偿，这等于是美国在替德国支付赔偿，因此国会不会同意。Charles Maier etc.（ed.），*The Marshall Plan and Germany*，New York 1991，p. 23.

③ FRUS，1947，II，pp. 298－299.

得战后复兴的资源的国家提供了直接的经济援助。它减少了德国应支付的赔偿，并代之以经济贷款”①，使美英不必仅仅通过修改赔偿与工业水平计划的途径来复兴德国经济，而是将战后德国经济的复兴置于一个总体战略安排的框架内。应该说，马歇尔计划的出台标志着美国在战后德国经济问题上目标和政策的公开化和明确化，大的方向确定了，在赔偿问题上就已经彻底失去了大国合作的可能性，即美英所坚持的战后德国的复兴上升为外交战略，与苏联所主张的弱小的德国的政策完全对立起来。

① John Gimbel, *The Origins of the Marshall Plan*, California 1976, p. 5.

# 第五章　德国战败赔偿政策的比较分析

亨利·基辛格曾指出："至少有三个世纪，德国的安排一直是欧洲稳定的关键……德国似乎不是引起他的邻国对他抱有野心，就是威胁到他的邻国的安全"①。而自1871年德国统一之后，主要是因其过分强大而对地区安全与和平造成威胁而产生的问题，而他两度发动世界大战，特别是纳粹德国在二战期间的暴行，使人们有理由认为一个统一而强大的德国将是对欧洲乃至世界和平与安全的威胁。在打败纳粹德国后，如何防范德国的东山再起，最大限度地消灭德国军国主义，是盟国在考虑战后安排时首先着眼的问题。如果四大国只有防范德国东山再起一种考虑，则对德国的战败处理将简单地多。而事实是，世界大战既打败了德国，也极大地削弱了欧洲其他大国，造成资本主义心脏地区的普遍衰竭和两个被称为"准欧洲大国的"美国和苏联的崛起和对峙，欧洲和德国恰恰又成为两大阵营对峙的前沿，这一新的国际格局对德国问题的战败处理造成了深远的影响，同时也使其颇具复杂性②。

## 一、德国战败赔偿政策的综合分析

从二战末期到战后初期，美英苏三国在德国战败赔偿问题上主要经历了政府内讨论、雅尔塔和波茨坦会议赔偿原则的确定，以及赔偿和工业水平计划的签定三个阶段，经历了从制定共同的赔偿政策到在占领区

---

①　亨利·基辛格：《选择的必要》，商务印书馆1972年版，第159－160页。

②　黄正柏：《德国问题与欧洲煤钢共同体的建立》，载《华中师范大学学报》（哲社版）1994年第6期，第56页。

内各自为政的转变。苏联要求德国必须支付赔偿，坚持以当前工业品作为支付手段之一；美国从惩罚、削弱德国变为复兴、扶植德国，用于赔偿的拆迁工厂也一减再减，直至取消，而这一转变主要是为了满足美国推行全球争霸战略的需要；英国对德国问题极其关注，在赔偿政策上与美国的步调基本保持一致，但其中也掺杂了某些不同于美国的利益考虑。从这一历程中折射出大国从合作、走向斗争乃至对抗的过程。随着冷战帷幕的徐徐拉开，德国赔偿问题不可避免地成为服从于这一宏观战略安排下的微观事态。

三大国的政府内讨论是雅尔塔会议上美英苏能够提出符合各自利益的赔偿要求的基础。多边主义在战后成为指导美国对外政策的一项重要原则，英国则从地缘政治和经济的角度出发异常关注战后德国的走向，而苏联以保证西部安全和战后经济重建为双重目标。

在赔偿政策的制定上，英苏矛盾具有意识形态和地缘政治斗争的双重特性，因此这对矛盾一直表现地极为明显，无论是在赔偿数额上，还是赔偿来源上英国都反对苏联的要求。正是由于这一特性使得英苏之间本身可能存在的某些一致的利益选择，如摩根索计划所主张的将德国非工业化的主张，也成为不可能的了。

如果说英苏之间的矛盾是一对旧矛盾的话，那么美苏矛盾则是一个新生的对立体，随着战后共同敌人的丧失、两国军事实力的增长、意识形态的差异等因素上升为主导，美苏矛盾才在战后凸显出来。这对矛盾经历了从战时隐性状态到战后显性状态的转变：从雅尔塔会议上美国并不反对苏联所提出的赔偿总额的要求，到波茨坦会议上美国所提出的“分区赔偿原则”，直至美英对工业水平计划的多次修改、公然复兴德国经济。

美英之间的斗争则是非根本性的，在更多情况下，美英拥有反对苏联赔偿政策的共同理由：反对以当前工业品作为赔偿，主张优先偿付出口原则。由于战后经济地位的衰落，英国可以借助美国的力量来实现反苏的目的，而美国通过资助英国乃至欧洲则可以实现控制欧洲、推进多边主义的目标。正是这一对互利因素，使得美英之间在战后逐步形成了某种微妙的“特殊关系”，而反对苏联则是促使这种特殊关系存在、发展的重要因素之一。

波茨坦赔偿协议是三大国之间达成的最具实际意义的一致意见，它成为后来三国争论所依据的蓝本，而工业水平计划所具有的约束力则是微弱的，在执行该计划的过程中，美英和苏联已经开始各自为政了，而这一结果主要是由客观环境（国际环境以及本国综合实力）、外交传统以及个人因素三方面所决定的。签订波茨坦协议与缔结工业水平计划时的国际环境大相径庭：波茨坦会议的一项重要任务仍然是美英苏的军事合作，而在对德战争结束后苏联在东欧优势地位的确立、西欧的经济窘境以及共产主义在法、意两国的影响是促使美国外交政策发生转变的主要客观原因，而战后的美国此时已俨然成为经济上的巨人。在此条件下，从20世纪初威尔逊主义所体现出的力图打破孤立主义束缚、向全球扩张的美国外交传统在此时具备了实现的条件，另一方面还包括杜鲁门对苏强硬的外交个性的影响，因此美国在战后逐步形成的全球争霸战略成为导致美苏冷战的根源，美国在德国赔偿问题上的主张是服从于这一根本外交战略的。

苏联在德国战败赔偿问题上的态度和立场一直很明确：要求赔偿数量最多、以拆迁和当前工业品作为来源，以此达到削弱德国、保证西部安全的目的。而苏联通过过度剥夺东占区来加强自身的经济重建，这一行为本身的合理性却是值得商榷的。一个国家是否有权力在特殊时期通过特殊手段对另一个国家或地区实行全面剥夺的政策？如果说纳粹德国发动战争是一种野蛮行径，那么战胜国在惩罚战败国的旗帜下所进行的肆意掠夺是否符合现代文明的规范呢？虽然获取赔偿符合国际法的规定，但大规模拆迁政策的执行从根本上反映出苏联外交政策中大国沙文主义的倾向。

赔偿政策的制定与执行是服从于各国政治经济战略目标的一项子系统。美英苏不同的对德索赔政策来源于不同的国家利益的要求，但其相通之处在于战后经济问题是三大国一致致力于解决的主要国内问题。美国战后力图开拓国际市场，以解决国内可能出现的生产过剩的问题；英国则一方面面临严峻的贸易收支平衡问题，另一方面还需迅速恢复遭到战争破坏的经济；苏联以战后重建为重心，同时要求兼顾西部安全。因此，美国战后的全球争霸战略从经济角度来看就是为了适应争夺世界市场的需要，而欧洲则是美国战后争夺的第一块市场；英苏的政策均以不同程度的自保为主，但同时也力图确保周边的安全。

更进一步而言，美英在对德经济政策上倡导的“一个德国”的原则实际上是力图获得一整块德国市场，以保证其经济需求；而苏联对这一原则的抵制从根本上是与资本主义经济制度的对抗，同时捍卫自身的经济制度。因此，两种制度的斗争必然致使赔偿问题的解决陷入僵局。

此外，由于外交斗争在本质上具有相通性，即要求国家利益的最大化，因此与一战后的德国赔款问题相比，在二战后的德国赔偿问题上，外交斗争中的根本问题并未得以解决。美英苏三国对一战后德国赔款问题的教训总结，提供的主要是经济技术层面的经验，而不可能解决大国外交斗争中追求国家利益最大化的根本。虽然雅尔塔、波茨坦会议上三国的提案都是经过其政府内讨论的内容和观点，但现实情况的改变就使得最初的许多讨论失去了有效的前提。最明显的例子就是麦尔金报告，它是雅尔塔会议前英国政府就赔偿问题最充分、最全面的研究报告，但是战后分区占领德国的政治形势使得该计划所假定的“一个德国”的前提成为空中楼阁。再如，美国国务院的内部讨论中曾一度主张应以当前工业品作为赔偿来源，但是在与英苏两国进行实际磋商的过程中这却成为美国坚决反对的赔偿方式。这其中就包含了更多意识形态的考虑。因此，政府内讨论最重要的意义在于它提供了一个多选的途径，以保证能够根据客观形势变化的需要迅速提出有效方案。战争末期苏联在东欧等地区所占据的有利军事形势就是影响美英决策的重要客观因素之一。

同时，政策的制定也并非一项静态事务，而是一个依据主客观形势变化而不断调整的过程。从二战末期到战后初期的德国问题上，大国关注的焦点迅速从“防止军国主义复兴并惩罚战败国”转移到各自的战略利益上来。应该说，雅尔塔会议上美英苏三国所关注的主要是如何最大限度地消灭德国战争潜力的问题，包括此前在“摩根索计划”上所达成的一致也反映出三大国对该问题的重视。此后，随着纳粹德国的溃败以及战争的结束，三大国的利益要求发生了明显转移：美英的利益在于复兴德国，保证欧洲市场和安全；苏联则将惩罚德国与战后本国经济重建紧密地结合起来。

苏联所采取的赔偿政策具有双重作用。在客观上，苏联所执行的大规模拆迁政策使得东占区（东德）成为战败赔偿的主要支付者，从而使东德最大限度地履行了赔偿的责任。在战后10年内，西德所支付的赔偿总额为10亿美元，通过马歇尔计划所获得的援助为40亿美元，而同时期东德则支付了70亿美元的赔偿[①]。然而，在主观上，苏联采取这一途径是以本国的经济利益和安全需要为根本的，德国的赔偿完全服从于苏联战后经济重建的要求。

## 二、德、日战败赔偿政策的比较分析

从上述分析中，不难发现，二战后德国战败赔偿问题表面上是一个经济问题，实质上则是一个大国国家利益角逐的场所，而其中美国的态度和立场占据重要地位，这与美国作为一个大国从一战后开始逐步崛起于国际舞台密切相关。在德国战败赔偿问题上，从一战后的"道威斯计划"开始到二战后在西德赔偿问题上的主导权，美国一直享有重要的话语权，这完全符合美国多边主义的外交政策原则，即其外交政策的背后完全是出于经济上需要占有广大贸易市场的需求。而二战后的形势与一战后的不同之处就在于，在苏联势力范围内的东德的赔偿政策，则完全不在美国的掌控之下。另一方面，二战后美国获得了欧洲战场上德国战败赔偿问题的主导权，而且在亚洲针对日本的赔偿政策的制定也完全是在美国对外政策的框架内进行的。因此，从对比美国在德、日战败赔偿政策制定过程中的作用，就能够发现惊人的相似性。

### 1. 日本战败赔偿政策的制定

二战中，日本造成亚太国家和地区约2000万人死亡，物资损失难以计算[②]。中国是最大受害者，据统计，仅在1937至1945年日本全面侵华的

---

① Alec Cairncross, *The Price of War: British Policy on German Reparations 1941 - 1949*, Oxford 1986, p. 219.

② 据统计：仅1937 - 1945年间，日本给各国造成的人员死亡数字是，中国100。万人，朝鲜20万人，越南200万人以上，印尼200万人，菲律宾105万人，印度350万人，新加坡5000人，新西兰11625人，其他国家不明，以上总计1882万人。同期，日本因战争死亡约300万人。见田桓：《日本战后体制改革》，经济科学出版社1990年，第3页。

8年中，便有2100万人被打死打伤，1000余万人被残害致死，直接经济损失620亿美元，间接经济损失5000亿美元①。因此，按照国际法的规定，日本必须对其侵略行为所造成的后果负责，也理应向受害国提供战争赔偿。日本战争赔偿问题从二战接近尾声时起，到1976年赔偿支付完毕，历时30余年，几乎贯穿了整个战后史，它跨越了日本的战后恢复时期和经济高速增长时期，在日本战后历史上也是一个不容忽视的历史过程。

有学者提出：从时间上来看，日本的战败赔偿主要分为两个阶段，从1945年日本战败前夕到1949年美国占领军宣布中止赔偿为第一阶段，通常称为“拆迁赔偿”阶段；在这一时期，美国一方面是基于二战中形成的国际关系格局以及在此基础上对战后形势的估计，另一方面也是迫于盟国特别是各受害国的强烈要求，对日本采取了以打击和削弱为主要目标的政策，反映在赔偿问题上，就是拆迁日本国内的一些工业设备特别是军需工业作为赔偿周边邻国的物资，通过振兴周边各国来制约日本。但随着世界局势特别是远东地区形势的急剧变化，美国的对日政策开始由打击转变为扶植与复兴，体现在赔偿问题上，就是赔偿方案几经变动，赔偿数量大幅度削减，并且在具体实施中大打折扣。从1951年《旧金山和约》到1976年日本对东南亚各国赔偿完毕为第二阶段，为协议赔偿时期。在这一时期，赔偿国与受偿国因各自的政治、经济条件制约以及美国出于世界政策的考虑所实行的幕后支持政策下，双方达成协议，以协商方式了结了相持不下的战争赔偿问题②。而第一阶段基本以美国的主导为主，第二阶段则以日本本国制定的赔偿政策为主。

就日本战败赔偿问题的讨论也是早在二战末期就已开始。1945年7月的《波茨坦公告》，最早规定了日本必须进行战争赔偿的原则。其中第11条规定，“日本可被准许保留足以维持其经济以及支付公正之实物赔偿的工业。但足使日本武装再起之工业不在此限”③。即指，除维持日本人

① 国务院新闻办公室：《中国的人权状况》，中央文献出版社，1991年，第2－3页。

② 湛贵成：《日本战后初期的赔偿问题》，《世界历史》1995年第4期，123页。

③ 大藏省财政史室：《昭和财政史 从终战到媾和》第17卷《资料一》，东洋经济新报社1981年版，第5页，转引自杨栋梁：《日本的战争赔偿》，《日本研究》1995年第3期，第32页。

民生活所必需及可用来做实物赔偿以外的工业，尤其是军需工业，要一律予以拆除或充作赔偿。

根据这一原则，在日本无条件投降后，各受害国纷纷提出赔偿要求。东南亚国家要求赔偿300亿美元，中国国民党政府也开始准备向日本提出赔偿要求，数额至少为500亿美元。美、苏、英联邦都提出了各自的赔偿要求。各国的要求与赔偿总额的比例，据1947年8月27日的《华盛顿邮报》披露，包括英、加、澳、印和新西兰在内的大不列颠国家集团占75%，中国占40%，美国连同菲律宾占50%，苏联占14%。①

日本战败初期，国际上要求严惩日本法西斯的呼声高涨，在这种国际氛围下，美国对日本采取单独占领后，于1945年9月，制定了《初期对日方针》，规定：日本对于其侵略行为之赔偿，须采取下列方式：（A）凡是在日本准予保留之领土以外的日本财产，须依照盟国当局之指示，移充赔偿之用。（B）凡是非日本和平经济或供应占领军所必需之货物或现有资本配备及便利，皆应移充赔偿之用。……凡不利日本撤除军备之任何赔偿，一概不准提出。凡被日本劫夺之物品，如现在可以查明者，皆应立刻全部归还”②。由此可见，美国政府最初关于日本的赔偿政策是极为严厉的，其目的是防止日本军国主义的复兴并消灭其战争潜力。但同时，也企图利用赔偿复兴日本周边各国，以制约日本。通过这一手段，还能达到拉拢亚洲各国的目的，从而使得美国在太平洋地区的利益不受影响。事实上，早在1942年，美国政府内的相关机构就已开始秘密商讨研究制定打败日本后对日索赔政策③。

第一阶段的日本战败赔偿主要经历了美国提出方案、经盟国远东委员会审议的阶段。1945年11月初，美国总统杜鲁门召回美国赴德赔偿谈判首席代表埃德温．W. 鲍莱，并任命鲍莱为总统特使兼日本赔偿使节团团长。11月13日，鲍莱使节团一行十余人到达东京。在先期抵日的美国

① 孟宪章等：《日本问题全面论》，东亚书社1948年版，第82－83页。

② 鹿儿岛和平研究所：《日本外交主要文书年表1941－1960》第一卷，1983年版，第74－75页，转引自湛贵成：《日本战后初期的赔偿问题》，《外国问题研究》1995年第1期，第46－47页。

③ 大藏省财政史室：《昭和财政史 从终战到媾和》第1卷《赔偿与终战处理》，东洋经济新报社1990年版，第15页。

对日战略轰炸调查团的配合下，详细研究了由占领军总司令部和日本府提供的日本经济资料，考察了日本各地百余处工业设施，鲍莱及使节团的部分成员还分别到中国、朝鲜等日本占领地进行了实地调查。

鲍莱认为，只有让日本以外的远东各国迅速发展工业，才是令日本不敢再侵略的最佳保障。并且，只有让日本以外的远东各国与日本在平等地位上互通贸易，就近监视日本，才能避免将来美国数百万青年再渡太平洋作战。他反对以劳力、生产品、现存货物、股票及债券支付赔偿。他认为，主要受偿国如中国、菲律宾都是劳力充裕的国家，如果再输入日本的劳力，只有造成失业和延缓各国劳工生活水平的提高。以现存工业产品作为赔偿，势将允许日本扩充生产规模，超过其国内经济的需要。这不但使日本成为国际市场的有力竞争者，而且，替日本储备了作战的潜力。所谓现存货物，不包括黄金及其它贵重金属，应留供日本在过渡期间充作出口商品，以换取最急需的粮食和原料。至于商业股票及债券，如作为赔偿之用，等于盟国帮助日本获得建立扩充工业的资本。

正是基于上述思想鲍莱提出了日本赔偿计划。1945 年 12 月 7 日，即日本偷袭珍珠港四周年纪念日，美国政府公开发表鲍莱使节团拟定的《日本赔偿即时实施计划》，俗称“鲍莱中间报告”或“鲍莱中间赔偿计划”。随后，美国政府将这一赔偿计划提交盟国远东委员会讨论①。1945 年 12 月 15 日鲍莱在洛杉矶发表谈话时指出“日本的工业设备及机械等等，最近将拆运至中国及菲律宾等国，因为日本以外的远东各国工业的迅速发展，才是防止日本再度发动侵略战争的最佳保障”②。鲍莱这番讲话代表了在日本战败赔偿问题上美国的态度。美国所采取的这种两手政策，一方面迫于来自受害国的巨大压力和当时的国际舆论，另一方面则是出于自身在亚洲经济和战略利益的考量。

1946 年 5 月至 12 月，盟国远东委员会以鲍莱中间赔偿计划为基础逐项审议，并陆续做出多项日本赔偿决议。从决议内容看，盟国远东委员会基本接受了以鲍莱中间赔偿计划为蓝本的美国提案。其主要

---

① 杨栋梁：《日本的战争赔偿》，《日本研究》1995 年第 3 期，第 33 页。

② 孟宪章等：《日本问题全面论》，东亚书社 1948 年版，第 89 页。

内容如下①：

（1）拆除所有军工厂设备并用于赔偿（拆除率100%）

（2）允许保留年产1.5万吨铝的轧制设备，余者拆除（拆除率17%）

（3）允许保留年产机械2.5万台的工作母机，余者拆除（拆除率50%），并准其保留35万台各类机械（拆除率47%）

（4）允许保留年产硫酸350万吨的生产设备（拆除率26%）

（5）允许保留年产15万吨商船及维修300万吨船的设备设施（拆除率为79%和43%）

（6）允许保留年产值为3250万日元（1943－1944年的价格）的轴承生产设备（拆除率73%）。

（7）允许保留年产生铁200万吨、钢坯350万吨、钢材277.5万吨的生产设备（拆除率分别为29%，39%和47%）

（8）允许保留年产苛性苏打88.5万吨及苏达灰63万吨的生产设备（拆除率为44%和31%）。

（9）允许保留年发电210万千瓦的火力发电设备（拆除率约50%）

（10）拆除所有人造石油、人造橡胶设备（拆除率100%）

鲍莱方案把日本平时的工业能力削减了30%。这在当时美国提出的各种方案中已算是比较严厉的一种。如果付诸实施，日本的工业力量在整个亚洲仍然占据优势地位。鲍莱估计日本的赔偿总额约30亿美元（不含在外资产）。显然，与日本在侵略战争中给亚太各国造成的巨大损失相比，这一数字微不足道。那么果真按此计划实施，将会给日本经济带来什么影响呢？一方面，远东委员会审议鲍莱赔偿方案时，许多国家代表都认为赔偿过轻，不足以根除日本再次发动战争的危险。而另一方面，日本政府却一再向占领当局陈情，认为赔偿过重，日本将由此跌落为农业国，乞求缓和赔偿。

对此，鲍莱中间赔偿计划报告书中有如下一段表述，即“日本未经最后一战便宣布投降，许多人便认为日本已经没有工业力量了。……然

① 产业政策史研究所编印：《产业政策史研究资料》，1979年，第23－24页，转引自：杨栋梁：《日本的战争赔偿》，《日本研究》1995年第三期。

而，日本的绝大部分工业设施，事实上仍然是面向战争的。尽管破坏严重，日本的工业设施仍超过和平时期的民需所能被允许的限度，许多设备尚能使用，其过剩部分必须拆除。这种拆除只在于彻底解除日本的武装。并不意味着彻底剥夺日本的工业力量”。报告书还进一步举例说明，“在日本的炼钢、机床制造及以钢铁为原料的机械制造业中，迄今仍保留着两倍于1931年侵略中国东北之时的状态良好的生产设备。”①

在盟国远东委员会审议日本赔偿中间计划期间，指定赔偿工厂的工作也在同时进行。据统计，到1950年初，先后接到赔偿指定命令的工厂总计1229家。而美国政府此时也在审议和修改鲍莱中间赔偿计划，并于1946年11月17日公开发表“鲍莱最终赔偿报告书”。于是，到1946年末，美国及盟国远东委员会已基本完成了对日索赔计划的制定工作。但在具体实施该计划的过程中却遭遇了种种障碍，最终的结果是日本的战争赔偿不了了之。

对此，有学者指出：对日索赔计划历经磨难大体确定后，离实施赔偿计划尚有一段艰苦历程。问题倒不在于实施赔偿时需要大量复杂的技术性工作，也未必在于日本政府如何狡辩陈情，而是由于围绕着赔偿物的分配，各索赔国意见不一，争吵不休，迟迟不能达成协议，但问题的根本症结所在，则是以冷战为背景的美苏间的争夺，结果使这一问题错综复杂，以致贻误了时机②。由此可见，美苏冷战这一大的国际环境对于战败赔偿问题产生的影响是巨大的。此外，尽管在战后初期的一系列文件中明确地规定了战争赔偿的原则，但美国为了自身利益后来并没有认真贯彻执行，从而严重扭曲了战争赔偿的进程。

1947年7月11日，在美国方案的基础上，盟国远东委员会在华盛顿正式公布了对日占领的基本政策。其中第四章第四节对赔偿与归还问题的规定如下：“由于日本侵略行为的罪行及对盟国的破坏应有同值的赔偿，而且，为了彻底摧毁其军事潜力及重整军备的工业能力，盟国得移用日本支持战争的主要设备，或者移取日本现存的或日后生产的物资作为赔偿，赔偿必须不损及解除日本武装的实现，不影响占领费用的支给，

---

① 产业政策史研究所编印：《产业政策史研究资料》，1979年，第23－24页。

② 杨栋梁：《日本的战争赔偿》，《日本研究》1995年第3期，第34－35页。

与日本人民最低生活水准的维持。在日本赔偿总值内每一国家能分得多少，要看这一国家由于日本侵略所蒙受的生命与物质损失的数目及其对击败日本所作的贡献，包括抵抗日本侵略的地域范围与时间长短……，被日本劫夺去的违法没收的、或以不值钱的货币强买去的财物，如有确切证明，应该立即全部归还。"①

随着世界局势的变化，美国的对日政策开始由惩罚向宽容和重建发展。反映在赔偿问题上，就是赔偿工厂名单经常变动，在数量上，日益减少。从质量上看，也不断地以小易大，以破损易完整。许多重要的兵工厂都从赔偿名单中被删除了。被用于赔偿对象的都是些设备严重老化、破旧，行将被淘汰的工厂。这些工厂的拆迁，在某种意义上为后来的设备更新、技术改造创造了良好的前提条件。对受偿国来说，由于并非和平建设所必需，因而对经济恢复与发展并没有太大好处，反而却给财政带来了负担。

从 1947 年起，美国通过马歇尔计划，把对外政策的重点放在复兴欧洲上，同时，美国对于日益高涨的亚洲民族独立运动也深感有抑制的必要。于是，美国便开始采取缩减乃至放弃摧毁日本军需生产的方针，并开始援助日本，使之尽早得以"自立"，成为美国在亚洲推行其世界政策的基地。

1947 年 9 月，美国国务院顾问斯揣克在《亚美利加杂志》上发表文章反对对日索赔，该文章指出"目前远东委员会所制定的巨额赔偿的政策，将招致日本经济破产和美国年复一年地继续救济日本。"他认为，"鉴于目前世界经济的状况，在一位病人的一支臂膊上抽了一品特的血，那么，美国便不得不在病人的另一支臂膊上注入一品特. 第二次大战后所使用的实物赔偿的方针和第一次大战后所使用的金钱赔偿的方法，都同样地不适用于美国。美国反正是要拿钱的，不过，也不必去尝试一种不真实的赔偿计划，让自己破产。美国必须立即谋求取消远东委员会的建议的方法。"②

1948 年 5 月 18 日，美国政府又发布了莱德勃代表团的庄士敦报告，

---

① 孟宪章等:《日本问题全面论》，东亚书社 1948 年版，第 68 – 69 页。

② 孟宪章等:《日本问题全面论》，东亚书社 1948 年版，第 78 页。

该报告将战备工厂赔偿名单中的硝酸、人造橡胶、造船、制铅、制镁等工厂取消。全部赔偿价值仅为1939年的6.62247亿日元，按当时汇率约值1.65亿美元。

进入1948年，中国的局势进一步明朗，蒋介石国民党政权在中国大陆的统治破产已成定局。美国因此考虑调整对日政策，欲使日本成为美国在亚洲的跳板和基地。1948年2月26日，美国派遣政策委员会主席凯南前往日本，调查日本经济，开始积极扶植日本。首先就是减少赔偿，保全日本的经济实力。陆军副部长德莱伯、副国务卿罗凡特、国务院顾问斯揣克都一再强调："日本的赔偿应以与复兴经济无重要关系的工业设备为限"①。1949年5月12日，美国政府单方通知盟国远东委员会成员国，停止拆迁作为临时赔偿的工厂设备（占原计划赔偿总额的30%）。845所军需工厂（包括陆、海军兵工厂96家，飞机制造厂301家，私营军需工厂178家）被陆续从赔偿名单中取消了。第一阶段的赔偿就此结束。

从1945年7月，首次把日本赔偿问题提上日程起，到1949年5月，美国占领当局宣布停止赔偿为止，近4年时间内，随着世界形势的变化和美国对外政策的转变，有关赔偿的方案也发生了一系列变化，最后付诸实施的仅有1.6亿美元，即使不包括中国，仅与东南亚各国330亿美元的索赔要求相比，也是极为悬殊的。

二战中，日本本土并未受到多大损失，所丧失的主要是殖民地。美国占领当局所实施的拆迁赔偿，占日本所有设备的比例极小，而且，都是些破旧不堪、对和平建设无多大帮助的军需工业。

日本的战败赔偿是在美国一手操纵下进行的，必然要服务于美国的全球战略，这就使得赔偿问题自始至终体现着美国的主观意志。最初，美国在对日索赔问题上态度比较积极，拟定的方案比较公正。而到后来，其态度则由抑制日本，扶植与振兴邻近亚洲各国，转变为复兴日本，通过日本对邻近亚洲各国施加影响，同日益高涨起来的民族解放运动和共产主义影响相对抗。美国在对日索赔问题上的态度的明

---

① ［日］井上清、铃木正四等：《战后日本》，世界知识出版社1995年版，第113－114页。

显转变，与美国对日占领政策的转变密切相关，与当时历史环境的变化密切相关。

从日本方面来看，自1947年实施新宪法以后，无论从政治上，经济上还是思想文化方面，日本都已表明将按照美国的意志来改变内政外交方针。在政治上，日本至少在形式上接受了美国赐与的政治制度；军事上已按美国的设想实现了非军事化；思想观念上不仅不像其他亚洲国家那样对西方文明表现出过分排斥的心理，反而张开双臂予以接受；在经济上拥有亚洲其它国家无与伦比的工业力量和坚实的工业技术基础。从上述几方面衡量，日本是冷战背景下美国用以对抗社会主义阵营的一张王牌。因此，在实施赔偿过程中，那些对于能够迅速恢复日本经济至关重要的轻工业，以及设备良好的重工业都被完整地保留下来。

战前和战时，日本出于战争需要，使机器设备处于超负荷运转状态。到战争结束时，许多设备已严重老化，甚至不能使用了。这部分设备由于赔偿的实施而找到了去处。赔偿的实施过程与日本战后初期的经济结构转换过程基本同步。也可以说，它已被纳入为日本从战时经济向和平经济体制转化中的一个重要环节。赔偿虽然带有明显的强制性色彩，但是，必须承认客观上为日本的战后设备更新创造了有利条件。

盟国在日本战败赔偿政策上的原则性规定有两个要点，一是日本必须进行战争赔偿，其赔偿手段是“实物”；二是赔偿规模不根据侵略国给被侵略国造成的损失而定，即不是复仇主义的等价赔偿，而是控制在既可以使日本维持和平生产、又不具备对外侵略能力的限度之内，这充分体现了同盟国在对日赔偿问题上一开始就采取了人道主义态度。但最大的问题是，公告中阐述的赔偿规模及限度将来如何判别，由谁决定等等。

理所当然地，所有遭受日本侵略的主权国家都拥有对日索赔权，具体赔偿方针理应由各求偿国共同协商制定。但事实上，制定对日索赔方针及赔偿计划的大权自始至终都握在美国手中。这是因为，日本投降后，盟国对日本的占领，实际上是美国的独家占领，而盟国对日占领与管理的最高机构远东委员会，迟至1946年初才正式成立。且不说其成立后基本由美国所操纵的事实，仅从成立的时间看，已是在日本投降数月之后。在此期间，美国对日占领当局已制定和推行了包括赔偿问题在内的日本占领政策，并迫使远东委员会予以承认或事后追认。

早在美日开战的第二年，美国政府的相关机构就已开始秘密研究制定打败日本后对日占领及索赔的政策。完成对日军事占领不久，在1945年9月22日的《初期对日方针》和同年11月1日发给占领军总司令麦克阿瑟的《基本指令》中，美国正式阐明对日索赔立场，即“日本国应有领域外的日本资产按有关盟国的决定引渡”；“引渡日本和平经济及占领军补给所不需要的现存资本设备及设施”①。

1946年初，远东委员会成立并开展工作，1947年6月19日做出《远东委员会对投降后日本之基本政策的决议》，其中第四部分第四项“赔偿与归还”明确规定：

“为惩处日本之侵略行为起见，为公平赔偿各盟国因日本而受之损害起见，为摧毁日本工业中足以引起重整军备之日本战争潜力起见，此项赔偿，应由日本以其现存之资产设备及设施抵付之，或以其现存及将来生产之货物抵付之。……各项赔偿应不妨碍日本解除军备计划之实施，并不损及支付占领经费与维持人民最低限度之生活标准。各国自日本总赔偿额中之分配额，应从广大的政治基础上予以决定，并对各要求国因日本侵略而受之物资破坏，人民死伤及所受损害之范围，予以适当考虑，至于各国对击败日本之贡献，包括抵抗日本侵略之程度与期间，亦应在适当考虑之中②”。

从波茨坦公告到远东委员会的正式决议，标志着同盟国的对日索赔政策已确定，有学者将其要点归纳如下：

（1）不搞报复性的等价赔偿。

（2）通过赔偿使日本在经济上不再具有发动侵略战争能力。

---

① 外务省特别资料部编：《日本占领及管理重要文书集》第1卷《基本篇》，东洋经济新闻社1949年版，第106页，转引自杨栋梁：《日本的战争赔偿》，《日本研究》1995年第3期。

② 人民出版社：《对日和约问题史料》，人民出版社1951年版，第29页。

（3）实施赔偿后，日本仍可维持最低生活水平并开展和平经济活动。

（4）实物赔偿。

（5）通过广泛协商，公正合理地将赔偿物分配给各索赔国。①

与盟国的对日索赔方针相比，该索赔计划更具实质性意义。而如日本赔偿方针的形成过程一样，初期的日本赔偿计划也是沿着先由美国提出方案、后经远东委员会审议确定的程序制定的。

日本赔偿问题的焦点之一，是日本在中国东北资产的处理。苏联出兵打败日本关东军后占领中国东北，随后苏军将该地区日本留下的重要机械设备拆除后运回国内。苏联的做法引起许多国家不满，美国政府于1946年2、3月间接连向苏方提出抗议，要求苏联在有关各方达成协议之前不得擅自行动，但苏联置之不理。到鲍莱受命于同年4月再次赴中国东北视察时，苏军的拆除工作已经完成。据鲍莱估计，被苏联运走的机械设备价值约8亿美元。苏方坚持认为，日本在满洲的资产系苏军的战利品，不能视为赔偿，并要求实施日本赔偿计划时，苏联应获得日本国内赔偿物的一定份额。而美国及一些盟国认为，苏联在中国东北的“战利品”只应限于武器，其他机械设备应引渡给对东北拥有主权的中国。该问题虽经长期争论，最终仍不了了之。但因中国东北日本资产归属问题长期悬而未决，直接影响了索赔国间日本赔偿份额谈判的进程。

美苏间在赔偿问题上的对立，只是战后两个大国间展开冷战的表现之一。早在对德战后处理问题上，美英等国便与苏联出现严重分歧。1946年3月5日，英国首相丘吉尔访美时发表了“铁幕演说”，影射东西方不同意识形态的差异，1947年，美国推出对共产主义实行封锁的杜鲁门主义，实施援助欧洲、抵御共产主义浸透的马歇尔计划，苏联封锁柏林，美苏冷战已由唇枪舌剑变为箭拔弩张。与此同时，中国内战爆发后革命势力的迅速高涨及日本国内工人阶级的发展壮大，也使美国政府深感不安。在美国国内，在野的共和党在中期选举中获胜，抨击政府对共产主义抵制不力，对日占领加重了美国公民的负担，一时间，所谓“冷

① 如南开大学的杨栋梁在《日本的战争赔偿》（载《日本研究》1995年第3期）中的观点。

战理论”和“纳税者理论”甚嚣尘上。① 正是在这种内外交困的背景下，美国逐步改变了对日占领政策，推翻由自己提案并经远东委员会审议通过的日本赔偿计划，减缓日本的战争赔偿。

1947 年 1 月 28 日，以美陆军部副部长斯特莱克为首的日本赔偿特别委员会前往日本。2 月，该委员会向美国陆军部及日本占领军总司令递交了“第一次斯特莱克报告”。报告指出“美国在亚洲的现实政策应是把中国国民政府作为对抗共产主义的‘唯一政府’，而将日本作为亚洲的‘生产工厂’以此对抗共产主义势力的渗透。② 从此，美国对日占领的经济政策开始从打击限制转向扶植日本经济复兴，对日战争索赔政策也发生了根本性的转变。

1947 年 4 月 3 日，美国政府宣布实施 30% 的赔偿计划。对此，有学者指出，美国此举的真实目的只是为了做出姿态，掩人耳目，暗地里却正在为进一步缓和赔偿做准备。③

1948 年初，美陆军部长罗亚尔在旧金山发表演说，指出美国的对日占领目的已实现，今后的目标是加快日本经济复兴，使其成为“对付今后远东可能发生的其它极权主义威胁的屏障”，④ 同年 2 月 18 日，第二次斯特莱克报告发表，该报告将日本赔偿计划规模降到原鲍莱赔偿计划的 67%，稍后，同年 3 月，杜鲁门委派国务院政策设计委员会主任乔治·凯南赴日考察。在凯南向国务院提交的报告中进一步强调了转变对日政策的必要性，认为赔偿应降为鲍莱中间赔偿计划的 30%。⑤ 5 月 18 日，“琼斯顿报告书”发表，由此日本赔偿计划再降至鲍莱方案的 26%。据统计，根据鲍莱的赔偿计划方案，日本的赔偿总额为 24.7 亿日元（1939 年价格），第二次斯特莱克赔偿计划将总额降至 16.5 亿日元，琼斯顿赔偿计

---

① 杨栋梁：《日本的战争赔偿》，载《日本研究》1995 年第 3 期，第 35 页。

② NSC 22/1, Possible Course of Action for the V. S With Respect to the Critical Situation in China, August, 1948, FRVS. 1948, VI, pp. 712 – 13.

③ 杨栋梁：《日本的战争赔偿》，载《日本研究》1995 年第 3 期，第 36 页。

④ 大藏省财政史室编：《昭和财政史：从终战到媾和》第 17 卷〈资料 1〉，东洋经济新报社 1981 年版，第 64 – 66 页。

⑤ U. S. Department of States, *Foreign Relations of the United States* (*FRUS*): 1948, VI, pp. 712 – 13.

划将总额再降至6.6亿元。① 美国国家安全委员会于1949年5月12月同意停止“中间赔偿”，因此，日本的实际赔偿额比琼斯顿赔偿计划还要少。

综上所述，围绕日本赔偿问题，各大国之间的分歧减缓了赔偿的进程。但最根本的原因则在于两个大国的争夺。对此，有学者指出，一个大国的自私行为和消极态度，影响了索赔谈判的进展；另一个大国实际掌握着对日索赔的主导权，但却同样不顾各索赔国的利益，出尔反尔，把缓和日本赔偿当作扶植日本复兴、对抗共产主义的一个法码。结果，只有蒙受日本侵略巨大灾难的索赔国被剥夺了对日索赔的权利。② 1947年4月，美国开始实施30%赔偿计划，其分配比率为中国占15%，菲律宾占5%，荷属印度（印尼）占5%，英属远东殖民地占5%。

据统计，从1947年12月29日，第一艘载有赔偿物资的海康号船离开日本长浦湾开往中国，到1950年最后一艘赔偿船驶离日本为止，共拆除运走日本的机械设备53946台，特种测量器械3198台，按1941年价格测算，约1.65亿日元，其中中国获得赔偿物为8935万日元，印度尼西亚1903万日元，菲律宾3132万日元，英属远东殖民地2546万日元。这一时期日本的实际赔偿额仅相当鲍莱最终赔偿计划的6.7%。③

在实际拆迁赔偿的过程中，千余家被指定用于赔偿的工厂中只有17家军工厂被拆迁，在鲍莱赔偿计划和远东委员会日本赔偿决议中被指定为首批赔偿对象的财阀企业资产，却未提供赔偿。

在实施拆迁赔偿行动的同时，取消赔偿工厂的工作也在进行，特别是在第二次斯特莱克报告书发表之后，其步伐明显加快。据统计，到1950年3月，共有385家指定赔偿工厂被列为和平产业，开始从事正常生产活动。而在尚未解除赔偿指令的856家工厂中，647家照常生产，只有209家封锁待命。而这批仍在开工生产的待赔企业，在日本全国经济中占有举足轻重的地位。解除部分工厂的赔偿指令并允许指定赔偿工厂开

① 中村隆英：《昭和经济史》，岩波书店1989年版，第191页。

② 杨栋梁：《日本的战争赔偿》，载《日本研究》1995年第3期，第36页。

③ 同上。

工生产，无疑对加快战后日本经济的复兴起了重要作用。① 同时也表明美国在制定日本战败赔偿政策上态度和立场的根本转变，从最初试图通过战争赔偿彻底击垮自己的军事宿敌以及经济上的竞争对手到转而扶植日本经济复兴，拉拢周边邻国，维护美国在太平洋的利益。而美国这一态度的转变与国际形势的变化密不可分。主要是东亚民族解放运动的发展和朝鲜战争的爆发，促使美国愈加重视日本的作用，把日本经济纳入美国的全球战略，对于日本的战争赔偿问题，美国的态度已基本完全转变为“不赔偿主义”②。

美国扶植日本经济并将东南亚让给日本开发的态度引起东南亚国家的极大不满。例如，菲律宾直到 1950 年 3 月仍坚持索赔 40 亿美元的强硬立场。而鉴于东南亚各国在冷战中的特殊战略地位，美国在赔偿问题上也做了些许调整。1951 年 9 月签署《旧金山条约》第 14 条规定：日本的战争赔偿可在日本经济能够自立的前提下以劳务赔偿方式进行，其具体内容由日本与有关索赔国协商决定。③ 有学者指出，这一规定把索赔国与赔偿国的权利与义务关系变成了平等协商关系，粗暴践踏了波茨坦公告原则和远东委员会的有关决议。

新中国成立后，日本已失去了其经济上不可缺少的东亚地区的最大市场，不得不秉承美国的旨意去“开发”东南亚，于是赔偿便成了日本打入东南亚的“诱饵”④。

日本与东南亚各国间的赔偿谈判 1955 年才重新开始，历时十余年，先后与缅甸、菲律宾、印度尼西亚和南越达成协议，以劳务和实物方式，共计 9. 65 亿美元。此外，日本还以无偿经济援助方式向上述国家及韩国提供了 4. 11 亿美元资金。加上前述的日本国内拆迁设备赔偿，除被没收的殖民地物资外，二战后日本的战争赔偿就此结束。

日本对东南亚国家的战争赔偿远远低于其赔偿要求。早在 1945 年 7

① 杨栋梁：《日本的战争赔偿》，载《日本研究》1995 年第 3 期，第 37 页。

② 同上。

③ 大藏省财政史室编：《昭和财政史：从终战到媾和》第 3 卷《美日的对日占领政策》，东洋经济新报社 1976 年版，第 526 页。

④ 杨栋梁：《日本的战争赔偿》，载《日本研究》1995 年第 3 期，第 37 页。

月26日，日本尚未投降时，盟国在《波茨坦公告》中就规定了日本除"可被准许保留足以维持其经济以及支付公正之实物赔偿的工业"以外，"以使日本武装再起之工业"一律拆除或充作赔偿。① 日本无条件投降以后，周边各受害国以及对日作战各国纷纷提出了赔偿要求，其中，东南亚国家要求赔偿300亿美元。

虽然造成日本对外侵略的原因很多，但最主要的一点是其工业水准远远超过周边各国，经济规模的迅速膨胀急需与之相适应的庞大市场与原料来源地。正因为如此，日本才动辄向邻国发动经济侵略乃至军事侵略。欲防止日本东山再起，必须削弱其工业力量，特别是那些与侵略战争紧密相关的军需工业，因此，美国在占领初期所制定的一系列赔偿方案都明显地具有"惩罚"特征。其中最具代表性也最有影响力的鲍莱方案把日本平时的工业能力削减了300%，照此方案执行，日本的工业力量在整个亚洲仍然占居绝对优势。但是，即使是这个方案也随着冷战的激化，在出台后不久就被束之高阁了。美国主导下的日本战败赔偿方案几经变动，由"严厉"向"宽松"，由"实质性"赔偿向"形式化"、"象征性"赔偿转化，在赔偿的具体实施中由最初的积极推进赔偿向极力阻挠赔偿、反对赔偿转化。进入1948年，进一步将赔偿名单中的造船、硝酸等军需工厂删除。1949年5月12日，又片面通知远东委员会各国，停止拆迁作为临时赔偿的工厂设备。至此，第一阶段的赔偿结束。

有学者指出：第一阶段的赔偿具有以下四大特征②：第一，以拆迁现有工业设备为赔偿物资，而且，绝大多数是过剩的甚至是破旧的军需工业设备。拆迁现有工业设备是为了削弱日本赖以发动侵略战争的经济基础，使日本迅速非军事化。但赔偿开始实施的时期，冷战已经激化，美国远东政策的基础已经动摇，为了维护自身在远东的利益，开始扶植和复兴日本，这一政策上的转变，直接反映在赔偿问题上，就是减少工厂

① ［日］鹿儿岛和平研究所编：《日本外交主要文书年表（1941—1960）》第一卷，原书房1983年2月版，第74－75页。

② 湛贵成：《关于日本赔偿问题与战后经济》，载《世界历史》1995年第4期，第76页。

数量，它们都是战时为满足侵略战争需要而设立的，和平时期就完全成为负担。这此工厂的拆迁并没有给日本战后的和平建设、发展带来不利影响，相反，在某种意义上为后来的设备更新、技术改造创造了良好的前提条件。对受偿国来说，由于这些设备并非和平建设所必需，对本国的经济恢复与发展益处不大，反而是财政上的负担。

第二，赔偿带有明显的强制性色彩。从赔偿方案的制定，工业门类、工厂名单的确定，到具体实施过程中的临时变更、删减，或者保管、拆运完全取决于美国占领当局，日本方面必须无条件执行。尽管到第一阶段后期，赔偿已被严重扭曲，差不多失去了赔偿的本来含义，但唯有这一强制性色彩还使得赔偿具有些许惩罚侵略者的味道。

第三，整个赔偿“雷声大，雨点小”。战后初期，一再强调公平赔偿，声称全部拆除日本的军需工业和相当部分重化工业，并指定了1090家工厂作为赔偿对象，但最终只落实了30%左右，使“实质性”赔偿转化为“象征性”赔偿。

第四，第一阶段的赔偿自始至终深受美国全球政策特别是远东政策的影响。赔偿是在美国直接操纵下进行的，它直接体现了美国的主观意志。战后初期，美国远东政策的重心是扶植蒋介石国民党政权，因此，对日政策的主要目标是打击和削弱日本。表现在对日赔偿问题上，就是积极地推进赔偿，拟定的方案也比较公正。但随着冷战的加剧，特别是中国革命日趋取得胜利，亚洲民族解放运动日益高涨，共产主义的影响迅速扩大，美国的远东利益受到了严重威胁，不得不在蒋介石之外另寻一个新的、可靠的跳板与基地。而这一时期的日本在政治、经济和思想文化上，都已深受美国影响，因此日本成为冷战中美国用来对抗社会主义阵营的理想基地。于是，美国改变了对日政策，在经济上，开始采取一系列措施复兴日本，在政治上，积极促成周边国家的媾和，努力恢复日本在国际上的地位。

总之，第一阶段赔偿受到了世界形势尤其是亚洲政治、经济形势的深刻影响，受到了美国全球政策特别是远东政策的左右。战争赔偿本来是日本对周边邻国所遭受侵害的一种物资上的补偿，但由于美国全球政策的左右，和日本成为美国冷战政策的关键而遭到严重扭曲，仅仅剩下一点点表面上的象征性意义，亚洲各受害国并没有得到真正的赔偿。① 对于日本而言，赔偿的实施，使那些废旧的战时军需工业设备被拆迁到邻国，为后来的设备更新、改造清除了阻力，应该说强制性的拆迁赔偿在客观上对日本的设备更新起了积极作用。

英国著名经济学家穆勒指出，国家迅速从灾难中恢复的可能性，主要取决于这个国家的人口是否减少，如果“有效人口”当时没有灭绝，以后又没有挨饿，那么，以他们原有的同样技能和知识，未被破坏的土地，那些未被损坏或仅部分损坏的比较坚固的建筑物，他们就几乎拥有了达到原有产品总量的一切必需条件。② 依据于此，战争结束时，日本不但拥有亚洲最多的和水平最高的技术人员与熟练的技术工人，而且，“对战后日本经济重新起步具有重要意义的工业生产设备”特别是“钢铁、造船等可作为后来重工业发展基础的骨干产业”的损失“比较轻微”，作为主要动力工业的水力发电则“完全没有遭到破坏”③。因此，可以说，日本尽管是战败国，但它不仅是战时的受益国，而且也是战后赔偿的受益者。美国单方面中止赔偿，遭到东南亚各国的坚决反对。但美国为了迅速恢复日本在国际上的地位，特别是代替美国用经济手段去填补亚洲各国尤其是东南亚各国由于旧殖民势力的衰落而出现的真空，不得不在赔偿问题上加以变通。

因此，第二阶段的赔偿主要是日本与东南亚各国之间通过长期交涉，在50年代后半期达成协议。而之所以此时能够达成赔偿协议，则与客观大环境和美国的态度有密切关系。

首先，客观上朝鲜战争的爆发使日本经济得到迅速恢复并有了较大发展，这为通过谈判实现赔偿提供了经济上的保障。1950年爆发的朝鲜战争使日本经济出现了意想不到的繁荣。日本经济界称其为“神风”。④

---

① 湛贵成：《关于日本赔偿问题与战后经济》，载《世界历史》1995年第4期，第77页。

② ［英］约翰·穆勒：《政治经济学原理》，（上卷）商务印书馆2009年版，第173页。

③ ［日］有泽广已主编：《日本的崛起—昭和经济史》，黑龙江出版社1987年版，第429页，转引自湛贵成：《关于日本赔偿问题与战后经济》，载《世界历史》1995年第4期，第77页。

④ ［日］饭田经夫等：《现代日本经济史》，中国展望出版社1986年版，第113－114页。

日本经济大受裨益，生产规模迅速扩大，到1957年猛增到战前的2.7倍。"朝鲜战争帮助日本经济打好基础并使他再度充满活力"①。

其次，激烈的国际竞争以及日本对东南亚市场的依赖，迫使日本重新重视赔偿问题。日本是个资源贫乏的国家，既依赖外部资源又依靠国外市场。东南亚各国早在战前就是日本对外贸易的主要对象。战后初期，由于美国的限制和日本采取追随美国的政策，以及日本没有对亚洲邻国所遭受的损害进行认真的赔偿，使得日本对东南亚各国的贸易一度萎缩。日本曾试图把贸易重点转向欧美各国，但由于作为经济命脉的重化工业产品成本高、技术水平低、缺乏竞争能力，难以在欧美市场上立足，使得日本在对欧美贸易中处于逆差地位。为此，日本重新把注意力转向东南亚，日本垄断资本家迫切希望向东南亚各国进行贸易，并坚信战争赔偿能为其攫取丰富的原料开辟门路并找到新的市场，开始对赔偿问题表示关注，特别是对达成赔偿协议的拖延及对东南亚各国的经济合作由于协议未达成而产生的阻碍表现出高度关注。日本关西金融实业界发言人、大阪商工会议所会长杉道助曾指出："没有恢复在东南亚的地位，就不能恢复日本在世界的地位"。"日本必须发展和夺取外国市场，特别是东南亚市场"②。但日本向东南亚的经济扩张因历史原因赔偿问题，使东南亚各国对日本怀有"憎恶的心情"③而难以实现。与此同时，50年代中后期日趋激烈的国际竞争，西方各国对东南亚的渗透有使日本向这一地区扩张的企图破灭的可能。因此，日本开始着手清除向东南亚扩张的障碍，其中首要的就是赔偿问题。1955年3月，鸿山一郎首相回电麦格赛总统说："问题必须解决，否则日本将永远不能同东南亚发展友好关系。"④随后的几年，日本先后同东南亚各国达成了赔偿及经济合作协议。

---

① 张廷铮：《日本对东南亚的经济扩张》，《人民日报》1958年9月6日。

② 张廷铮：《日本对东南亚的经济扩张》，世界知识出版社1959年版，第17、56页。

③ 湛贵成：《关于日本赔偿问题与战后经济》，载《世界历史》1995年第4期，第78页。

④ ［美］劳伦斯·奥尔森著：《日本在战后亚洲》，上海人民出版社1974年版，第21页。

另外，美国态度的转变及其背后支持保证了赔偿协议的达成。日美原来对赔偿持消极态度，主要是担心赔偿会对日本经济的发展产生不利影响。随着经济规模的扩大，日美方面不再把赔偿看作是一大负担，反而认为是向东南亚扩张经济势力的一次有利时机。赔偿可以在一定程度上缓解东南亚人民对日本的敌视，减轻扩张的阻力，还可以作为在“经济合作”的幌子下掩护资本输出。同时，通过加强日本在东南亚的经济、政治地位，抵销中国革命在这一地区日趋扩大的影响，进而将东南亚拉入“自由主义”阵营。日本外相藤山爱一郎直言不讳地说，“东南亚经济即政治”。① 美国力图让日本代替自己填补东南亚因旧殖民势力的衰退而出现的真空，而日本则是想借助于美国的支持，以赔偿为契机，建立自己的势力范围。

最后，东南亚各国严重的政治经济困难以及对赔偿支付的期待加速了协议的达成。二战以后，东南亚各国虽然在政治上取得了独立，但由于长期的殖民掠夺，造成经济发展的不平衡。而且“在经济上，由于作为旧殖民地被扭曲了的生产结构不能消除贫困，它又招致政治上的动摇。”② 为了发展生产、稳定政局，东南亚各国迫切希望赔偿早日实现。

在赔偿的支付方式上，主要以产品和劳务两种方式为主，而且，钢材、电器、机械设备等重化工业产品占了很大比重。每一个赔偿协议都同时伴有有偿或无偿的经济合作计划及中、长期贷款，而且也都是采取提供产品和劳务的方式。赔偿支付时间为 5 至 20 年。这一方面将赔偿给日本带来的负担降到极轻微的程度，另一方面也给日本工业特别是与赔偿支付密切相关的重化工业提供了长期的持续稳定的输出市场。战前依赖军需扶植起来的日本重化工业，战后通过赔偿支付而取代军需，在海外获得了长期、稳定且庞大的市场。

第二阶段赔偿从日缅达成协议生效起，到 1976 年最后一笔赔偿支付

---

①　张廷铮：《日本对东南亚经济扩张的新阳谋》，《人民日报》1959 年 8 月 2 日，转引自湛贵成：《关于日本赔偿问题与战后经济》，载《世界历史》1995 年第 4 期，第 79 页。

②　东京大学社会科学研究所：《战后改革》第 2 卷《国际环境》，东京大学出版会 1974 年版，第 317 页。

完毕持续了21年，跨越了日本战后恢复时期和高速增长时期。这一阶段赔偿最突出的特点是经济发达的战败国与经济落后的战胜国通过协商实现的。

**表1　战后日本的战争赔偿、准赔偿**[a]　（单位：百万美元）

| 受偿国 | 赔偿额 | 准赔偿额 | 合　计 | 支付期 |
|---|---|---|---|---|
| 菲律宾 | 550 | 550 | | 1955－1976 |
| 缅甸 | 200 | 140 | 340 | 1956－1977[b] |
| 韩国 | | 300 | 300 | 1965－1975 |
| 印度尼西亚 | 223．08 | | 223.08 | 1958－1970 |
| 南越 | 39 | | 39 | 1960－1965 |
| 泰国 | | 26.7 | 26.7 | 1962－1969 |
| 新加坡 | | 8.16 | 8.16 | 1968－1972 |
| 马来西亚 | | 8．16 | 8．16 | 1968－1972 |
| 米克罗尼西亚 | | 5.84 | 5.84 | 1973－1975 |
| 柬埔寨 | | 4.2 | | 1959－1966 |
| 老挝 | | 2.8 | | 1959－1965 |
| 合计 | 1012．08 | 495．86 | 1507．94 | 195－1977 |

资料来源：大藏省财政史室，《昭和财政史》，第一卷，总说：赔偿，终战处理，东洋经济新报社，1994年版，第532－533页；山影进，《亚洲、太平洋与日本》，载渡边昭夫编，《战后日本的对外政策》，有斐阁1985年版，第139页。

说明：a．日本学者山本刚士就赔偿和准赔偿的区别写到：“赔偿是日本对战时的军事侵略做出的赔偿，而准赔偿则是日本与交涉对象国在是否是赔偿这一点上未达成一致，对象国认定是赔偿，日方认为带有强烈的赔偿性质，而提供的无偿资金。”山本刚士，《日本的经济援助：其轨迹和现状》，社会思想社1988年版，第66页。

b．1955—1965年为赔偿支付期，1965—1977年为准赔偿支付期。

如图所示，从1955年到1977年间，日本总共对11个国家和地区作了15亿美元的赔偿。对受偿国来说，赔偿对其经济发展起到了一定的促进作用。但这一积极作用由于支付数量过少（一共才11.6842亿美元）和支付时间过长（10至20年）、赔偿内容和方式不能自主决定以及历史所造成的积重难返的政治经济局面而受到极大的局限。因此，与其说是日本对各国所受损害的一种物质补偿，不如说是象征性的心理上的补偿，而这一点象征性意义最终由于日美的巧妙利用而荡然无存。①

对日本来说，赔偿是因“祸”得福。赔偿从来没有给日本带来过沉重的负担，相反地，在战后的不同时期，却起到了促进日本经济腾飞的作用，这一促进作用主要体现在以下四个方面：

其一，在一定程度上，赔偿促进了日本战后的设备更新和技术革新。在第二阶段赔偿的初期，正值日本结束战后恢复，开始进入高速发展时期，已经或行将淘汰的二手设备陆续成为赔偿品。

其二，赔偿有力地促进了日本向重化工业方向的发展，起到了培养日本重工业的作用。战后初期，日本的重化工业产品在国际市场上缺乏竞争力，赔偿则成为日本参与国际竞争的一个有力的武器。通过赔偿，为日本重化工业提供了一个长期的、稳定的出口市场及原料来源地，加速了日本向重化工业方面的结构转换，并促进了日本重化工业的发展壮大，增强了国际竞争力。

其三，赔偿促使日本对东南亚的出口贸易在结构上发生了变化。50年代前期，日本出口东南亚的绝大部分产品是轻工业产品，50年代后期，以赔偿为契机，重工业产品开始占据主要地位。赔偿成为日本薄弱的工业部门向东南亚，进而向欧美市场扩张的契机。

其四，由于采取了物资赔偿的方式，因此，它成为日本向东南亚进行扩张的有力工具。日本经团联副会长植村甲午郎在《实业之日本》杂志上说，“我最近略略调查了一下数字，稍觉意外的是，无论海外投资或经济合作，由于向那里支付赔偿的关系，增加了有利因素。”② 1959年9月23日日本通产省发表的第二号《经济合作白皮书》公开承认日本的战争赔偿产生了与海外经济合作相同的效果并借此可以开辟新的市场。日本以赔偿为手段，扩大了对东南亚各国的资本输出和商品输出，并几乎

① 引自杨光：《战后日本的战争赔偿与经济外交》，《南开学报》1994年第6期，第26页。

② 张廷铮：《日本的战争赔偿是侵略东南亚的武器》，载《世界知识》1960年第2期，第11页。

左右了东南亚各国的经济。日本《经济学人》杂志（1959 年 11 月 10 日）载文说，“日本对东南亚各国的赔偿已经变了质，变成了垄断资本利用国家资金向东南亚扩张经济势力的主要武器之一”。通过赔偿日本加强了在东南亚市场上的地位，成功地战胜了其他竞争对手，甚至包括美国。①

另一方面，对美国而言，战争赔偿被巧妙地纳入为美国远东政策服务的重要一环，成为美国远东政策的重要补充。由于赔偿和随之而至的资本输出，卓有成效地影响了各受偿国的政治、经济，由于赔偿的支付和各种“援助”的实施，亚洲各亲美政权得到了稳定日本无疑在其中发挥了重要作用。

由此可见，战争赔偿问题跨越了日本从战时经济向和平经济转换、从战后恢复时期向高速增长时期过渡等几个非常关键的阶段。在日后推动了日本战后经济的复兴。

**2. 美国与德、日战败赔偿政策的制定**

针对德、意战败赔偿问题，三大国之间的斗争具有相似性，即美英坚决反对苏联提出的以当前工业品作为赔偿来源，但斗争的结果却截然不同。杜鲁门在波茨坦会议上声明，将向意大利提供“7 亿到 10 亿美元的援助”，但这并“不是为了让意大利向盟国和其他国家支付赔款”；贝文也表示，在确定赔偿数额时，不应把美英的贷款考虑进去②。在 1945 年 9 月至 10 月伦敦五国外长会议上苏联提出意大利应赔偿 3 亿美元（其中 1 亿归苏联，2 亿归南斯拉夫、希腊和阿尔巴尼亚），并要求以当前工业品支付。在 1946 年 4 月至 7 月巴黎四国外长会议上（中间休会一个月），贝尔纳斯则强硬地提出两条路线，其一，如果苏联坚持以当前工业品作为 1 亿美元赔款的来源，美国将拒绝签定五国和约；其二，如果苏联遵守美国所提出的四项赔偿来源，美国则同意苏联获取 1 亿美元的赔

---

① 湛贵成：《关于日本赔偿问题与战后经济》，载《世界历史》1995 年第 4 期，第 81 页。

② ［苏］萨纳柯耶夫、崔布列夫斯基编，北京外国语学院译：《德黑兰、雅尔塔、波茨坦会议文件集》，三联书店 1978 年版，第 326 页，第 437、438 页。

偿。贝文则不但反对以当前工业品作为赔偿，而且提议将“德国苏占区内的意大利财产作为补偿”，甚至认为苏联应放弃对意的赔偿要求，因为英国“忍受舰船的巨大损失尚未提出这一要求”①，所以苏联也不应提出此项要求。在美英苏三国的僵持下，最终法国外长皮杜尔提出了一项折衷方案：规定以意大利当前工业品作为赔偿来源之一，时间期限为10年，并将前2年延缓。该方案既未背弃美英的经济利益（两国在意的投资仍可在2年延期内赚取利润），同时也满足了苏联的要求，成为美英苏三国在对意赔偿问题上达成协议的蓝本。在巴黎外长会议接近尾声之际，美英苏三国在意大利赔偿问题上达成一致意见。

意大利赔偿问题虽然一度成为缔结五国和约的瓶颈，但最终仍通过和约的方式得以解决，而德国赔偿问题则最终破裂并成为冷战背景下东西方意识形态斗争的前沿。尽管缔结对意和约中也搀杂了不同意识形态争夺的因素，如在的里亚斯特港归属问题上的斗争②。然而，造成这一差异的根本原因是由于德国和意大利在三大国的战略利益中的地位的不同。对美国而言，德国是其争夺世界霸权的重要地区（欧洲）的中心，“谁控制德国，谁就控制了欧洲的力量平衡”③。对英国而言，维持欧洲势力均衡的外交方针更难以排除德国的影响，正如丘吉尔在1945年4月1日致罗斯福的信中所指出的，“……从政治立场出发……如果能够拿下柏林的话，我们就应当占领柏林”④。苏联则认为意大利是“无足轻重的”，而德国的战败处理是关系到其周边安全的重要隐患，因此苏联谋求一个“强大的波兰”和一条“东欧缓冲带”。

美国对德、日两国的战败赔偿政策经历了一个相似的转变历程，即

---

① FRUS：*1946*，pp. 219－220；美国提出的四项赔偿来源是：1）战时军事工业设备，2）意在罗、保、匈的财产，3）英美从意获得的赢余战利品（海军舰船），4）美军已用于部队运输的两艘意大利商船；Ibid.，p. 342，pp. 532－535，530.

② 的里亚斯特港位于意大利与南斯拉夫交界处，美英坚持将该港划归意大利，而苏联则坚持将其划归南斯拉夫。这是缔结对意和约中东西方冲突的焦点之一。

③ F·S & M·J·Northedge：*A Hundred Years of International Relations*，New York 1971，p. 251.

④ ［英］温斯顿·丘吉尔，斯祝译：《第二次世界大战回忆录》第六册，商务印书馆1975年版，第407页。

从最初的惩罚性赔偿到复兴德、日经济，并最终将其纳入欧、亚冷战的大战略之中。然而，如果说美国对德赔偿政策的转变是在与苏联的斗争中逐步展开的，那么对日赔偿则基本排除了苏联的干扰，更鲜明地体现出美国依据其远东战略定位对日赔偿政策的特征。在德国赔偿问题上美国的利益要求因受到苏联的限制而被迫缩小，而在对日战败处理上则实现了美国战略利益的最大化。

美国的对日赔偿政策从1945年《战后初期美国对日政策》的公布到1951年《旧金山和约》的签订，主要经历了从惩罚性的拆迁赔偿，转向缓和赔偿、放弃赔偿、劳务赔偿的蜕变趋势①。战后初期美国制定远东政策的基本目标是防范日本军国主义的复兴，因此美国制定了严格的对日索赔计划，力图最大限度地打击和削弱日本的军事潜力。按照美国最初的政策构想，战后的日本经济将以农业为主，日本人民的生活水平应当以不超过他的亚洲邻国为限②。而在德国赔偿政策上，上述原则同样也是美英在雅尔塔、波茨坦会议上所强调的内容，不同之处主要在于客观环境的差异，即苏联作为制约因素的存在与否。美国对日索赔政策能够按照自己的利益要求顺利推行的主要原因，是由于日本并未直接出兵苏联本土，苏联除希望通过既得“战利品”的形式获得出兵中国东北的军费补偿外，并没有更多的利益要求。

外部制约力量的不足大大减小了美国推行其政策的阻力。1947年2月美国陆军部的斯特赖克计划主张必须加强日本的工业，以使其“在国内能够实现自给自足，并拥有从国外进口原材料的能力”③，在赔偿政策上，要求大量削减拆迁设备，力图通过减少赔偿来促进日本经济的复兴。斯特赖克报告的出台标志着美国对日索赔政策的实质性转变，即将日本从一个应受惩罚的战败国转变成为被扶植的对象。1948年10月美国国家安全委员会通过了13/2号文件，标志着美国彻底放弃了对日本的战争惩

---

① 崔丕：《美国关于日本战争赔偿政策的演变》，《历史研究》1995年第4期，第83页。

② 张光：《战后日本的战争赔偿与经济外交》，《南开学报》1994年第6期，第25页。

③ M · Schaller, *The American Occupation of Japan*, Oxford 1985, p. 120.

罚，而将日本以及整个东亚战略同美苏在德国乃至欧洲的对抗紧密地联系起来，出于这一需要，首先必须保证日本战后经济的稳定与发展，因此对日本的战败赔偿也从最初严厉的赔偿方案转变成比较缓和的“中间赔偿”方案（即撤走日本工业生产能力的30%），进而又转为“零赔偿”方案，即体现在《旧金山和约》第 14 条战争赔偿条款中，具体内容如下：

“兹承认，日本国对其在战争中所造成的损失及痛苦，应向盟国支付赔偿。但也承认，如果可能生存的经济是应当维持的话，则日本国的现有资源不足以使日本国对上述全部损害和痛苦作完全的赔偿，并同时履行债务。日本国应立即同那些其现有领土被日军占领并遭到日本的损害的盟国进行谈判，只要后者有此要求的话。日本可通过向当事盟国提供生产、沉船打捞等劳务，来达到赔偿损害的目的”①。

在旧金山谈判过程中，由于美国所倡导的不赔偿原则遭到东南亚国家的强烈反对，因此《旧金山和约》确立了劳务赔偿原则。陆军部官员切斯尔丁尼更明确地指出了美国对日赔偿政策转变的根本动因，“日本乃是资本主义的民主主义与共产主义较量的战场”，“美国要想在这场战争中赢得胜利，就必须保持与日本的友好关系”②。在杜鲁门主义出台后，美国的远东政策就完全服从于在全球“遏制”苏联及其共产主义影响的要求，在亚洲，美国的战略是把中国国民党政府作为对抗共产主义扩张的“唯一政府”，而将日本作为亚洲的“生产工厂”，以此来对抗共产主义势力在亚洲的渗透。

由此可见，在对日战败处理问题上，美国基本上是按照自己的战略安排行事的，而在德国问题上，美国所强调的“德国作为一个经济单位”的原则，表明美国最初的利益要求也是希望获取一整块德国市场的，但由于苏联作为制约因素的存在，美国转而提出“分区赔偿”原则，表明其利益范围的被迫缩小。

应该说，欧洲是美国传统外交政策的重心，从一战以来，融入欧洲

---

① 张光：《战后日本的战争赔偿与经济外交》，《南开学报》1994 年第 6 期，第 25 页。

② William S Borden, *The Pacific Alliance*, Wisconsin University 1984, p. 74.

亦或远离欧洲事务就已经成为美国对外政策所考虑的主要问题之一。因此，二战末期至战后初期美国对德国政策的关注是符合其传统的外交取向的，而且通过德国来牵制苏联也并非二战后的新生事物；而在东亚地区，随着战后中国革命的胜利，则完全打破了美国此前的战略安排，即“美国亚洲政策的传统目标，不在于领土和经济方面的控制权，而在于远东的政治经济稳定”①，要求美国制定新的东亚政策。美国对德、日两国的战败赔偿政策与其欧、亚战略息息相关。所不同的是，美国战后复兴德国经济的政策是其传统的外交选择，而在亚洲扶植日本则是为适应战后亚洲形势的变化而进行的一项较大的战略调整。

从后果来看，美国对德、日赔偿政策成为战后西德与日本经济复兴、主导其政治走向的关键因素。美国在德国双占区内一再修改赔偿与工业水平计划，使德国拆迁工厂数量不断减少，并通过在政治上成立西德政府，在经济上将其纳入“马歇尔计划”，在防务上将其置于北大西洋公约组织的框架内，使西德在战后迅速摆脱了战败赔偿的束缚，重新走上国际舞台，成为在欧洲与苏联对峙的重要基石。而美国主导下要求日本以劳务为主要形式的赔偿政策，不但没有达到惩罚日本战争罪行的目的，反而成功地为战后日本占领东南亚市场开辟了道路。《旧金山和约》之后，从1952年到1974年，日本政府先后同东南亚四国达成协议，同意提供价值近10亿美元的劳务赔偿和5亿美元左右的无偿经济合作，从而，使东南亚地区成为保证日本经济高速增长的原料与能源基地，而且通过赔偿还使得日本在一定程度上实现了战后工业设备的更新换代，对日本经济至关重要的轻工业和设备精良的重化工业则得到完整地保留。日本工矿业生产在1950年就突破了战前1934－1936年的平均水平，国民生产总值在1951年就恢复到了战前水平②。在政治及外交上，日本则对美国亦步亦趋，成为美国在东亚遏制中国的主要堡垒。

综上所述，美英苏三国对德、日、意等索赔政策的根本是以其各自

① Promotion and Control of Japanese Economic Recovery, Barnett to Martin, May 13, 1947. RG353. N. A.，见崔丕：《美国关于日本战争赔偿政策的演变》，《历史研究》1995年第4期，第77页。

② ［日］有泽广巳：《日本的崛起》，黑龙江人民出版社1987年版，第578页。

欧亚战略的需要为出发点的，战略利益的不同导致其赔偿政策的不同，而互有差异的赔偿原则又能够从中折射出其欧亚政策乃至全局战略的各异。然而，从内容上来看，三大国不仅在对德赔偿问题上，而且在对日、意索赔政策上也坚持了实物赔偿的原则，这是战后美英苏在战败赔偿问题上所持的唯一的一项一致性原则。但这只避免了经济技术层面错误的重犯，即基本消除了凯恩斯所指出的复杂的转帐问题。

从战略和政策的层面上来看，美国仍然延续了一战后复兴德国的老路，恢复和发展德、日、意的经济，甚至还将其经济触角延伸到了亚洲，从中即可反映出战后美国经济、政治、军事实力的增强，及其与之相伴生的对外扩张野心的膨胀。究其根源，美国的全球扩张战略源自其经济制度所决定的不断开拓国际贸易市场的需求。

从结果来看，德国和欧洲是美英和苏联久争不下的堡垒，最终成为冷战的始发地，日本成为美国在亚洲的前哨，意大利也紧跟欧洲复兴计划的步伐，这对战后国际格局产生了深远影响，随着美国全球争霸战略的明确和逐步实施，标志着从雅尔塔体制所倡导的合作精神向冷战时代意识形态的对抗性的转变。

### 3. 德、日在赔偿问题上的政策差异

第二次世界大战是人类有史以来规模空前的战争浩劫。在历时 6 年的战争进程中，有 61 个国家和地区、4/5 的世界人口被卷入战争，战火遍及欧、亚、非洲及大洋洲的40 多个国家，交战各方共出动兵力 1. 16 亿人，直接军费 1. 3 万亿美元。据估计，战争给各国造成的经济损失超过 4 万亿美元，约 5000 多万人在战争中丧生。如果说，作为二战元凶和战败国的德国和日本，在战败赔偿政策的制定上并没有真正的话语权，而主要是服从于美苏等大国的国家战略以及冷战的形势的话，那么两国在对战争的认罪态度及赔偿政策的执行上则更能够真正体现德日之间的差异。

战争赔偿是战败国因自己的战争罪行给他国造成的物质和精神上的损失所提供的赔偿，是战败国必须履行的国际义务。依据惯例，战争赔偿问题的解决，是战败国恢复国际社会成员资格和主权的前提，是无条件的。而对这一点的认识上，德日之间却存在着天壤之别。

从德国方面来看，战后历届政府都有一个正确的对战争的认罪态度

和积极执行赔偿政策的立场。德国政府不仅在道义上彻底清算了纳粹的历史罪行，而且还无条件地向受害国家和民族承担起了赔偿的责任。战后初期，东西德国就曾以拆迁机器设备、查没国外资产和船队、允许战胜国无偿使用德国专利和商标、向战胜国支付占领费和提供产品等多种形式，先后向苏联支付约664亿旧马克，向英法美等西方国家支付约200－250亿旧马克的战争赔偿。此外联邦德国还在1953年后向其他国家支付约300亿西德马克的战争赔偿，“以弥补1933年后政治迫害所引起的损失”，这几乎相当于联邦德国1951年全年的国民生产总值①。

1949年12月7日，联邦德国第一位总统奥多尔·豪斯在基督—犹太合作协会上谈到纳粹对犹太人犯下的滔天罪行时说：“这段历史现在和将来都是我们全体德国人的耻辱。”1951年9月27日，联邦德国第一位总理、被誉为德国“经济之父”的阿登纳在政策声明中表示：“新的德意志国家及其公民只有感到对犹太民族犯下了罪行，并且有义务做出物质赔偿时，我们才算令人信服地与纳粹的罪恶一刀两断了。”此后，对过去的清算便一直在德国进行着。阿登纳对法国的道歉，赢得了法国人民的宽恕，为德法和解和双边关系的发展奠定了基础。但最令人难忘的要算1970年12月勃兰特总理出访波兰时，在众目睽睽之下，双膝跪在犹太人死难者纪念碑前，向波兰人民谢罪的惊世之举。这一出乎意料的举动使所有在场的人为之动容。民意调查显示，约有80%的人非常赞赏勃兰特的举动，认为这种出乎意料的方式，更充分地表现了德国人集体悔罪的诚意而为大多数德国人所接受。此举也赢得了波兰人民的理解和信任，为“结束一段充满着痛苦与牺牲的罪恶历史”迈出了重要的一步。

1985年5月8日，西德总统魏茨泽克在法西斯德国战败投降40周年纪念活动中，发表了关于战争罪责问题的演说，毫不含糊地谴责了德国发动侵略战争的罪行，并要求德国人永远牢记历史教训。他说：“我们德国人醒悟到，历史问题是无法克服的，是难以洗刷掉的，也是不能回避的。无论我们大家有罪与否，也无论我们是老是少，都不得不接受历史，我们大家都受到历史后果的牵连，都要对历史负责任。”就在这次引起轰

① （德）卡尔·迪特利希·埃尔德曼：《德意志史》第4卷，《世界大战时期1914－1945》（下），商务出版社1986年版，第217、378页。

动的讲话中，魏茨泽克重新评价了5月8日即德国投降日的意义。他认为，德国在战后40年一直将这一天定为“战败日”是不妥的，他说“这一点越来越清楚，今天我们大家应当说，5月8日是解放的日子，它把我们大家从国家社会主义的独裁中解放出来了。”据德国舆论界所做的民意调查，有80%的德国人认为5月8日是解放日，只有12%的德国人认为是战败日。①

1994年8月1日，在波兰纪念反法西斯的华沙起义纪念仪式上，赫尔佐克总统再次诚恳地向波兰人民谢罪。他说：“德国人对于德国这个名字和数百万波兰人的苦难联系在一起心中充满愧意……我在华沙起义的战士和战争受害者面前低下我的头，我请求你们宽恕德国人给你们造成的痛苦。”对于他的这一番沉痛悔罪的讲话，在场的波兰人报以热烈的掌声。

1995年是世界反法西斯战争胜利50周年，世界各国都举行了高级别的纪念活动。德国总理科尔参加了在本国和俄罗斯、英国举行的大规模纪念活动。他在莫斯科参加纪念活动时发表讲话：“我向死难者低头，请求宽恕。我们在莫斯科缅怀遭受过希特勒造成的种种灾难的俄罗斯人以及苏联其他民族的人。”总统赫尔佐克则率领政府要员到贝尔根—贝尔森集中营的旧址向当年的无辜死难者致哀。他们悼念的是“无辜死难者”，而不是当年德国的“阵亡士兵”。1998年11月，赫尔佐克总统在纪念犹太人惨遭纳粹屠杀大会上讲话说：“60年前对犹太人的屠杀是德国历史上最恶劣的、最无耻的事件，国家本身成了有组织犯罪的凶手。”②

半个多世纪以来，德国政府虽然几经更迭，但在对待战争问题的立场和态度上却始终如一，敢于直面历史，勇于承担罪责，他们抓住一切机会向全世界认罪，并用实际行动来清算过去，表现出一种令人钦敬的“道德的勇气”。德意志民族的自我反省运动促成了战后德国政府采取直面历史、承担历史责任的态度。反过来，政府的行为又进一步推动了民

---

① 殷寿征：《联邦德国总理夏德·冯·魏茨泽克》，载《世界经济与政治》1990年第11期。

② 《德国历时92年还清战争赔款，这样的历史责任感谁有?》http://cul.cn.yahoo.com/ypen/20100930/37542_1.html

族反思向更深层次发展。同时，也得到了欧洲大多数国家人民的谅解。

从法律主体上来讲，战后由以美国为主的占领当局所组成的联邦德国并不是第三帝国的当然继承者，然而历届政府首脑均对本国过去对别国、别民族所造成的灾难表示忏悔，联邦德国及统一以后的德国政府几十年来一直积极主动、贯彻始终地向纳粹政权的受害者提供了巨额的经济补偿。虽然这种补偿可能出于多种动机，但随着时间的推移及记忆的减弱，当年遭受纳粹暴行的国家和人民已从整体上原谅了德国，并接受了德国今日在欧洲的实际领导地位。正是由于德国采取了上述正确对待历史的态度，才减少了周边邻国对德国重新统一强大的疑虑，赢得了被侵略国家的信任，德国也因此才能更加积极主动地在战争赔偿上采取行动。

首先，德国政府颁布了一系列涉及战争赔偿的法令。1951 年，阿登纳总理指出："纳粹政权以全体德国人的名义犯下了滔天罪行，对此，我们有义务进行道德和物质的赔偿。""赔偿是我们的责任，它虽然不能洗刷我们的罪恶感，却是和解的前提。"事实上，二战尚未结束时，盟国即开始讨论德国对纳粹受害者赔偿的事宜，授权德国的新政府先没收纳粹政府所掠夺的一切财产。早在 1943 年就有一些犹太法律专家在纽约和特拉维夫开始研究向德国索取战争赔款的问题，并制定了第一个要求德国赔款的方案。战后，赔款立即成了同盟国，特别是美国和苏联关注的焦点问题。但在最初阶段没有任何一个战胜国能向德国提出完整的赔款方案。于是，战胜国决定把纳粹的所有财产作为"赔偿基金"以使德国履行其赔款义务。但西方战胜国随即转而决定由德国全体纳税人来抵偿纳粹国欠下的战争债务。

1949 年，德国南部的几个州为战争赔款制定了《赔偿法》，但只适用于巴伐利亚州、不莱梅州和当时的巴登—符腾堡州以及黑森州。1951 年，联邦德国成立后，部分地方法律才被纳入德国基本法的有关条款。50 年代中期赔款问题仍一直是德国州议会和联邦议会争论的焦点。最初，德国政府在赔款问题上是消极的，并一度听任各州去处理有关赔款申请，当时西方战胜国坚持把结束占领状态和恢复德国主权同德国确保战争赔款联在一起。1952 年，德国政府同战胜国签定了一个"转让协定"，该协定的第三和第四部分中，德国承诺加快向同盟国支付战争赔款的义务。

1956 年 6 月 29 日，德国联邦政府制定并完成了《联邦赔偿法》。1957 年 7 月 19 日，德国政府又制定了相关的《联邦财产返还法》。1965 年 9 月 14 日在此基础上出台了《联邦赔偿法最后条款》，从而使德国的赔款完全走上了有法可依的道路。

战后，占领当局即着手将没收的财产物归原主，但仅限于财产，当时赔偿尚未包括遭受纳粹迫害的受害人。1947 年美国实行的一项军管法规定，这些财产或物归原主，或给予被掠夺者相应补偿。该法律成为德国联邦政府制定一系列赔偿法的指导性原则。自 1949 年 8 月 22 日联邦德国通过了为纳粹受害者而制定的《人权和私有权法》、《为战争受害者提供帮助法》，从而把战争赔偿这一国家义务通过法律形式固定下来。

在此基础上，联邦德国政府 1956 年又制定了《赔偿受纳粹迫害者联邦法》、《为纳粹受害者赔偿联邦补充法》，1957 年则制定了《赔偿受害人类别和原则法》。而且每次新法的出台或对上述法律的修正结果都将赔付范围扩大了。为实施这些基本的赔偿法，又制定了几个相应的辅助法，以帮助那些纳粹歧视政策的受害者。德国统一后 1992 年 5 月 1 日，又颁布了《联邦德国对纳粹占领区受害人赔偿法》。根据新法，那些因故不能得到赔偿的纳粹受害者可以重新提出申请，特别是那些以前居住在民主德国的受害者。该法赔付的范围包括：因种族、宗教、意识形态等原因遭受纳粹迫害者，并导致健康受损、个人自由被剥夺、经济和专业发展受阻、个人财产受损者。

其次是针对犹太人的国家赔偿。德国以国家形式履行赔款义务开始于 1951 年，即德国对以色列犹太人的赔款。1951 年 9 月 27 日，德国联邦议会发表声明，表示德国将“在德意志偿付能力的限度内”对犹太人在二战中因法西斯德国的迫害所蒙受的物质损失给予赔偿。当时的德国总理阿登纳也在议会表示将尽快制定”有关法律，并尽快开始同以色列就赔款问题举行谈判。1952 年 3 月，德国同以色列在海牙开始会谈，并于同年 9 月 10 日与以色列就赔款问题签署了“卢森堡协议”。根据该协议，德国共向以色列赔款 34. 5 亿马克。这笔赔款虽是以国对国的形式完成的，但以色列实际上是作为一个国家来接受德国对受迫害犹太人的个人赔偿。据统计，当时以色列有 1/3 的犹太人遭受过纳粹德国的迫害，有权向德国要求赔偿。

德国除按协议对以色列履行了大笔赔款外，其他的赔款主要有以下四个方面：首先是按《联邦赔偿法》支付的赔款，这笔赔款约占赔款总额的77%。《赔偿法》规定：在二战期间，因反纳粹或因种族、信仰及世界观不同而受到纳粹德国迫害，并在生命、肉体、健康、自由、财产等方面遭受损失的人，有权向德国提出赔款要求。第二是按《联邦财产返还法》支付的赔款。根据《返还法》，人们可以向"德意志帝国"提出财产退赔要求，其中包括对国家铁路和邮政等特别财产的退赔要求。此外，依据该法，人们还可向原普鲁士、国家高速公路公司、前纳粹党及有关团体，以及向业已解散的其他各种纳粹机构提出财产偿还要求。第三是对东欧12国的赔款，这笔赔款截止1986年10月31日，共为10亿马克。第四是对西方占领国和原苏联的赔款，根据1986年10月31日联邦政府发布的"赔偿报告"统计，德国当时支付的各类赔款已逾770亿马克。这里尚不包括财产退赔。据统计，从50年代初至1986年1月1日，德国共处理各类财产退赔申请1283018项，相关金额近40亿马克。加上未在官方统计范围内的、对已移居世界各地的以色列受害人及其遗属的赔偿，德国截止1986年的赔款金额就已达900亿马克，有些非官方的统计则认为高达1000亿马克。①

两德统一后，德国仍继续向一些尚未签约的东欧国家进行赔款。据统计，截止1993年11月，德国的战争赔偿已达1222.6亿马克。保守估计，到上世纪末，加上已赔付的部分，德国的赔偿总额超过1400亿马克。如再考虑到德国支付的、与赔偿法相关的社会保险金，那么赔款的数额就会更大。

德国与以色列、"犹太人对德国追讨委员会"（JCC）签定协议，制定了最终实施赔偿的法律框架。基于此协议进行的谈判自1952年9月10日在卢森堡进行。协议中的一项条款要求联邦德国政府向以色列国及各犹太组织支付34.5亿马克。

自1951年起，德国已向以色列及其他"第三帝国"的受害者支付了1002亿马克（按1998年汇率约合618亿美元）。此外，德国公民个人或

---

① 杨德利：《关于德国的战争赔偿问题》，载《德国研究》1996年第1期，第32页。

基金会还向战时的劳工支付了约7500万马克。根据1965年《联邦赔偿法》，德国向第三帝国时期因种族、宗教、出身和意识形态等原因而受迫害的个人特别是犹太人支付了总计为784亿马克的赔偿。对那些已过世的二战幸存者，德国根据此法在他们生前共向他们支付了12.5亿马克，其中以色列有10.6万人。

第三，是德国对其他战争受害者的赔偿。1949年建国后，联邦德国政府正视纳粹所犯下的罪行，并承诺要提供物质补偿，而他自己也清楚，这是一笔永远也无法还清的债。德国的支付集中于为那些因遭受迫害而丧失了生命、健康和自由的个人。这笔赔偿金总数估计有1000—2000亿马克。根据1956年的《为受纳粹迫害者赔偿法》，约400万人提出了申请，德国政府也与其他国家签定了双边赔偿协议。比如，曾向奥地利政府赔付1.02亿马克，用于设立两个基金会：一是为补偿纳粹占领时期因政治迫害而导致的受害人的收入丧失，一是用于补偿目前居住于其他国家的此类受害人。剩余的600万马克则用于支付个人的财产损失。

1959年至1964年间，联邦德国政府与11个欧洲国家达成了“全面协议”。这些协议的结果是由联邦德国政府向这些国家提供20多亿马克，让其政府根据有关法案补偿二战时纳粹政权的受害者。1991年以来，德国又为东欧国家的纳粹受害者支付了约18亿马克的赔偿，并给予曾接受纳粹人体试验的受害者以特别补偿。在1991年与波兰签定的协议中，德国政府坚持要向波兰“德—波和解基金会”支付5亿马克，以对波兰的纳粹政策受害者给予补偿。苏联的加盟共和国也得到了同样的补偿。

1990年东西德统一后，德国政府在前联邦政府的基础上，继续向因冷战而不能领取赔偿的人发放这笔款项，即他承担了民主德国没有对纳粹受害者履行的义务。统一后的德国向波兰、白俄罗斯、俄罗斯、乌克兰和捷克等东欧国家供了18亿马克的“复兴基金”，其中也包括给战时的受害者如被强迫的劳工每人1000马克的赔偿。施罗德总理与克林顿联合倡导了一个称为“牢记、责任与未来”的公共基金会，由德国政府及德国企业捐赠了100亿马克。它主要向战时被德国奴役的劳工发放赔偿，其中也包括战时德国企业的过失补偿。

第四，德国公司也积极参与赔偿活动。在纳粹统治时期，德国一些知名大公司都曾不光彩地使用过纳粹军队抓来的所谓“强迫劳工”。战后，为了偿还纳粹所犯罪行的历史旧帐，除了政府赔偿外，一些在纳粹统治时期曾残酷压榨集中营囚犯，强迫他们做苦役的大公司也以赔偿的形式来洗刷自己的罪恶。1951 年 IC 公司赔偿 250 万马克；1988 年奔驰公司对战时在该公司被迫服劳役的犹太人支付 2000 万马克；1991 年大众公司向犹太人民间索赔团支付 1200 万马克。大众公司还将强迫犹太人服劳役的史实载入公司史册。

由此可见，德国政府通过建立起一套使赔偿制度法律化的机制来处理战争赔偿问题。战后 60 多年间，德国认真支付了对欧洲各国的巨额战争赔偿。根据德国财政部战后处理司公布的数字，截止到 1993 年 1 月，德国对欧洲各国的战争赔款支付总额已达到了 904 亿 9300 万马克。到 1998 年，德国已支付 1000 亿马克。根据德国的《联邦赔偿法》、《联邦还债法》规定，1993 年 12 月之后，还要按计划支付 317 亿 7200 万马克。自战后到 2030 年为止，德国支付的战争赔款总额将为 1222 亿 6500 万马克。正如德国前总理勃兰特所指出：信任不是强求的，信任不是靠言辞，而是必须靠行动，靠言行一致才能获得①。德国政府通过自己的言行赢得了国际社会对其战争罪行的谅解。

与此相比，日本政府在对二战的认罪态度以及处理战争赔偿问题上的政策则大相径庭。日本历届政府对侵略战争这一事实一直缺乏明确的认识。直到 1993 年 8 月，细川首相才首次承认“侵略战争”的事实。二战后，根据《波茨坦公告》、《旧金山和约》等有关规定，日本虽然也对受害国支付了部分战争赔偿，但国际社会普遍认为：日本政府所进行的赔偿缺乏诚意，也极不彻底②。具体表现在以下几个方面：

第一，从赔偿对象上看，日本政府通过有目的地选取赔偿对象国，从而达到减少所应承担的赔偿义务的目的。日本政府认为，根据《旧金山和约》联合国放弃了战争赔偿的求偿权，还认为根据 1965 年《日韩求偿权协定》，日韩间的赔偿问题也已得到最终解决，而根据 1972 年的日

---

① （联邦德国）克·哈普雷希特：《维利·勃兰特：画像与自画像》，上海人民出版社 1976 年版，第 168 页。

② 樊建莹：《论德国和日本对其侵略战争认识的差异》，载《许昌师专学报》1996 年第 3 期，第 96 页。

中联合声明中国方面放弃的战争赔偿的求偿权也已解决中日间的赔偿问题①。很明显，这违背了1947年7月盟国远东委员会制定的赔偿原则："在日本赔偿总值内每一国家能分得多少，要看这一国家由于日本侵略所蒙受的生命与物质损失的数目及其对击败日本所做的贡献，包括抵御日本侵略的地域范围与时间长短"②。新中国理应成为日本战败赔偿的最大接受国，但由于台海分裂的局势以及美国的从中作梗，在客观上限制了新中国向日本索赔的途径③。在反法西斯战争中，中国蒙受的生命和物质损失数目最大，抵抗日本侵略的地域范围最广，时间最长，中国应该是最大的受偿国。但是，被迫退守台湾孤岛的蒋介石政权却在1952年4月的'日台和约"中放弃了赔偿要求。究其原因，主要有以下几个方面：

其一，有鉴于过去的拆迁赔偿，都是些过于陈旧、几乎不堪使用的机械设备，而且，这些设备绝大多数属于军事工业，对各受偿国恢复战争创伤的和平建设来说，不但无所裨益，在财政上反倒成为一大负担。

其二，在同中共的角逐中处于劣势的蒋介石政权，为了防止日本同中国大陆建立密切的经济关系，进而密切政治、文化联系，承认中共政权，就以放弃战争赔偿为筹码，换取日本对自身政权的承认，达到孤立大陆中共政权的目的。因此放弃赔偿要求，被台湾政府认为是保持日台关系、阻止中日建交的重要手段。

其三，处在美国保护下的台湾蒋介石政权的对日政策只能唯美国马首是瞻。50年代初，由于世界局势的变化与冷战的加剧，美国的对日政策开始转变为复兴日本经济，恢复日本在亚洲的领导地位，并想通过日本代替美国对亚洲各国施加影响，以阻碍中国革命的成功所带来的巨大冲击波，从政治、经济上孤立大陆中国。在战争赔偿问题上，也由积极推进变为极力反对。这势必对台湾国民党政权产生深刻影响。

由此可见，二战后，日本以迎和美国在远东反共、反华的战略需要

① ［日］北往炯一：《日本与德国的战争责任及战后补偿》，《外国问题研究》1993年第3期，第10－11页。

② 孟宪章等：《日本问题全面论》，东亚书社1948年版，第69页。

③ 樊建莹：《论德国和日本对其侵略战争认识的差异》，载《许昌师专学报》1996年第3期，第97页。

为主，在选取赔偿对象国上或以美国在亚洲的盟国为主，对一些同样遭受过其侵略的新生的社会主义国家，则拒绝履行其赔偿义务。其中最突出的例子，就是日本无视中华人民共和国的合法地位，与台湾单独媾和，并以蒋介石单方面放弃索赔为理由，解除了对新中国的战争赔偿。从国际法的角度来看，日本理应向中国支付战败赔偿。而这里所涉及的仅仅是政府间赔偿，对于慰安妇、劳工问题，日本政府和企业也缺乏明确的赔偿意识和具体的政策，在这一点上更难以与德国相比。

第二，从赔偿数量上看，日本也是尽可能地减少赔偿数额，而且从其政策执行上来看也缺乏诚意。从 1952 年底开始的日本政府的战败赔偿活动持续了 25 年，到 1977 年结束，这期间日本政府共对 11 个国家和地区支付了价值 15 亿美元的战争赔偿，年均不足 7000 万美元，① 而日本政府用以在国内战争遗属的抚恤金上的赔偿远远高于对战争受害国人民的赔偿，其比例为 40∶1，而德国政府用之于此的比例是 1∶1。② 日本有十几种为本国人进行补偿而制定的法律，其中包括对因原子弹爆炸受害者及二战中军人的补偿的法令。1952 年 4 月 30 日经日本国会审议通过，日本政府通过了《战时战伤病者、战殁者及遗属等援护法》，在 1995 年二战结束 50 周年之际，日本还设立了“对战争殉难者遗族的特别抚恤金”，给予原军人、军属、战争遗族共 151 万人，每人 40 万日元。对天皇旧军队的补偿至 1995 年已经达到 37 兆日元，而对于除放弃战争赔款以外的亚洲国家的赔款总额却只有 6100 亿日元，尚不及前者的 1.7%，而对旧军人的补偿相当于对亚洲 12 个国家的赔款总额的 58 倍多③。两者相比形成巨大反差。由此可见日本政府对于本国在二战中对亚洲各国所犯下的罪行并没有一个正确的态度。而由于战前在日本就存在国与民为一体的意识，加上 1945 年广岛和长崎被轰炸的历史背景，所以在战后日本滋生出了日本不是侵略亚洲各国的加害者，而是一个被害者的意识，并且没有

① 吴学文等：《日本外交轨迹 1945 - 1989》，时事出版社 1990 年版，第 23 页。

② 樊建莹：《论德国和日本对其侵略战争认识的差异》，载《许昌师专学报》1996 年第 3 期，第 97 页。

③ ［日］金子道雄：《日本的战争赔偿责任》，第 8 - 9 页。另有一说认为日本战后给亚洲各国的赔偿为 6560 亿日元，见姜维久：《日本与德国战后国家赔偿及个人受害赔偿比较研究》，载《世界经济与政治》1995 年第 9 期，第 56 页。

追究天皇的战争责任又成为淡化战争发动者责任意识的重要理由①。

第三，从赔偿手段和目的上看，日本政府是把赔偿问题作为经济、政治问题而非战争遗留问题来解决的。战后，日本借助有力的国际环境和美国对日本的扶植政策，伺机不断对战败赔偿采取拖延行为，1952 年底之前，日本没有向任何国家表示过赔偿意见。直至 1954 年，日本政府才与缅甸政府签定第一个关于战后赔偿的条约《日缅赔偿和经济合作协定》。而在实施该协定的过程中，日本并没有按照《旧金山和约》采用"实物"赔偿的原则，而是采取了以"日本产品"进行赔偿的原则，对此，日本首相吉田茂指出："赔偿物即使是新产品，只要是生产资料，就不必回避。我们对和约做了新的解释，即：如果这种生产资料不需要我们特别负担外汇，而且有利于日本经济的发展，就不违反旧金山和约的精神"②。日本的赔偿重点是在东南亚国家。除了迎合美国的东亚战略之外，还是出于本国贸易的需求。1952 年 12 月日本外相冈崎胜男指出：要把赔偿问题当作"政治问题"来解决。而日本把赔偿问题作为政治问题来解决的目的有三：一是通过签署赔偿协定，同东南亚诸国恢复邦交，有利于日本恢复国际社会成员的资格；二是利用赔偿协定把当时还不具备国际市场竞争力的产品销往东南亚；三是用以赔偿的资本物资主要用于各受偿国的资源开发，这有利于日本拓展其海外原料市场。③ 日本首相吉田茂也指出："对于失去了中国市场的日本来说，找到东南亚市场是很重要的"④。因此，在实施赔偿的过程中，日本在东南亚的贸易有了很大的发展，而日本企业界则成为战争赔偿的受益者。

此外，由于日本在赔偿问题上缺乏悔罪之意，在谈判中常常纠缠不休，同印尼的谈判就进行了长达 5 年之久。而在战败赔偿的谈判中，"同日本人对待任何生意和交易一样，斤斤计较地讨价还价，对受赔国没有

---

① ［日］北往炯一：《日本与德国的战争责任及战后补偿》，《外国问题研究》1993 年第 3 期，第 11 页。

② 张健：《浅谈日本的战后赔偿》，《日本学刊》1998 年第 3 期，第 120 页。

③ 樊建莹：《论德国和日本对其侵略战争认识的差异》，载《许昌师专学报》1996 年第 3 期，第 97 页。

④ 吴学文等：《日本外交轨迹 1945 - 1989》，时事出版社 1990 年版，第 22 页。

丝毫感情上的歉意"①。日本前首相吉田茂也曾指出："只是因为对方不喜欢投资这个词，我们才选用了赔偿一词而已"②。由此可见，日本的赔偿是一种不承认战争责任，仅仅因为战争失败了才被迫作出的赔偿。

另一方面，有学者指出：从德国在制定的各类有关法律，以及发表的有关文件中，"赔款"或"赔偿"一词的选用也耐人寻味。德国正式文件谈及"赔款"或"赔偿"时一般仅限于以下用词：Entschädigung 一词所指的赔偿，补偿，系指承担责任者通过经济或财政的手段去消除受害者在财产、肉体或精神上的损失。而 Wiederutmachung 一词所指的补偿，赔偿，弥补，补救之意，则指补救因过失而对他人造成的损害或损失。这两个词在德语中既可用于针对个人也可针对国家。Sühneleistung 所指的补偿，弥补，是指因做出不公正的行为而承担处罚或赔偿，与前两个词相比程度较轻。而这个词应该不用于国与国之间的经济补偿一意。一般情况下，德语中专指国家间在经济和财务意义上的正式战争赔偿或赔款，应使用的"Raparation"一词，但该词在德国的正式文件中目前尚未看到。因此可以说，德国在处理有关问题时，并没有从感情上真正站在战败国的角度上向战胜国履行赔款义务，而更多地是对纳粹统治时期"人受到的损失"进行补偿，这一点也是德国制定《联邦赔偿法》的出发点③。

有学者在比较德、日战败赔偿政策时，认为可以从两国所处的不同的国际政治、军事环境背景中找到原因。同时，也与索赔方所采取的态度和行为的差异直接相关。二战后欧洲赔款问题基本圆满的解决，其主要原因表现在以下几点④：

第一，战败的德国在欧洲所面对的是美、英、法联军对西德的占领，苏联对东德和柏林的占领。庞大的占领军对德国的赔款行为、战犯责任追究行为或极右势力的抬头起着巨大的威慑、监管作用。德国如果不予

---

① Lawrence Olson, Japan in Postwar Asia, New York 1970, pp. 506 - 07.

② ［日］金子道雄：《日本的战争赔偿责任》，第 7 页。

③ 杨德利：《关于德国的战争赔偿问题》，《德国研究》1996 年第 1 期，第 34 页。

④ 姜维久：《日本与德国战后赔偿比较研究》，《世界经济与政治》1995 年第 9 期，第 56 页。

赔偿，不正视史实，就无法在欧洲生存下去。

第二，战后欧洲是美、苏政治、经济、军事冷战对峙的中心，美国采取了扶植利用西德的崛起，对抗苏联、东欧国家的战略。但英、法是美国的坚定盟友，美国不会牺牲盟友的索赔利益来弥补德国。

第三，战后苏联雄居东欧的强大军事态势，使德国必须认罪赔款。尽管美国在战略上要抑制苏联，但也不敢在苏联索赔利益上随意左右。

另外，日本赔款及亚洲各国索赔所处的背景、条件乃至行为，与前述欧洲的情景大相径庭。

首先，战败后的日本，在亚洲所面对的国际（政治、经济、军事）环境优越。战后美国单独占领了日本，出自对抗欧亚社会主义阵营的战略需要，极力扶植日本崛起，美国主持在日本实行了解散垄断财阀、经济民主化改造、农地改革三大改革政策，打下了生产关系适应后来日本经济长期高速发展的基础，紧接着的朝鲜战争、越南战争又给日本经济输了血。美国大量先进的工业技术及专利大方廉价地转让给了日本企业，日本企业利用美国技术生产出的制品又大部返销美国市场。

第二，战后最大的战争受害国中国，在1946年6月－1949年又进入了国内战争，在一穷二白中又不得不投入抗美援朝战争，以及后来的越南战争，这都给中国带来了巨大财力、物力、人力消耗，加之内部接连不断的政治运动，外部美国经济封锁，中苏对抗等等。使得元气一直未能恢复。

第三，随着冷战格局的瓦解，各国政治民主化进程的发展，亚洲人民的民主、人权、自由意识日益增强，亚洲的二战受害者认识到，做为个人和民间团体向样有权利要求日本政府、企业给予应得的赔偿。韩国、朝鲜、香港、台湾、菲律宾等国家、地区的战时受害者及遗属纷纷向日本法院提出诉讼。

半个世纪前，日本、德国在东西两个半球共同挑起了给人类造成巨大灾难的第二次世界大战。可是，50年过去了，德日两国对待战争罪行的态度却大不相同。在全世界纪念反法西斯战争胜利50周年之际，德国人勇敢地站出来，承认过去的侵略历史，举国悼念在这场战争中的受难者。德国总理科尔对德国人说，他们不能无视德国历史上黑暗的一页，“凡是德国人，只要站在以色列大屠杀纪念碑或者圣彼得堡公墓前，他就不能说这与他无关”。《柏林日报》在社论中写道，“考虑到德国人在本世纪所做的事，历史对待他们够慈悲的了”。

而日本却是另一种姿态，且不说以往的教科书问题，对南京大屠杀的否认，对靖国神社的参拜，以及桥本通产大臣的“失言”，2011 年举世纪念反法西斯战争胜利之际，日本国内右翼势力大行其道。2011 年 2 月初，他们在外务省、通产省等官厅集中的霞关一带举行示威游行，公然打着“大东亚战争是圣战”、“不许国会通过谢罪决议”的标语。

同是两个负罪的国家，一个认真反省，一个推卸责任，发人深思。如果比较战后 50 年德日两国的历史，便不难发现其原因所在。战后美国的“扶日反共”政策，使得日本法西斯侵略势力未遭到应有的打击。特别是 1950 年朝鲜战争爆发后，美国便不顾一切地扶持日本，起用日本右翼势力，在惩治战犯、赔款、日本政治制度改革等问题上偏袒包庇，使日本国民失去了深刻反省的机会。

综上所述，通过对德日的比较分析，不难看出，二战后德国赔偿问题的解决是成功的，其最大的功绩有两个，其一它较成功地防止了德国在短期内再次成为战争的始作俑者，较彻底地清除了军国主义根源；其二，与日本相比，战争赔偿的支付有助于让德国人更清醒地认识到其战争罪行的深重，从而在认罪态度上能够表现出极大的诚意。而与此相比，也就能够更深刻地认识到日本在战败赔偿问题上的消极态度和表现。

在二战末期和战后初期，四大国制定对德战败赔偿政策，实际上是如何处理既保证欧洲安全与和平同时又复兴德国两者之间的关系问题。盟国一开始就认为，德国必须提供战争赔偿。这种赔偿的结果既要最大限度地打击德国的工业经济，使之无法走上重新武装的道路，另一方面又要给德国人民以劳动和生活的可能。

在雅尔塔会议上三大国决定把拆卸德国的工业设备和使用德国的劳动力作为赔偿的内容。但赔偿的数字一直难以确立。雅尔塔会议之后，苏联把当时根据 1937 年德国版图划定的苏占区作为自己的赔偿区，并利用那里的资产达到自己的目的。由于苏联把德国奥得—尼斯河以东的土地交给了波兰，致使 1945 年 7 月的波茨坦会议在赔款问题上出现激烈争执。随即，西方国家也开始按照各自的经济利益行事。西方占领国同苏联在赔偿问题上的矛盾主要包括两个方面①：一是赔偿方式。苏联既要求得到德国的资产，又要从德国的产品中提取赔偿，并在苏占区采取了相应的做法。而西方则想把德国的赔偿只限于拆卸工业设备，规定德国的出口应首先用于支付必要的进口，以免再次出现第一次大战后德国因履行赔偿而对西方造成的不利影响。苏联的主张则相反，它“原则上认为，赔偿同进口发生冲突时，进口应该让路”。第二是赔款数额。苏联明确提出了德国对四个占领国的赔款总额应为200亿美元，并将德国工业设备的80%拆卸后作为赔偿内容。西方则不主张确定德国的赔偿数字，认为这要依据德国的经济情况和生产能力而定，并由东西方共同为其发展限定一个水平，提出“核准”德国战后的“平时需要”和“国内需要”。不同的赔偿方式和赔款数额形成了两个不尽相同的赔偿区，从而也为德国后来在经济和政治上的分裂创造了条件。因此，二战末期和战后初期三大国在德国赔偿政策上的裂是导致战后德国分裂的重要原因之一。

在二战后期，盟国关注的焦点在于如何通过有效的战败处理来保证德国的非军事化，当时德国问题仍是维护欧洲大陆和平与稳定的核心；而随着二战接近尾声以及苏联红军的势力和影响大增，在此情况下，如何应对苏联就成为保证欧洲安全的核心问题，正是这一核心问题的转移，使得复兴德国的计划具有必然性，而相应地，包括德国战败赔偿在内的对德国战败处理问题也只得服从于这一新的国际格局的需要。

战争的罪责、冷战的主战场、两德的统一，使得德国问题成为整个20世纪影响国际关系的一项重要内容。而在德国战败赔偿问题上，一方面是由于冷战形势的影响，另一方面则是德国政府在处理和执行赔偿政策上的积极举措，使得德国的赔偿问题得以成功地解决。应该说战后对德国的分区占领以及赔偿政策的制定和执行是清除德国军国主义根源的重要手段。然而，从另一个角度来看，德国赔偿问题所提供的更深刻的历史教训还在于，战后德国最先成为冷战的牺牲品。事隔半个多世纪后的今天，随着两极格局的结束，两德也已恢复统一，但几十年迥异的政治经济制度所带来的种种影响仍然是一道难以迅速愈合的伤痕。这是战

① 杨德利：《关于德国的战争赔偿问题》，《德国研究》1996年第1期，第31页。

争和两极格局给一个民族造成的创伤。应该说，在一定程度上，两极格局的形成有助于维护二战后的欧洲乃至世界的稳定，但对于一个民族而言则是一场悲剧。

# 主要参考文献

## 一、档案、官方文件、回忆录

### 英 文

1. U. S. Department of States, *Foreign Relations of the United States* (*FRUS*), 1943 – 1947, Washington.

2. Council on Foreign Relations, *The United States in World Affairs, 1947 – 1948*, New York 1948.

3. James K Pollock, James H Meisel, Henry L Bretton (ed.), *Germany under Occupation: Illustrative Materials and Documents*, Michigan 1949.

4. Beate Ruhm Von Oppen (ed.), *Documents on Germany under Occupation* 1945 – 1954, Oxford 1955.

5. General Sikorski Historical Institute, *Documents on Polish-Soviet Relations 1939 – 1945*, Vol. II, 1943 – 1945, London 1967.

6. Graham Ross (ed.), *The Foreign Office and the Kremlin: British Documents on Anglo-Soviet Relations 1941 – 1945*, Cambridge University 1984.

7. U. S. Department of States, *Documents on Germany* 1945 – 1985, Washington 1985.

8. Vladimir O. Pechatnov, *The Big Three After World War II: New Documents on Soviet Thinking about Post-War Relations with the United States and Great Britain*, in Bulletin and working papers of the Cold War International History Project, http: //www. cwihp. si. edu

9. Working Paper #9: New Evidence on the Soviet Rejection of the Marshall Plan, 1947: Two Reports, http: //galenet. galegroup. com/servlet/His-

tory/

10. James Bynes, *Speaking Frankly*, New York 1947.

11. Henry Stimson and McGeorge Bundy, *On Active Service in Peace and War* , New York 1947.

12. Cordell Hull, *Memoirs of Cordell Hull*, vol. 2, New York 1948.

13. Lucius D. Clay, *Decision in Germany*, New York 1950.

14. William Leahy, *I was there*, New York 1950.

15. Anthony Eden, *The Memoirs of Anthony Eden*: *The Reckoning*, Boston 1965.

16. Ivan Maisky, *Memoirs of Soviet Ambassador*: *The War*, 1939 - 43, London1967.

17. Henry Morgenthau, *Morgenthau Diary* , II, Washington 1967.

**中　文**

18. ［苏］莫洛托夫：《对外政策问题》，莫斯科外国文书籍出版局1950年版。

19. 《国际条约集1917－1947》，世界知识出版社1959年版。

20. 苏联外交部：《1941－1945年苏联伟大卫国战争期间部长会议主席同美国总统和英国首相通讯集》（第二卷），世界知识出版社1963年版。

21. ［南斯拉夫］密洛凡·德热拉斯，司徒协译，《同斯大林的谈话》，世界知识出版社1963年版。

22. ［苏］莫洛托夫：《巴黎和会莫洛托夫演说》，苏联大使馆新闻处1964年版。

23. ［美］哈里·杜鲁门，李石译：《杜鲁门回忆录》（卷一），生活读书新知三联书店1974年版。

24. ［英］温斯顿·丘吉尔，斯祝译：《第二次世界大战回忆录》（第六册），商务印书馆1975年版。

25. ［苏］萨纳柯耶夫、崔布列夫斯基编，北京外国语学院译：《德黑兰、雅尔塔、波茨坦会议文件集》，生活读书新知三联书店1978年版。

26. ［美］小查尔斯·米，上海《国际问题资料》编辑组译：《在波茨坦的会晤》，三联书店1978年版。

27. 王绳祖主编：《国际关系史料选编》，武汉大学出版社1983年版。

28. 方连庆、杨淮生、王玖芳编：《现代国际关系史资料选辑》下册，北京大学出版社 1987 年版。

29. ［苏］费·丘耶夫，军事科学院外国军事研究部译：《同莫洛托夫的 140 次谈话》，吉林人民出版社 1992 年版。

30. 沈志华主编：《苏联历史档案选编》，社会科学文献出版社 2002 年版。

## 二、专 著

**英 文**

31. John Maynard Keynes, *The Economic Consequences of the Peace*, London1919.

32. Ratchford B U and Ross W D, *Berlin Reparations Assignment*, University of North Carolina Press 1947.

33. Russell Hill, *Struggle for Germany*, New York and London1947.

34. Harley Notter, *Post-war Policy Preparation* 1939 – 45, Washington 1950.

35. J P Nettl, *The Eastern Zone and Soviet Policy in Germany 1945 – 1950* , London 1951.

36. Vladimir Alexandrov, *Soviet Dismantling of Equipment in Post-war Germany*, Slusser1953.

37. E F Penrose, *Economic Planning for the Peace* , Princeton New Jersey 1953.

38. James P Warburg, *Germany : Key to Peace* , London 1954.

39. Richard N Gardner, *Sterling-Dollar Diplomacy*: *Anglo-American Collaboration in the Reconstruction of Mutilateral Trade*, Oxford 1956.

40. Hebert Feis, *Churchill , Roosevelt , Stalin : The War They Waged and the Peace They Sought* , Princeton, 1957.

41. J F Snell, *The Wartime Origins of Eest-West Dilemma over Germany*, New Orleans 1959.

42. Herbert Feis, *Between War and Peace*: *the Potsdam Conference*, Princeton and Oxford 1960.

43. Manuel Gottlieb, *The German Peace Settlement and the Berlin Crisis* , New York 1960.

44. Walter Lafeber, *America, Britain, and the Cold War* 1945 - 1966, New York 1967.

45. John Gimbel, *The American Occupation of Germany*, Stanford 1968.

46. Herbert Feis, *From Trust to Terror : the Onset of the Cold War 1945 - 1950* , New York 1970.

47. John H Backer, *Priming the German Economy : American Occupational Policies 1945 - 1948* , North Carolina 1971.

48. John Lewis Gaddis, *The United States and the Origins of the Cold War*, New York 1987.

49. Joyee and Gabriel Kolko, *The Limits of Powers: the World and United States Foreign Policy* 1945 - 54, New York 1972.

50. Bruce Kuklick, *American Policy and the Division of Germany: the Clash with Russia over Reparations*, New York and London 1972.

51. John Gimbel, *The Origins of the Marshall Plan*, California 1976.

52. Philip Baggaley, *Reparations, Security and the Industrial Disarmament of Germany : Origins of the Potsdam Decision*, PhD Dissertation, Yale University, 1980.

53. John Maynard Keynes, *Collected Writings, Vol. xxvi. Activities* 1940 - 6: *Shaping the Post-war World Bretton Woods and Reparations*, London 1980.

54. Terry H Anderson, *The United States , Great Britain , and the Cold War 1944 - 1947* , London 1981.

55. Blisabeth Barker, *The British between the Superpowers 1945 - 1950* , London 1983.

56. Alec Cairncross, *The Price of War: British Policy on German Reparations* 1941 - 1949, Oxford 1986.

57. James Gormley, *The Collapse of the Grand Alliance* 1945 - 48, Baton-Rouge: Louisiana State University Press 1987.

58. James L Gormly, *From Potsdam to the Cold War: Big Three Diplomacy* 1945 - 1947, Scholarly Resources Inc. 1990.

59. Lynn Boyd Hinds, *The cold war as rhetoric: the beginnings*, 1945 - 1950, New York 1991.

60. Carolyn Woods Eisenberg, *Drawing the Line: the American Decision to Divide Germany 1944 - 1949* , Cambridge 1996.

**中 文**

61. 《列宁选集》第三卷，人民出版社 1972 年版。

62. 《战后世界历史长编》（1945、1946），上海译文出版社 1976 年版。

63. ［美］威廉 哈代 麦克尼尔，叶佐译：《美国、英国和俄国：它们的合作和冲突 1941 - 1946》下册，上海译文出版社 1978 年版。

64. ［英］迈克尔·鲍尔弗、约翰·梅尔，安徽大学外语系译：《四国对德国和奥地利的管制》，上海译文出版社 1980 年版。

65. ［美］劳伦斯·H·肖普、威廉·明特，怡立等译：《帝国智囊团：对外关系委员会和美国外交政策》，上海译文出版社 1981 年版。

66. ［法］夏尔 ·卢梭，张凝等译：《武装冲突法》中国对外翻译出版公司 1987 年版。

67. ［美］保罗·肯尼迪，王保存等译：《大国的兴衰》，求实出版社 1988 年版。

68. 吴于廑、齐世荣主编：《世界史：现代史编》上卷，高等教育出版社 1994 年版。

69. 王绳祖主编：《国际关系史》（VII），世界知识出版社 1995 年版。

70. 李世安：《世界当代史》，中国人民大学出版社 1998 年版。

71. 王俊彦：《莫洛托夫传》，世界知识出版社 1999 年版。

72. 李世安：《世界现代史》，高等教育出版社 2000 年版。

73. 张盛发：《斯大林与冷战》，中国社会科学出版社 2000 年版。

74. 李春放：《伊朗危机与冷战起源 1941 - 1947》，社会科学文献出版社 2001 年版。

## 三、论文（集）、报纸

**英 文**

75. Henry Morgenthau, Our Policy towardGermany, *New York Post* , November 24 - 27, 1947.

76. Leonard Krieger, the Inter-regnum in Germany: March-August 1945, *Political Science Quarterly*, 1949, Vol. 64.

77. Manuel Gottlieb, The Reparations Problem Again, *the Canadian Journal of Economics and Political Science*, 1950, Vol. 16.

78. Robert Slusser (ed.), *Soviet Economic Policy in Postwar Germany*, New York 1953.

79. Frederick H Gareau, Morgenthau's Disarmament inGermany, *the Western Political Quarterly*, 1961, Vol. 14.

80. William M Franklin, Zonal Boundaries and Access toBerlin, *World Politics*, 1963 - 1964, Vol. 16.

81. Peter G Boyle, the British Foreign Office View of Soviet-American Relations 1945 - 1946, *Diplomatic History*, 1979, summer, Vol. 3, No. 3.

82. Robert A Pollard, Economic Security and the Origins of the Cold War: Bretton Woods, the Marshall Plan, and American Rearmament 1944 - 50, *Diplomatic History*, 1985, summer, Vol. 9, No. 3.

83. Charles Maier etc. (ed.), *The Marshall Plan and Germany*, New York 1991.

**中 文**

84. 汤季芳：《美国的德国赔偿政策与德国的分裂》，《西欧研究》1985 年第 3 期。

85. 崔丕：《美国关于日本战争赔偿政策的演变》，《历史研究》1995 年第 4 期。

86. 樊建莹：《论德国和日本对其侵略战争认识的差异》，载《许昌师专学报》1996 年第 3 期。

87. 田小惠：《试析战后五国和约的缔结及影响》，《烟台大学学报》2002 年第 4 期。

88. 田小惠：《简析战后德国分区赔偿政策的执行》，《国际论坛》2005 年第 1 期。

89. 田小惠：《试析战后德国战败赔偿政策》，《世界历史》2005 年第 4 期。

90. 金铎：《二战后德国的战争赔偿与反省》，《团结》2005 年第

5 期。

91. 袁成毅:《国际法视野中的战争赔偿及历史演变》,《浙江社会科学》2007 年第 3 期。

92. 杨栋梁:《日本的战争赔偿》,《日本研究》1995 年第 3 期。

93. 湛贵成:《日本战后初期的赔偿问题》,《世界历史》1995 年第 4 期。

94. 姜维久:《日本与德国战后赔偿比较研究》,《世界经济与政治》1995 年第 9 期。

# 后 记

本书是在本人博士论文的基础上扩展而成的，期间虽经历了诸多波折和多年的停滞，但本人对这一课题的兴趣始终未减，并一直在寻找机会能进一步丰富和充实这一研究成果。借 2008 年 9 月至 2009 年 8 月在牛津大学圣安东尼学院访学之机，本人又查阅了相关资料和档案。回国后，在工作之余，本人也一直关注着这一课题的发展动向，潜心修订提纲、增补内容，希望能够成书出版，以作为对自己多年学术研究的一个阶段性总结。

本书的出版首先感谢北京外国语大学世界亚洲研究信息中心的资助。同时，还要向本人的导师李世安教授表示最深的谢意，恩师是本人在学术研究道路上的启蒙者和领路人，多年来的教导使学生受益终身。此外，还要感谢北京外国语大学国际关系学院李永辉教授、丛鹏教授、王明进研究员、刘乃京副教授等领导和各位同事多年的支持和帮助，国际关系学院自由的学术氛围与良好的人际环境是本人从事教学与研究的保障。对于在牛津大学访学期间，给我提供莫大帮助的 Jan Zielonka 教授，博士研究生 Amy King 等也一并表示衷心的感谢。最后，感谢中央编译出版社对本书出版工作的支持，特别感谢邓彤编辑为此付出的辛勤劳动，正是在她和其他编辑的协助下，才使本书得以顺利出版。同样感谢我的家人在这一过程中所给予的包容、理解和鼓励。

由于本人能力所限，书中的观念难免存有偏颇和谬误之处，对此本人愿承担全部责任并期待真知灼见的批评和指正。

图书在版编目（CIP）数据

德国战败赔偿政策研究：1939—1949：兼与日本赔偿政策的比较 / 田小惠著 . —北京：中央编译出版社，2012.12
ISBN 978-7-5117-1482-4

Ⅰ . ①德…
Ⅱ . ①田…
Ⅲ . ①战争赔偿 – 对外政策 – 研究 – 德国
②战争赔偿 – 对外政策 – 研究 – 日本
Ⅳ . ① D851.63 ② D831.33

中国版本图书馆 CIP 数据核字（2012）第 185702 号

德国战败赔偿政策研究：1939—1949：兼与日本赔偿政策的比较

出 版 人 刘明清
出版统筹 邢艳琦
责任编辑 邓 彤
责任印制 尹 珺
出版发行 中央编译出版社
地 址 北京西城区车公庄大街乙 5 号鸿儒大厦 B 座（100044）
电 话 （010）52612345（总编室） （010）52612352（编辑室）
（010）66161011（团购部） （010）52612332（网络销售）
（010）66130345（发行部） （010）66509618（读者服务部）
网 址 www.cctphome.com
经 销 全国新华书店
印 刷 北京金瀑印刷有限责任公司
开 本 787 毫米 ×960 毫米 1/16
字 数 230 千字
印 张 15.25
版 次 2012 年 12 月第 1 版第 1 次印刷
定 价 52.00 元